DE L'AUTORITÉ ET DE L'EXÉCUTION

DES JUGEMENTS ÉTRANGERS

EN MATIÈRE CIVILE ET COMMERCIALE

EN FRANCE ET DANS LES DIVERS PAYS.

DE

L'AUTORITÉ ET DE L'EXÉCUTION

DES JUGEMENTS ÉTRANGERS

EN MATIÈRE CIVILE ET COMMERCIALE

EN FRANCE ET DANS LES DIVERS PAYS

PAR

CHRISTIAN DAGUIN

Docteur en droit,
Avocat à la Cour d'appel de Paris.

————— ·◄·►· —————

PARIS

LIBRAIRIE COTILLON

F. PICHON, SUCCESSEUR, IMPRIMEUR-ÉDITEUR,

Libraire du Conseil d'État et de la Société de Législation comparée,

24, rue Soufflot, 24.

—

1887

BIBLIOGRAPHIE (1).

ANNUAIRE DE LÉGISLATION ÉTRANGÈRE, publié par la Société de législation comparée. Paris, Cotillon et F. Pichon, 1872 à 1886. — T. V (1876), p. 747. — T. VI (1877), p. 470, 572. — T. VIII (1879), p. 736 à 757. — T. X (1881), p. 734. — T. XI (1882), p. 368 et 846.

ASSER (T. M. C.). Eléments de droit international privé ou du conflit des lois. (Droit civil ; Procédure ; Droit commercial); ouvrage traduit, complété et annoté par Alphonse Rivier. 1 vol. in-8; Paris, Arthur Rousseau, 1884, § 88 à 90.

AUBRY et RAU. Cours de droit civil français d'après la méthode de Zachariæ (4ᵉ édition). — T. I, § 31 et 52. — T. VIII, § 769 ter.

BAR (L.). Das internationale Privat- und Strafrecht. 1 vol. in-8; Hanôvre, 1862.

BARD (Alphonse). Précis de droit international. Droit pénal et privé. 1 vol. in-8; Paris, Ernest Thorin, 1882, § 234 à 256.

BAZOT (Th.). Des ordonnances sur requête et des ordonnances de référé. 1 vol. in-8; Paris, A. Cotillon, 1876, p. 120 à 125.

BEAUSSANT (A.). Code maritime ou lois de la marine marchande, administratives, de commerce, civiles et pénales; Paris, Edmond Legrand, 1840. — T. II, § 1010 à 1045.

BECKER (H.). Pétition au Sénat, suivie de développements juridiques, à l'appui d'un projet de loi pour faire accorder

---

(1) Nous ne mentionnons dans cette bibliographie que les ouvrages et articles que nous avons personnellement consultés.

1

aux étrangers en France, aux actes et jugements étrangers, le bénéfice des juridictions françaises. 30 pages in-8; Paris, E. Dentu, 1866.

BERNIER (C.). De l'occupation militaire en temps de guerre (Règles de conduite d'une armée sur le territoire ennemi). 1 vol. in-8; Paris, L. Larose et Forcel, 1884. — Ch. II, § VIII.

BERRIAT-SAINT-PRIX (Félix). Notes élémentaires sur le Code civil. Paris, 1848. — Sur l'art. 2123. — T. III, n° 8572.

BERTIN. Ordonnances sur requêtes et référés (2e édition). 2 vol. in-8; Paris, Durand et Pedone-Lauriel, 1877. — T. I, n° 177 bis.

BÖHM (Ferdinand). Handbuch des Rechtshülfeverfahrens im deutschen Reiche. 1 vol. in-8; Erlangen, Carl Enke, 1886, p. 165 et suiv.

BOITARD Leçons de procédure civile, revues, annotées et complétées par G.-F. Colmet-Daage (13e édition). Paris, 1879. — T. II, p. 175 à 181.

BONCENNE. Théorie de la Procédure civile. Paris, 1837. — T. III, p. 224 et suiv.

BONFILS (Henri). De la compétence des tribunaux français à l'égard des étrangers en matière civile, commerciale et criminelle. 1 vol. in-8; Paris, A. Durand, 1865, § 242 à 286.

BONNIER (Édouard). Traité théorique et pratique des preuves en droit civil et en droit criminel (4e édition). 2 vol. in-8; Paris, Henri Plon, 1873.

BORMANS (Th.). Code de procédure civile belge (Commentaire législatif et doctrinal). 1 vol. in-8; Bruxelles, Ferdinand Larcier; Paris, A. Marescq ainé, 1877. — T. I, § 296 à 308.

BOULLENOIS (L.). Traité de la personnalité et de la réalité des lois, coutumes ou statuts. 2 vol. in-4; Paris, Guillaume Desprez, 1766. — T. I, titre II, Ch. IV, obs. XXV.

BROCHER (Charles). Commentaire pratique et théorique du Traité Franco-Suisse du 15 juin 1869, sur la compétence et l'exécution des jugements. 138 pages in-8; Genève, H. Georg, 1879.

BROCHER (Charles). Cours de droit international privé, suivant les principes consacrés par le droit positif français. 3 vol. in-8; Paris, E. Thorin, 1882, 1883, 1885. — T. III, § 27 à 30.

BRODEAU (J.). Coustume de la presvôté et vicomté de Paris commentée. 2 vol. in-f°; Paris, Denys Bechet, 1669. — T. II, sur l'art. 165 de la Coutume de Paris, p. 390.

BULLETIN DE LA SOCIÉTÉ DE LÉGISLATION COMPARÉE. Paris, Cotillon et F. Pichon, 1869 à 1887. — T. I (1871-1872), p. 216.— T. IV (1874-1875), p. 112, 209. — T. V (1875-1876), p. 144. — T. VII (1877-'78), p. 371. — T. VIII (1878-1879), p. 155, 433.

CABOUAT (Jules). Des annexions de territoire et de leurs principales conséquences (thèse). 1 vol. in-8; Paris, L. Larose et Forcel, 1881, p. 242 à 259.

CARLE (G.). La faillite dans le droit international privé (Traduction de M. Ernest Dubois). 1 vol. in-8; Paris, A. Marescq aîné, 1875.

CATTANEO (Vincenzo) et BORDA (Carlo). Il codice civile italiano annotato. Turin, 1882. Sur les art. 10 et 12 du titre préliminaire.

CONSTANT (Charles). De l'exécution des jugements étrangers dans les divers pays (Étude de droit international privé). 37 pages in-8; Paris, Pedone-Lauriel, 1883.

DE BELLEYME. Ordonnances sur requêtes et sur référés. 2 vol. in-8; Paris, Cosse, 1855. — T. I, p. 513 à 519.

DEMANGEAT. Histoire de la condition civile des étrangers en France. 1 vol. in-8; Paris, Joubert, 1844, n° 83.

DEMANTE et COLMET DE SANTERRE. Cours analytique de Code civil. — T. IX. Traité des privilèges et hypothèques, § 89 bis.

DEMOLOMBE. Cours de Code Napoléon. — T. I, § 103 et 262 à 264.

Despagnet (Fr.). Précis de droit international privé. 1 vol. in-8; Paris, L. Larose et Forcel, 1886. — § 239 à 263.

Dragoumis (Marc). De la condition civile de l'étranger en France. 148 p. in-8; Paris, Mareseq aîné, 1864, p. 140 à 148.

Durand (Louis). Essai de droit international privé. 1 vol. in-8; Paris, L. Larose et Forcel, 1884, p. 462 à 471.

Duranton. Cours de droit français. — T. XIX, § 342.

Dupuy. Des relations entre la France et l'Italie au point de vue judiciaire. (De l'arbitraire de la juridiction italienne au préjudice des sujets français. Un procès de vingt ans). 46 pages, in-8; Paris, E. Dentu, 1883.

Endemann (W.). Der deutsche Civilprozess. 3 vol. in-8; Berlin, Weidmann, 1879. — T. III. Sur les art. 660 et 661.

Engelmann (J.). Die Zwangsvollstreckung auswärtiger richterlicher Urtheie in Russland. 54 p. in-8; Leipzig, Duncker et Humblot, 1884.

Eyssautier (L. A.). Lettres rogatoires en France et dans les États sardes. *Revue historique de droit français et étranger;* 6ᵉ année, p. 443 et suiv.

Féraud-Giraud. France et Sardaigne. 1 vol. in-8; Paris, A. Durand, 1859.

Féraud-Giraud. Les justices mixtes dans les pays hors chrétienté. 1 vol. in-8; Paris, Pedone-Lauriel, 1884.

Ferreira (José-Dias). Codigo civil portuguez annotado. Lisbonne, Imprimerie nationale, 1870. — T. I, sur l'art. 31.

Fiore (P.). Droit international privé ou principes pour résoudre les conflits entre les législations diverses en matière de droit civil et commercial. (Traduit de l'Italien par P. Pradier-Fodéré). 1 vol. in-8; Paris, A. Durand et Pedone-Lauriel, 1875. — § 234 et 235.

Fiore (P.). Effetti internazionali delle sentenze e degli atti. (1ʳᵉ partie, matière civile). 1 vol. in-8; Pise et Turin, 1875.

Fœlix. De l'effet ou de l'exécution des jugements dans les pays étrangers (Réunion d'une série d'articles publiés dans les tomes VII à X (1840-1843) de la *Revue étrangère et française*).

Fœlix. Traité de droit international privé (4° édition revue et augmentée par Charles Demangeat). 2 vol. in-8; Paris, Marescq ainé, 1866. — T. II, § 314 à 470.

Fusinato (Guido). L'esecuzione delle sentenze straniere in materia civile e commerciale. 1 vol. in-8°; Rome, Ermanno Lœscher, 1884.

Gerbaut (Marie-Auguste). De la compétence des tribunaux français à l'égard des étrangers en matière civile et commerciale. 1 vol, in-8; Paris, L. Larose et Forcel, 1883.

Gouget et Merger. Dictionnaire de droit commercial, industriel et maritime (3° édition refondue par J. Ruben de Couder). Paris, Garnier et Marescq, 1877-1880. — T. V, p. 89 à 96.

Grenier. Traité des hypothèques, 1824. —T. I, nos 207 à 223.

Griolet (G.). De l'autorité de la chose jugée en matière civile et en matière criminelle. 1 vol. in-8; Paris, A. Marescq, 1868, p. 93 à 102.

Hanquet (Gaston). De la faillite dans les rapports internationaux (thèse). 1 vol. in-8; Paris, 1881.

Haus (E.). Du droit privé qui régit les étrangers en Belgique. 1 vol. in-8; Gand, Ad. Hoste, 1874.

Journal du droit international privé et de la jurisprudence comparée, fondé et publié par E. Clunet. Paris, Marchal et Billard, 1874 à 1887.

Allemagne. — T. III (1876), p. 360 et 361. — T. V (1878), p. 616. — T. IX (1882), p. 25 à 37. — T. X (1883), p. 239 à 247. — T. XI (1884), p. 43 à 49, 600 à 604. — T. XIII (1886), p. 604.

Alsace-Lorraine. —T. III (1876), p. 360, 361. — T. V (1878), p. 42, 43. — T. X (1883), p. 391, 392. — T. XI (1884), p. 505 à 508.

Angleterre. — T. II (1875), p. 446, 447. — T. III (1876), p. 105, 106. — T. IV (1877), p. 248, 249, 424, 425. — T. V (1878), p. 22 à 37. — T. VI (1879), p. 135 à 153, 301, 302, 516, à 526, 545 à 547. — T. VII (1880), p. 104 à 106, 192, 193. — T. VIII (1881), p. 430, 431. — T. IX (1882), p. 20 à 23, 81 à 84, 306 à 308, 530, 531, 620 à 625. — T. X (1883), p. 34 à 37. — T. XI (1884), p. 189, 190. — T. XII (1885), p. 85 à 88, 182, 183.

Autriche. — T. III (1876), p. 179. — T. IV (1877), p. 210 à 217. — T. VIII (1881), p. 169, 170. — T. X (1883), p. 70 à 72.— T. XII (1885), p. 156 à 160.

Bade (Grand-Duché de). — T. II (1875), p. 118, 119. —T. III (1876), p. 182. —T. V (1878), p. 42, 43.

Belgique. — T. I (1874), p. 341 à 343. — T. II (1875), p. 218 à 221, 447, 448. — T. III (1876), p. 298, 511, 512. — T. IV (1877), p. 144, 145, 149, 339 à 343. — T. V (1878), p. 516, 517, 518. — T. VII (1880), p. 178 à 185; 215 à 221, 508 à 514. — T. VIII (1881), p. 79 à 82, 83, 84, 99 à 101. — T. IX (1882), p. 364 à 368. — T. X (1883), p. 620 et 621. — T. XI (1884), p. 291, 292, 411.

Bulgarie. — T. XIII (1886), p. 570.

Danemarck. — T. VII (1880), p. 368 à 372.

Egypte. — T. VII (1880), p. 457 à 463. — T. XIV (1887), p. 98.

Espagne. — T. I (1874), p. 276 à 278. — T. II (1875), p. 271 à 273. — T. V (1878), p. 376, 377. — T. VIII (1881), p. 20 à 26, 365 à 372.

Etats-Unis. — T. I (1874), p. 45 à 47. — T. II (1875), p. 315, 316. — T. VI (1879), p. 21 à 27.

France. — T. I (1874), p. 20, 21, 32, 76, 77, 93 à 95, 125, 126, 138 à 141, 174 à 179, 239, 242, 243, 306, 307, 341 à 343. — T. II (1875), p. 18, 188, 189, 269, 270, 271 à 273, 354, 446, 447, 448, 464, 465. — T. III (1876), p. 101, 103, 105, 106, 179, 182, 226, 230, 231, 298, 359, 360, 361. — T. IV (1877), p. 144, 145, 149, 234, 235, 424, 425. — T. V (1878), p. 7 à 10, 42, 43, 112 à 116, 159, 160, 272, 273, 376, 377, 382, 518. — T. VI (1879), p. 65, 66, 86 à 88, 93, 94, 117 à 135, 292 à 297, 305 à

307, 545 à 547, 555, 556. — T. VII (1880), p. 104 à 106, 178 à
185, 192, 193, 215 à 221, 233, 234, 408, 409, 457 à 463, 508 à
514, 581 à 586. — T. VIII (1881), p. 59, 60, 79 à 84, 99 à 101,
155 à 157, 255, 256, 263, 348 à 350, 430, 431, 508 à 511, 547.
—T. IX (1882), p. 81 à 84, 88 à 90, 166 à 174, 234, 235, 306 à
308, 364 à 380, 389 à 401, 426 à 431, 530, 531, 615, 620 à 625.
— T. X (1883), p. 51, 52, 53, 87 à 90, 161, 286, à 290, 299,
300, 391, 392, 515, 516, 620, 621. — T. XI (1884), p. 65, 70,
189, 190, 201, 202, 394, 395, 505 à 508, 622 à 626. — T. XII
(1885), p. 85 à 88, 182, 183, 286 à 289, 293 à 296, 370, 374,
395, 396, 438, 443, 530 à 541, 553, 554. — T. XIII (1886), p. 190,
248, 332, 416 à 448, 712 et 713.

Grèce. — T. VII (1880), p. 173 à 178.

Italie. — T. I (1874), p. 93 à 95, 138 à 141, 174 à 179, 306,
307. — T. II (1875), p. 354. — T. III (1876), p. 217 à 219, 359,
360. — T. IV (1877), p. 248, 249, 515 à 23. — T. V (1878),
p. 7 à 10, 112 à 116, 235 à 247, 272, 273. —T. VI (1879), p. 74,
75, 86 à 88, 209 à 214, 244 à 250, 292 à 297, 301, 302, 305,
à 307, 545 à 547. — T. VII (1880), p. 584 à 586. — T. VIII
(1881), p. 536, 540 à 543, 547. — T. IX (1882), p. 389 à 401. —
T. X (1883), p. 52, 53, 87 à 90, 286 à 290, 299, 300, 515, 516.
— T. XI (1884), p. 65, 251 à 270, 365 à 387, 394, 395, 612,
613, 622 à 626. — T. XII (1885), p. 286 à 289, 293 à 296, 453
à 455, 464, 467. — T. XIII (1886), p. 667 à 676.

Mexique. — T. I (1874), p. 276 à 278.

Monaco (Principauté de). — T. IV (1877), p. 123 à 125.

Pays-Bas. — T. I (1874), p. 159 à 164. — T. VI (1879), p. 369
à 384.

Pérou. — T. VI (1879), p. 266 à 268.

Portugal. — T. II (1875), p. 54 à 57, 448 à 451. — T. VIII
(1881), p. 59, 60. — T. IX (1882), p. 620 à 625.

Roumanie. — T. VI (1879), 351 à 355. — T. XII (1885), p. 537
à 539.

Russie. — T. V (1878), p. 139 à 145. — T. VIII (1881), p. 155
à 157. — T. XI (1884), p. 43 à 49, 113 à 140, 494 à 496, 600 à
604.

Serbie. — T. XI (1884), 153 à 155.

Suède. — T. VII (1880), p. 83 à 87.

Suisse. — T. II (1875), p. 188, 189, 464, 465. — T. III (1876), p. 226, 230, 231, 511, 512. — T. VI (1879), p. 93, 94, 117 à 135. — T. VII (1880), p. 408, 409, 581, 583. — T. VIII (1881), p. 348 à 350. — T. IX (1882), p. 234, 235, 369 à 380. — T. X (1883), p. 113 à 135, 544 à 547, 620 à 621. — T. XII (1885), p. 85 à 88. — T. XIII (1886), p. 248.

KLEINER (Otto). Kommentar zur Civilprozeszordnung für das deutsche Reich. 3 vol. in-8; Würzbourg, Stuber, 1882. — T. III, sur les art. 660 et 661.

KLÜBER (J. L.). Droit des gens moderne de l'Europe, avec un supplément contenant une bibliothèque choisie du droit des gens, revu, annoté et complété par A. Ott (2ᵉ édition). 1 vol. in-12; Paris, Guillaumin, Durand et Pedone-Lauriel, 1874. — § 59.

LABBÉ. Note sous un arrêt. Sirey, 1865, 2, 60 et 61.

LACHENAL (de). De l'inutilité des lettres rogatoires pour l'exécution dans les États sardes des jugements rendus à l'étranger. *Revue pratique de droit français.* T. VII, 1859, p. 383 et suiv.

LACOMBE (Eugène). De l'autorité de la chose jugée en droit romain et en droit français (thèse). 1 vol. in-8°; Paris, Victor Goupy, 1866. (V. notamment, nᵒˢ 80 à 85).

LANATA (Romulus). De la compétence des tribunaux civils à l'égard des étrangers (thèse). 1 vol. in-8; Paris, Ch. Noblet, 1882, nᵒˢ 203 à 236.

LAROMBIÈRE (L.). Théorie et pratique des obligations (édition de 1885). — T. VII, sur l'art. 1351, § 6 à 9.

LAURENT (F.). Le droit civil international. — T. VI, § 82 à 109.

LEGAT. Code des étrangers. 1 vol. in-8; Paris, Béchet, 1832, § 268.

LEHR (Ernest). Le traité franco-suisse du 15 juin 1869 et la délibération de la Société suisse des juristes, du 19 août 1878. 31 pages in-8; Lausanne, L. Corbaz, 1878.

LELIÈVRE. Association internationale pour le progrès des sciences sociales. — Congrès d'Amsterdam. — 1re section. — Séance du 28 septembre 1864. — Rapport présenté par M. Lelièvre sur l'exécution des jugements rendus et des actes passés en pays étrangers. 20 pages in-8; Gand, C. Annoot Braeckman, 1864.

LEMOINE (C.-A.). Des effets produits par les jugements étrangers en matière civile et commerciale : 1° En France; 2° dans les autres États (thèse). 1 vol. in-8; Nancy, G. Crépin-Leblond, 1881.

LOMONACO (Giovanni). Trattato di diritto civile internazionale. 1 vol. in-8; Naples, G. Marghieri, 1874. — Ch. X, § 1 à 4.

MALEVILLE. Analyse raisonnée de la discussion du Code civil au Conseil d'État. — T. IV, sur l'art. 2123.

MARTENS (G.-F. de). Précis du droit des gens moderne de l'Europe (avec des notes de S. Pinheiro-Ferreira). Paris, 1831. — T. I, § 94 et 95.

MARTENS (F. de). Traité de droit international (traduit du russe par Alfred Leo). 3 vol. in-8; Paris, Chevalier-Marescq, 1883, 1886 et 1887. — T. II, p. 494 à 505.

MARTIN (Alexandre-J.). Rapport présenté à la Société suisse des juristes, dans sa réunion à Genève, 19 et 20 août 1878. 30 pages in-8; Berne, Stœmpfli, 1878.

MASSÉ (G.). Le droit commercial dans ses rapports avec le droit des gens et le droit civil (8e édition); Paris, Guillaumin, 1874. — T. I, § 661 et suiv. — T. II, § 790 à 820.

MERLIN. Questions de droit. Voir au mot jugement. — T. V, p. 104 et suiv.

Message du Conseil fédéral à la haute assemblée fédérale, concernant le nouveau traité avec la France sur des rapports de législation civile (du 28 juin 1869). 41 pages in-8.

MOREAU (Félix). Effets internationaux des jugements en matière civile. 1 vol. in-8; Paris, L. Larose et Forcel, 1884.

PAEPE (P. de). De l'exécution des décisions rendues en matière civile ou commerciale par les juges étrangers. (Discours prononcé à l'audience solennelle de rentrée de la Cour d'appel de Gand, le 15 octobre 1879). 53 pages in-8; Gand, 1879.

PARDESSUS. Droit commercial, n° 1488.

PERSIL. Régime hypothécaire. 2 vol. in-8; Paris, 1820. — T. I, § XVI à XXI.

PIGEAU. Commentaire sur le Code de procédure civile. Paris, 1827. — T. II, sur l'art. 546, p. 140.

PUCHELT. Die Civilprozeszordnung für das deutsche Reich. Leipsig, 1877. — Sur les art. 660 et 661.

PÜTTLINGEN (J.-F. Vesque de). Handbuch des in Œsterreich-Ungarn geltenden internationalen Privatrechtes (2ᵉ édition). 1 vol. in-8; Vienne, Braumüller, 1878, p. 473 et suiv.

REMELÉ (E.). Handbuch des deutschen Civilprocesschts. 1 vol. in-8; Cologne, 1878, p. 370 et suiv.

REVUE CRITIQUE DE LÉGISLATION ET DE JURISPRUDENCE. 1869 à 1886, in-8; Paris, Cotillon et F. Pichon. — 1869 (II), p. 251 à 258. — 1881, p. 473 à 481. — 1882, p. 714 et 715. — 1883, p. 714 à 718. — 1885, p. 506 à 598. — 1886, p. 684 à 689.

REVUE DE DROIT INTERNATIONAL ET DE LÉGISLATION COMPARÉE. (années 1869 à 1886). Gand et Bruxelles. — T. I (1869), p. 82 à 90, 408 à 416, 472 à 493. — T. II (1870), p. 101, 102. — T. V (1873), p. 406 à 417. — T. VI (1874), p. 612, 613. — T. VII (1875), p. 329 à 360, 385 à 391, 415. — T. VIII (1876), p. 480, 481, 627 à 641, 661, 662. — T. IX (1877), p. 78 à 94, 207 à 238. — T. X (1878), p. 546, 547. — T. XII (1880), p. 247. — T. XIV (1882), p. 301 à 304. — T. XVI (1884), p. 143, 145, 146.

RODIÈRE. Cours de compétence et de procédure en matière civile (4ᵉ édition). 2 vol. in-8; Paris, Durand et Pedone-Lauriel, 1875. — T. II, p. 186 et suiv.

ROGUET. Législation de l'étranger aux États-Unis. — *Revue pratique de droit français*, T. III (1857), p. 232.

Sapey (C.-A.). Les étrangers en France sous l'ancien et le nouveau droit. 1 vol. in-8; Paris, Joubert, 1843, p. 226 à 231.

Savigny. Système de droit romain (traduction Guenoux). Paris, 1840 à 1851. — T. VIII.

Selim (Adolphus). Aperçu de la loi anglaise au point de vue pratique et commercial. 1 vol. in-8; Paris, Marchal et Billard, 1880. 3e partie, Ch. V. (Le même ouvrage a été publié en langue allemande en 1880; Leipzig, K. F. Kœhler).

Siebenhaar (E.). Kommentar zur deutschen Civilprozessordnung. 1 vol. in-8; Leipzig, 1877. — Sur les art. 600 et 661.

Simon (F. Albert). La faillite d'après le droit international privé. 1 vol. in-8; Paris, Lahure, 1878.

Soloman. Essai sur la condition juridique des étrangers dans les législations anciennes et le droit moderne. 1 vol. in-8; Paris, 1844, p. 108 à 115.

Splingard (Pierre). De l'exécution en Belgique des décisions judiciaires étrangères. (*Belgique judiciaire* du 27 Janvier 1881, p. 114 et suiv.).

Staar (Franz). Die Rechtshülfe in Oesterreich gegenüber dem Auslande. 1 vol. in-8; Vienne, Manz, 1878, p. 41 et suiv.

Stelian (Thomas). La faillite. (Etudes de législation comparée et de droit international) (thèse). 1 vol. in-8; Paris, L. Larose et Forcel, 1885.

Struckmann (J.) et Koch (R.). Die Civilprozessordnung für das deutsche Reich. 1 vol. in-8; Berlin, D. Collin, 1877. — Sur les art. 660 et 661.

Thaller (Edmond). Des faillites en droit comparé. 2 vol. in-8; Paris, Arthur Rousseau, 1887.

Thévenet (L.). De l'autorité et de la force exécutoire des jugements étrangers en France et des jugements français dans les principaux Etats étrangers. 1 vol. in-8; Paris, A. Colillon et Cie, 1880.

TIMMERMANS (G.). La réforme judiciaire en Egypte et les capitulations. 94 pages in-8; Gand, Ad. Hoste, 1875.

TOULLIER. Le droit civil français. — T. X, § 76 et suiv.

TROPLONG. Le droit civil expliqué. — Des privilèges et hypothèques. Paris, Charles Hingray, 1833. — T. II, § 451 à 459.

VALETTE (A.). Mélanges de droit, de jurisprudence et de législation réunis et publiés par F. Hérold et Ch. Lyon-Caen. 2 vol. in-8; Paris, A. Marescq, 1880. — T. I, p. 333 à 354. (De l'hypothèque et de l'exécution forcée qui peuvent résulter en France des jugements étrangers). Article publié dans la *Revue du droit français et étranger*, T. VI (1849), p. 597 et suiv.

VAREILLES-SOMMIÈRES (Vicomte Gabriel de Labroüe de). L'hypothèque judiciaire, son passé, son présent, son avenir. 1 vol. in-8; Paris, Cotillon et fils, 1871, p. 115 à 150.

VIDAL-BEY. De l'exécution en Egypte des jugements rendus à l'étranger. 16 pages in-8; Le Caire, 1886. (Extrait du *Bulletin de l'Institut égyptien*).

WEISS (André). Traité élémentaire de droit international privé. 1 vol. in-8; Paris, L. Larose et Forcel, 1886, p. 956 à 986.

ABRÉVIATIONS.

***

B. J..... Belgique judiciaire.

D. A..... Dalloz alphabétique.

D. C.. .. Devilleneuve et Carette. Ancien recueil de Sirey refondu en 9 volumes (1791-1830).

D. P..... Dalloz périodique.

J. D. I. P. Journal du droit international privé et de la jurisprudence comparée (Clunet).

Pas..... Pasicrisie belge.

S........ Recueil général des lois et arrêts de Sirey.

***

DE L'AUTORITÉ & DE L'EXÉCUTION

DES JUGEMENTS ÉTRANGERS

EN MATIÈRE CIVILE ET COMMERCIALE

EN FRANCE ET DANS LES DIVERS PAYS.

AVANT-PROPOS.

De toutes les questions de droit international privé qui ont été étudiées jusqu'à ce jour, aucune n'a
été plus discutée, et n'a, croyons-nous, plus vivement
préoccupé l'esprit des jurisconsultes que celle de
l'exécution des jugements sur un territoire autre que
celui où ils ont été rendus.

Différents systèmes ont été présentés.

Les uns, partant de cette idée que le principe
même de la souveraineté est en jeu lorsqu'il s'agit
de faire produire à une sentence émanée de juges
étrangers un effet quelconque en dehors du pays où
elle a été prononcée, refusent à cette sentence et la
force exécutoire et l'autorité de la chose jugée.

Une autre théorie, diamétralement opposée à la

précédente, consisterait à reconnaître aux jugements une force internationale telle que la décision étrangère devrait *de plano* être universellement admise. Hâtons-nous de dire qu'un pareil système, très libéral nous en convenons, mais ne tendant à rien moins qu'à supprimer les frontières n'a pu rencontrer de sérieux défenseurs (1) et n'a jamais été sanctionné par la législation d'aucune nation civilisée.

Entre deux opinions aussi radicales une troisième a trouvé place, qui, tout en respectant les légitimes susceptibilités des États, s'est efforcée de concilier l'indépendance de la souveraineté avec le développement toujours croissant des rapports de peuple à peuple.

Malgré les nombreux travaux qu'elle a déjà provoqués, la matière que nous nous proposons de traiter est loin d'être épuisée; nous nous trouvons, en effet, comme l'a fort bien dit M. Charles Brocher, « en face des problèmes les plus complexes, les plus « difficiles et les plus controversés qui se présentent « dans notre doctrine, tant en théorie spéculative « qu'en droit positif (2). »

Nous n'avons pas la présomptueuse prétention de résoudre d'une façon définitive et indiscutable ces nombreux et délicats problèmes. Notre but est bien plus modeste. Nous voulons, après un exposé som-

---

(1) V. cependant Vattel, *Le droit des gens*, Leide, 1758, II, § 84.
(2) Brocher, *Cours de droit international privé*, t. III, § 27, p. 124 et 125.

maire des principes théoriques qui dominent le sujet, étudier les dispositions des principales législations de l'ancien et du nouveau monde relatives à l'exécution des jugements étrangers. Nous rechercherons, à l'aide de quelles réformes on pourrait améliorer la situation actuelle, et nous nous demanderons s'il serait possible, dans l'état présent de la civilisation, malgré les jalousies méfiantes et les haines qui séparent le plus souvent les peuples modernes, d'arriver à un accord international posant des principes généraux que toutes les puissances devraient adopter.

La division de notre travail en quatre parties nous a semblé la plus logique en même temps que la plus simple.

Nous exposerons d'abord dans une première partie certains principes généraux qui doivent, selon nous, régir les effets des jugements en dehors de toute législation positive. Cet aperçu théorique nous a paru indispensable à la bonne intelligence de notre sujet.

Notre seconde partie sera consacrée à la législation française; dans la troisième nous parlerons des traités internationaux conclus entre la France et quelques gouvernements étrangers.

Avec notre quatrième partie nous aborderons l'examen des législations étrangères, et nous terminerons en donnant comme conclusion un aperçu des louables efforts tentés depuis un quart de siècle

2

par un certain nombre de jurisconsultes pour arriver à l'unification des lois en matière d'exécution de jugements étrangers, unification que tous
les bons esprits désirent, mais que nous craignons
bien de voir rester longtemps encore dans le domaine des espérances irréalisables.

PREMIÈRE PARTIE

PRINCIPES GÉNÉRAUX.

CHAPITRE PREMIER.

EFFETS DES JUGEMENTS SUR LE TERRITOIRE OU ILS ONT ÉTÉ RENDUS.

Tout jugement régulier produit dans le pays où il a été rendu une présomption de vérité, qui procure à ceux entre lesquels il est intervenu l'exception de la chose jugée, exception qui empêche de remettre en question le litige sur lequel il a été statué une première fois. Cette présomption constitue ce qu'on appelle l'autorité de la chose jugée.

Nous rechercherons tout-à-l'heure quel est le fondement de cette fiction de vérité, et nous verrons par son importance que toutes les législations devaient nécessairement l'attacher aux décisions émanées de leurs tribunaux.

Mais il ne suffit pas que le magistrat ait mis fin à la contestation qui lui était soumise, par une sentence d'absolution ou de condamnation. Il faut encore que cette sentence ne reste pas lettre morte; elle doit produire son effet, et pour cela il est essentiel que celui qui l'a obtenue puisse la faire exécuter *etiàm manu militari.*

Ce but ne sera atteint que par l'intervention du pouvoir souverain qui dispose de la force publique. La mission du juge est en effet terminée, dès l'instant qu'il a prononcé entre les parties; il a fait son office en disant le droit, et c'est maintenant au pouvoir exécutif seul qu'incombe le devoir de veiller à l'exécution du jugement.

Cette distinction entre la *jurisdictio* et l'*imperium,* est capitale, et bien des auteurs pour l'avoir méconnue, ou pour n'avoir fait que l'entrevoir sont tombés dans une regrettable confusion, principalement en ce qui concerne la question que nous étudions en ce nomme.

La législation française et les législations étrangères, qui l'ont prise pour modèle, sont probablement l'unique cause d'une semblable erreur. Tandis que les lois de plusieurs États (1) ont eu grand soin de séparer l'autorité de la chose jugée résultant de l'intervention du pouvoir judiciaire, et la force exécutoire du jugement qui dérive directement de la souveraineté, nos Codes ont permis aux tribunaux de revêtir leurs décisions de la formule exécutoire.

Pour assurer l'exécution du jugement, il existe dans certains pays, notamment en France, une

_____

(1) V. Fœlix. *Traité du droit international privé* (1e édition), t. II, § 324, p. 16 et 17.

institution destinée à empêcher que la partie condamnée ne puisse se soustraire aux effets de la sentence qui l'a frappée. Nous voulons parler de l'hypothèque judiciaire, qui résulte, d'après l'art. 2132,
§ 1, de notre Code civil, des jugements soit con-
tradictoires, soit par défaut, définitifs ou provisoires.

Cette hypothèque générale, qui porte sur tous les
immeubles présents et futurs du débiteur, est bien
plutôt un moyen d'exécution qu'un véritable gage
sur les immeubles. Son étendue, la facilité avec
laquelle elle s'obtient, l'ont fait vivement critiquer, et
non sans raison. En 1850, un projet de loi relatif à
la revision du régime hypothécaire fut présenté à
l'Assemblée nationale. Ce projet, qui du reste ne fut
pas adopté, supprimait l'hypothèque judiciaire. Au
cours de la discussion, dans la séance du 18 décembre, Valette prononça les paroles suivantes qui sont
la meilleure condamnation de notre système hypothécaire en cette matière : « La théorie d'abord, puis
« la pratique des affaires montrent l'immense dan-
« ger de cette préférence qui est accordée à un
« créancier sur un autre créancier, uniquement par
« suite de l'accélération de la marche d'une pro-
« cédure (1). »

Mais nous n'avons pas à faire ici le procès de l'hypothèque judiciaire ; constatons seulement que plu-

---

(1) V. dans Fœlix, op. cit., t. II, p. 177, la note de M. Demangeat.

sieurs législations étrangères l'ont purement et simplement supprimée (1).

En résumé, le jugement a dans le pays où il a été
rendu force de chose jugée et force exécutoire, soit
directement, soit par l'intervention du pouvoir exécutif; parfois aussi il produit un troisième effet en
emportant hypothèque judiciaire. Nous allons étudier dans un premier paragraphe l'autorité de la
chose jugée, et dans un second l'exécution forcée;
quant à l'hypothèque, qui n'est en réalité qu'un
accessoire de l'exécution, nous nous dispenserons
d'en parler.

§ 1er. — *Autorité de la chose jugée.*

Les lois que le législateur a édictées sont desti-
nées à régler les rapports de droit qui peuvent exister
entre les individus. « Mais si deux personnes ne sont
« pas d'accord sur l'application de la loi qui doit
« être la règle de leurs rapports, il devient néces-
« saire de recourir à une autre autorité qui rétablisse

(1) V. pour les Pays-Bas l'art. 1218 des lois hypothécaires du
28 avril 1834 (art. 1214 du Code civil de 1838), pour la Belgique la
loi hypothécaire du 16 décembre 1851 ; pour la Roumanie le Code
civil promulgué le 4 décembre 1864 (art. 1748). La législation de
plusieurs États allemands (Hanôvre, Nassau, Mecklembourg, Brême)
et celles d'un certain nombre de cantons suisses repoussent aussi
l'hypothèque judiciaire. On peut, du reste, consulter sur ce point et
sur toutes les questions relatives à l'hypothèque judiciaire, l'excel-
lente monographie de notre confrère Jules Challamel ; ce mémoire
a été couronné en 1880 par la Faculté de droit de Paris qui a
décerné le prix Rossi à son auteur:

« l'ordre entre elles, en déclarant quelle était la
« juste application de la loi; tel est le rôle de la jus-
« tice civile (1). »

Quelle que soit l'origine de cette autorité chargée
d'interpréter la loi, qu'on la rattache, avec certains
auteurs, au pouvoir exécutif ou même à la puissance
législative, ou bien qu'on la considère comme un
troisième élément, indépendant des deux autres, et
qui, jusqu'à un certain point leur serait supérieur,
en ce sens qu'il serait appelé à limiter leurs empié-
tements et leurs excès (2), il n'en est pas moins vrai
que la sentence prononcée par le magistrat aura
partout l'irréfragable autorité de la chose jugée.

On peut se demander comment il se fait que chez
tous les peuples civilisés on retrouve toujours fidé-
lement appliquée la vieille maxime que nous ont
léguée les Romains : « *res judicata pro veritate*
« *accipitur.* » La réponse à cette question est facile.

Nous sommes ici en présence de motifs d'utilité
générale; des intérêts supérieurs sont en jeu dont
l'existence serait gravement compromise par un
nouveau débat sur une affaire déjà jugée. Quelle
sécurité pourrait, en effet, espérer le détenteur d'un

---

(1) Griolet, *De l'autorité de la chose jugée*, p. 7.
(2) On trouvera dans les notes très complètes de M. Garsonnet
(*Cours de procédure civile*, t. I⁰ʳ, p. 1 à 6) l'indication des auteurs qui
se sont occupés de la question depuis longtemps controversée de la
séparation des pouvoirs, question que nous ne saurions aborder ici
sans dépasser les limites de notre sujet. V. aussi la brochure de
M. Henry Rozy (*Des divisions du pouvoir*, 1881).

fonds exposé, malgré la sentence qu'il a obtenue, à se. voir contester son droit de propriété? De quel repos jouiraient les familles si les questions d'état qui les. intéressent revenaient périodiquement devant les tribunaux?

Ce n'est donc pas sur un principe que repose la présomption de vérité attachée à la chose jugée, mais bien sur un besoin social; on veut empêcher le retour incessant des procès, diminuer autant que possible les frais de justice, et accorder une tranquillité relative à toute personne en faveur de laquelle un jugement aura été rendu.

« Ce n'est pas certainement que les juges ne puis-
« sent avoir, en réalité, commis une erreur ou une
« injustice, en tenant pour vrai ce qui était faux, et
« pour faux ce qui était vrai, soit en considérant
« comme conforme à la loi ce qui y était contraire,
« ou comme contraire à la loi ce qui y était exacte-
« ment conforme. On le comprend sans peine, et
« l'expérience ne le démontre que trop souvent;
« car, quelle que soit la puissance de la chose ju-
« gée, elle ne saurait aller jusqu'à changer la
« nature des choses. La présomption de vérité qui
« lui sert de fondement ne s'applique donc qu'aux
« effets civils du jugement, considéré comme cons-
« tatant l'existence de droits et d'engagements ju-
« ridiques, judiciairement reconnus entre les par-
« ties litigantes : c'est sous ce rapport seulement
« que l'on peut dire de la chose jugée : iniquité

« ou erreur soit; mais c'est justice et vérité (1). »

De ce que nous venons de dire, il résulte que c'est uniquement le double désir de sauvegarder les inté-rêts privés et de maintenir la paix publique qui a fait admettre par tous les législateurs l'autorité de la chose jugée.

Il nous reste à examiner un point délicat sur lequel la doctrine est loin de s'accorder. L'autorité du jugement, quant à la chose jugée, emprunte-t-elle quelque chose à l'autorité du souverain dans le territoire duquel la sentence a été rendue?

« Dans tous les pays civilisés la justice est rendue
« au nom du souverain; un jugement est un acte de
« souveraineté émané du délégué du chef de l'État.
« Les jugements ne doivent avoir de force et de va-
« leur que dans l'étendue du royaume gouverné par
« le souverain au nom duquel ils sont rendus. L'au-
« torité de la chose jugée ne dérive pas du droit des
« gens, mais du droit civil de chaque nation (2). »

Cette théorie a été enseignée par Fœlix (3), qui lui-même l'avait empruntée à Merlin (4).

Nous ne discuterons pas la question de savoir si l'autorité de la chose jugée découle du *jus gentium*

---

(1) Larombière, *Théorie et pratique des obligations*, t. VII sur l'art. 1351, I.

(2) Vareilles-Sommières, *L'hypothèque judiciaire*, p. 116. Dans le même sens : Aubry et Rau (4ᵉ édition), t. VIII, § 789 *ter;* Moreau, *Effets internationaux des jugements en matière civile*, p. 2 et 235.

(3) Fœlix, *Traité de droit international privé*, t. II, p. 40.

(4) *Questions de droit*, vᵒ *Jugement.*

ou du *jus civile;* il nous faudrait, en effet, nous demander d'abord ce qu'on entend exactement par
droit des gens et par droit civil, et cette recherche
nous entraînerait trop loin. Nous nous bornerons à
constater que, si le droit des gens est, comme on a
l'habitude de le définir, le droit que la raison naturelle a établi chez tous les peuples, il y a lieu de
croire que la chose jugée en dérive, puisqu'elle est
universellement admise (1).

A côté de l'opinion qui rattache par des liens in-
times la force de la chose jugée au principe de la
souveraineté, il s'en est formé une autre dont Massé
a été le principal et le plus ardent défenseur (2).
« L'autorité de la chose jugée, écrit-il, est ici l'auto-
« rité du fait. Il y a jugement, et quoique ce juge-
« ment ne soit pas de plein droit exécutoire hors du
« territoire du juge qui l'a rendu, il n'en constitue
« pas moins un titre en faveur de celui qui l'a obtenu,
« titre opposable en tous lieux à la partie adverse,
« parce que les parties en procédant devant le juge
« ont formé une espèce de quasi-contrat qui les
« oblige à se conformer au jugement quand il est
« devenu définitif : *Quasi contrahitur in judicio.* Ce
« n'est donc pas comme acte exécutoire qu'il faut
« considérer le jugement qui sert de base à l'excep-

(1) Bonfils, *De la compétence des tribunaux français à l'égard des étrangers,* p. 232.

(2) Massé, *Le droit commercial dans ses rapports avec le droit des gens et le droit civil,* t. II, § 800, p. 70 et 71.

« tion de chose jugée, mais comme contrat (1). »

On a reproché à la théorie du quasi-contrat judiciaire de reposer sur une idée fausse. Le caractère
essentiel d'une convention, a-t-on dit, c'est d'être volontaire et d'avoir été librement consentie. Or ici
nous ne trouvons rien de semblable. Quand une personne m'intente une action je ne puis refuser d'aller
devant le juge; je suis obligé de me défendre sous
peine d'être frappé d'une condamnation par défaut.
Le quasi-contrat judiciaire se comprenait en droit
romain, lorsque les parties s'engageaient d'avance à
exécuter la sentence qui interviendrait, et partici-
paient à la rédaction de la formule (2). Mais les législations modernes ne s'inquiètent pas de savoir s'il
a été convenu ou non entre les plaideurs, avant le
procès, qu'ils accepteraient comme bonne et régulière la décision du magistrat à la juridiction duquel
ils sont soumis. Des juges ont reçu du pouvoir sou-

---

(1) Dans le même sens : Bonfils, *loc. cit.* — Thévenet, *De l'autorité
et de la force exécutoire des jugements étrangers en France et des
jugements français dans les principaux États étrangers*, § 14. —
Weiss, *Droit international privé*, p. 957. — Soloman, *Essai sur la
condition juridique des étrangers dans les législations anciennes
et le droit moderne*, p. 113. — Klüber, *Droit des gens de l'Europe*,
§ 60. — Lacombe, *Effets produits par les jugements étrangers en
matière civile et commerciale* (thèse), p. 141. — Il est permis d'in-
duire d'une note qu'il a publiée sous un arrêt (Sirey, 1805. 2. 60),
que M. Labbé partage cette manière de voir. V. aussi Beaussant,
Code maritime, t. II, § 1015.
(2) Fiore (P.), *Effetti internazionali delle sentense e degli atti*
(1re partie), p. 61. — Bar, *Das internationale Privat- und Strafrecht*,
§ 125, p. 404.

verain mission d'interpréter la loi, et les particuliers
devront obéir aux jugements qui auront été prononcés conformément à cette loi.

On conçoit, sans peine, l'influence quant aux effets
des jugements étrangers, du parti que l'on prendra
sur la question que nous venons d'exposer. Si l'autorité de la chose jugée tire sa force uniquement de la
puissance souveraine, nul doute qu'il faille refuser
aux sentences des tribunaux tout effet en dehors du
pays où siègent ces tribunaux. La souveraineté expi-
rant aux frontières, on comprendrait mal le pouvoir
public d'un État imposant des ordres au pouvoir
public d'un autre État. Il y aurait alors empiètement
d'une souveraineté sur une autre souveraineté, ce
qui est inadmissible.

Rien de plus simple et de plus logique, au contraire, si la force de la chose jugée résulte d'un quasi-
contrat, que d'accorder cette force à toute espèce de
jugements, en quelque pays qu'ils aient été rendus.
Il ne s'agit, en effet, que d'une convention entre particuliers, et les conséquences qu'un pareil contrat
peut entraîner à l'étranger ne touchent en rien au
principe de l'indépendance des États.

Nous n'hésitons pas à rejeter la première opinion;
quant à la seconde, nous verrons que l'idée du quasi-
contrat judiciaire, malgré les objections qu'elle a
soulevées et que nous avons présentées plus haut,
n'est pas sans fondement dans bon nombre de cas,
lorsqu'un jugement est intervenu non pas entre

regnicoles, mais entre un regnicole et un étranger,
ou bien entre deux étrangers. Néanmoins, comme on
peut, sans recourir à une théorie aussi incertaine et
aussi controversée, établir qu'un jugement étranger
doit avoir partout force de chose jugée, nous ne nous
arrêterons pas non plus à ce système. Nous nous
réservons, du reste, d'étudier en détail dans le chapitre suivant ces questions dont il suffisait de donner
ici un aperçu sommaire.

§ 2. — *Exécution forcée.*

Nous avons dit au début de ce travail qu'il ne suffisait pas que le juge ait statué sur les droits respectifs des parties litigantes; il faut encore que la sentence qui aura été prononcée ait une conséquence effective. Un tribunal a reconnu que Primus me devait
cent; voilà l'obligation régulièrement constatée;
mais il peut, alors, arriver deux choses. Ou Primus
s'acquittera volontairement, et tout sera terminé, ou
bien, sans même avoir besoin de nier à nouveau la
légitimité de ma créance, il m'opposera une force
d'inertie telle que je ne pourrai obtenir le paiement
de la somme qui m'est due. La loi doit, dans ce cas,
me fournir les moyens nécessaires pour arriver
à l'exécution forcée du jugement auquel la partie
adverse refuse de se soumettre de bonne grâce.

Nous ne croyons pas que ce second effet du jugement soit par son essence même attaché à la déci-

sion judiciaire; si le magistrat, en France par exemple, mande et ordonne aux officiers publics de prêter
main forte au plaideur qui a triomphé, ce n'est pas
en sa qualité de magistrat qu'il donne ce mandement, mais bien en vertu d'une délégation du pouvoir exécutif. C'est, en effet, au souverain seul, cela
est aussi vrai dans une démocratie que dans une
monarchie, qu'il appartient de commander aux
agents de la force publique..

« Partout c'est au nom du souverain que les ju-
« gements s'exécutent, et par les officiers qu'il a char-
« gés de cette mission, car l'exécution, soit qu'elle
« consiste simplement dans l'autorité que fait le
« jugement comme régulateur dès lors inattaquable
« des relations des parties, soit qu'elle se manifeste
« par la mainmise sur les biens ou sur la personne
« de la partie qui a succombé, est évidemment un
« acte de l'autorité publique (1). »

Nous devons maintenant nous demander quels effets sont attachés aux jugements qu'on veut produire
dans un pays autre que celui où ils ont été prononcés.

_____

(1) Fœlix, *op. cit.*, t. II, § 318, p. 41.

CHAPITRE II.

EFFETS DES JUGEMENTS EN DEHORS DU TERRITOIRE OU ILS ONT ÉTÉ RENDUS.

Le jugement ne peut avoir force exécutoire en dehors du pays auquel appartient le tribunal qui l'a prononcé; c'est un point sur lequel on est généralement d'accord. La force exécutoire, résultant d'un ordre du souverain, est naturellement bornée aux limites de l'autorité dont elle émane. Chaque nation possède et exerce seule et exclusivement la souveraineté dans toute l'étendue de son territoire; on ne saurait donc admettre, sans porter une grave atteinte au principe de l'indépendance des États, qu'un pouvoir étranger puisse commander sur un sol qui n'est pas soumis à sa puissance.

« C'est une règle fondamentale du droit public de « toutes les nations qu'un jugement rendu dans un « pays ne peut être de plein droit exécutoire dans un « autre en vertu du mandement seul du juge qui « l'a rendu. Partout il faut, pour qu'un jugement « étranger puisse être exécuté, qu'il soit présenté « aux tribunaux du pays, qui en se l'appropriant lui « donnent en quelque sorte le baptême de la nationa- « lité dans lequel il puise sa force exécutoire (1). »

On voit, par ces quelques lig...es empruntées à

---

(1) Massé, *op. cit.*, t. II, § 783.

Massé, que tous les peuples ont reconnu la nécessité de permettre dans une certaine mesure l'exécution des décisions étrangères. En effet, si on s'en tenait aux principes rigoureux mais étroits qui limitent aux frontières l'exercice du pouvoir souverain, il faudrait logiquement refuser toute force exécutoire aux sentences qui n'ont pas été rendues par des magistrats nationaux. Nous n'avons pas besoin d'insister longuement sur les inconvénients d'une pareille doctrine. Les relations commerciales, les transactions de toute sorte seraient entravées d'une façon déplorable, et la richesse sociale se trouverait singulièrement amoindrie, par suite de la stricte application d'une théorie très juste en soi, mais à laquelle les rapports de bon voisinage des États exigent qu'on apporte un certain tempérament.

Toutefois, on n'a pas été jusqu'à autoriser purement et simplement l'exercice d'un pouvoir étranger dans l'État où l'exécution a lieu. En dehors de la question de l'indépendance des souverainetés dont le respect s'impose, on ne peut admettre à produire ses effets un jugement qui violerait manifestement l'ordre public ou qui aurait été rendu sans que les droits de la défense fussent entourés de garanties suffisantes.

« Aucun État n'a consenti à souffrir que dans son « territoire l'exécution du jugement étranger se « fasse en vertu de la seule autorité du juge qui l'a « rendu; partout l'État a réservé à ses propres ju-

« ges le pouvoir d'ordonner cette exécution (1). »

Mais, s'il est universellement reconnu qu'il est né-cessaire, avant de faire usage d'un jugement étran-ger, de le soumettre d'abord aux magistrats du pays où l'exécution est demandée, les systèmes les plus divers ont été présentés sur la manière dont l'*exe-quatur* doit être accordé. Quels sont exactement les pouvoirs du juge chargé de revêtir de la formule exécutoire la sentence qui lui est présentée? Doit-il se borner à un examen sommaire, ou bien a-t-il le droit de réviser le fond du litige? Faut-il distinguer si la sentence étrangère a été rendue en faveur d'un regnicole ou contre un regnicole? Toutes ces ques-tions sont vivement discutées; nous les étudierons en examinant les législations positives qui nous montreront par la variété des solutions qu'elles four-nissent, combien est difficile un accord sur ce sujet.

Les motifs qui nous ont fait refuser aux jugements étrangers la force exécutoire se retrouvent-ils lors-qu'on invoque simplement ces jugements à titre d'exception ? En d'autres termes, les sentences des tribunaux étrangers jouissent-elles sans *exequatur*, en dehors du pays où elles ont été rendues, de l'auto-rité de la chose jugée.

S'il est vrai, comme le prétendent certains auteurs, que le jugement tire toute sa force du pouvoir sou-verain, il n'est pas douteux que les décisions judi-

---

(1) Fœlix, *op. cit.*, t. II, § 320, p. 42.

ciaires ne pourront pas plus avoir autorité de chose
jugée que force exécutoire au-delà des frontières.

Objectez aux défenseurs de cette doctrine (1) qu'ils
arrivent tout simplement à la négation des rapports
internationaux, ils vous répondront tranquillement
que chacun est maître chez soi, et qu'un État peut, si
bon lui semble, s'isoler et interdire sur son territoire
l'application de toute loi étrangère, l'exécution de
tout acte qui n'émane pas de fonctionnaires nationaux. Pour eux, les principes du droit international
privé n'existent pas.

Mais les partisans les plus convaincus du principe
de l'indépendance territoriale reculent devant les
conséquences extrêmes auxquelles les conduirait inévitablement l'application de leur système. « Les
« relations de bonne amitié (*comitas*), lisons-nous
« dans Fœlix, et des considérations d'utilité et de
« convenance réciproque, y ont fait admettre des
« exceptions (2). »

Cette théorie de la *comitas inter gentes*, n'est pas
nouvelle; les anciens auteurs ne comprenaient pas
que les lois et les jugements d'un pays pussent avoir
en eux-mêmes une force extraterritoriale; si donc
les nations en toléraient l'application sur leur sol,

---

(1) Fœlix, *op.cit.*, t. II, § 318.—Vareilles-Sommières, *op.cit.*, p. 116.
— Bard, *Précis de droit international*, § 238.— Moreau, *op. cit.*, pas-
sim. — Brocher, *op. cit.*, t. III, § 29. — Larombière, *op. cit.*, t. VII sur
l'art. 1351, § 6.
(2) Fœlix, *op. cit.*, t. II, § 319.

ce n'était qu'en vertu d'une bienveillante concession et pour des raisons d'utilité réciproque (1).

Parmi les auteurs modernes, la doctrine de Fœlix a été suivie notamment par Story (2), Wheaton (3), et Phillimore (4). Nous ne nions pas l'utilité et si l'on veut la nécessité de la *comitas;* nous reconnaissons volontiers qu'elle exige que l'autorité de la chose jugée soit reconnue partout aux sentences étrangères. Mais cela résulte uniquement de l'idée que nous nous en faisons, et de notre ferme conviction que les États ont tout à gagner en facilitant dans la plus large mesure les rapports internationaux. Notre opinion sera-t-elle universellement partagée ? Non sans doute, puisqu'il ne s'agit que d'une simple concession gracieuse dont chaque souveraineté restera maîtresse de limiter l'étendue et les conditions. Qui pourra affirmer que ce qui aura été accordé aujourd'hui ne sera pas refusé demain? C'est le régime de l'arbitraire et du bon plaisir. Comme l'a fort bien dit Fiore (5) : « La *comitas* dépend de la politique « des États qui est la chose la plus variable et la plus « incertaine du monde et ne peut servir de base à « une doctrine scientifique. »

---

(1) Huberus, *De conflictu legum,* § 2, 3, p. 25. — Voët, *De statutis et corum concursu,* sect. IV, C. II, n° 17.

(2) Story, *Commentaries on the conflict of laws* (2ᵉ édition), § 30.

(3) Wheaton, *Droit international,* ch. II, § 21.

(4) Phillimore, *Comment. upon. Int. Law.,* IV, n° 920. — V. aussi, Vareilles-Sommières, *loc. cit.*

(5) Fiore, *Effetti internazionali delle sentenze e degli atti* (partie Iʳᵉ), p. 65, note 2.

Le système de la *comitas* étant écarté, nous appuie-rons-nous sur l'idée d'un quasi-contrat judiciaire pour légitimer la force invincible de chose jugée que nous prétendons attacher aux jugements étrangers ? Nous avons déjà parlé de ce quasi-contrat qui se formerait au moment de la comparution des parties devant le magistrat, comparution qui impliquerait de leur part reconnaissance de la compétence du juge, et engagement d'accepter la décision qu'il prononcera.

On a vivement contesté l'exactitude de cette pro-position ; on a dit notamment qu'en pareille matière il ne pouvait être question de convention, les inté-ressés n'ayant pas la libre faculté de plaider ou de ne pas plaider. Cette critique nous semble tout au moins exagérée, et nous allons montrer que souvent les parties litigantes ont eu l'intention formelle de se soumettre à la juridiction devant laquelle elles se sont présentées.

Nous laisserons d'abord de côté les procès entre deux regnicoles. Il est clair, en effet, que ceux-ci n'ont ni le droit, ni le pouvoir de se soustraire à la juridiction de leurs tribunaux nationaux. Il ne sau-rait donc être question de quasi-contrat dans cette hypothèse. Nous ne nous occuperons pas non plus de certaines compétences extraordinaires et parfois exorbitantes, comme celle de l'art. 14 de notre Code civil, sur lequel nous aurons, du reste, occasion de revenir.

Deux situations opposées doivent être envisagées, celle du demandeur et celle du défendeur. Remarquons que le premier a de son propre mouvement et sans y être forcé par personne saisi le juge. En intentant l'action n'affirme-t-il pas, par ce fait même, sa pleine confiance dans l'intégrité et l'impartialité des magistrats qui vont être appelés à statuer sur son affaire ? Cela ne nous paraît pas douteux. Si donc il a été débouté de sa demande, nous ne voyons pas pourquoi il pourrait contester la validité d'un jugement qu'il a provoqué en pays étranger, uniquement parce que ce jugement lui est défavorable. « Pour que l'arrêt ait été prononcé par le tribunal « étranger, il faut qu'une plaidoirie ait eu lieu par « devant lui entre le plaignant et le défendeur ou « son fondé de pouvoirs ; par conséquent aucun « doute ne peut être élevé sur la compétence du tri- « bunal que les deux parties ont reconnue. Si donc « cet arrêt est passé en force de chose jugée, il a, par « le consentement même du *plaignant*, acquis pour « le moins la qualité de loi du contrat (1). »

Tout autre est la position du défendeur ; en effet, il a pu répondre à l'assignation lancée contre lui et comparaître soit en personne, soit par mandataire, dans le seul but d'éviter une condamnation par défaut ; il nous semble bien difficile de trouver dans

(1) Pinheiro-Ferreira, *Notes sur le Précis de droit des gens moderne de l'Europe*, par G. F. de Martens, note 11.

cette comparution, l'idée d'un quasi-contrat, à moins
cependant que le défendeur ne se soit soumis soit expressément soit tacitement à la juridiction étrangère (1). Cette idée disparaît même complétement,
dans le cas d'un jugement par défaut. Supposons, par
exemple, qu'une personne domiciliée en pays étranger
se soit obligée envers un citoyen de ce pays ; sur son
refus d'exécuter le contrat, le regnicole, conformément
à la règle « *actor sequitur forum rei*, » la poursuit
devant les tribunaux nationaux. Le défendeur ne se
présente pas au jour fixé et est condamné par défaut;
le demandeur, qui a obtenu gain de cause, fait régulièrement signifier le jugement à la partie défaillante
qui laisse écouler les délais d'opposition. Il est bien
certain que dans cette espèce aucune convention
tacite n'a pu se former entre les plaideurs au moment où le procès a été engagé. La sentence dont
nous venons de parler n'aura donc pas, *de plano*,
force de chose jugée, et ne pourra, par conséquent,
être invoquée à titre d'exception en dehors du territoire où elle a été rendue; c'est du moins la conclusion logique à laquelle on arrive, si l'on fait reposer
l'autorité extraterritoriale des jugements sur le seul
quasi-contrat judiciaire intervenu entre les parties.

Ces considérations montrent que ce n'est pas sans
raison que nous avons qualifié d'exagérées les criti-

---

(1) V. *infrà* ce que nous disons relativement à la renonciation au
bénéfice de l'art. 14 de notre Code civil.

ques adressées au système du quasi-contrat. Mais cela n'empêche pas que la théorie que nous venons d'examiner ne saurait pleinement satisfaire ceux qui, comme nous, accordent sans distinction force de chose jugée aux jugements étrangers.

Nous croyons, pour notre part, que le problème qui nous occupe peut et doit être résolu à l'aide des principes fondamentaux du droit international; nous arriverons ainsi à établir une doctrine présentant un caractère scientifique, avantage que n'ont pas les systèmes vagues et incertains que nous avons rencontrés jusqu'ici.

Sans se dégager entièrement des idées anciennes, Savigny reconnaissait déjà que les accords des nations sur ces matières résultaient non pas de l'effet d'une pure bienveillance, mais bien plutôt du développement propre du droit, suivant dans son cours la même marche que les règles sur la collision entre les droits particuliers d'un même État.

« En vertu du droit rigoureux de souveraineté
« on pourrait sans doute enjoindre aux juges d'un
« pays d'appliquer exclusivement leur droit national,
« sans égard aux dispositions contraires d'un droit
« étranger avec le domaine duquel le rapport de
« droit litigieux pourrait se trouver en contact.
« Mais une semblable prescription ne se trouve dans
« aucune législation connue et devrait être repoussée
« par les considérations suivantes.

« Plus les relations entre les différents peuples sont

« nombreuses et actives, plus on doit se convaincre
« qu'il faut renoncer à ce principe d'exclusion pour
« adopter le principe contraire. C'est ainsi que l'on
« tend à la réciprocité dans l'appréciation des rap-
« ports de droit, à établir devant la justice, entre les
« étrangers et les nationaux, une égalité que réclame
« l'intérêt des peuples et des individus (1). »

L'idée que Savigny n'exprimait qu'avec une certaine timidité, a été, depuis, très nettement formulée
par M. Mancini : « Le traitement des étrangers ne
« peut pas dépendre de la *comitas* et de la volonté
« souveraine et arbitaire de chaque État. La science
« ne peut considérer ce traitement que comme un
« devoir rigoureux de justice internationale, auquel
« une nation ne peut pas se soustraire sans violer le
« droit des gens, sans rompre le lien qui unit l'espèce
« humaine dans une grande *communauté de droit*
« fondée sur la communauté et la sociabilité de la
« nature humaine, sans devenir membre rebelle et
« réfractaire de la société universelle (2). »

Si l'on reconnaît qu'un État n'a pas le droit d'ex-
clure de son territoire les lois d'un État voisin, si l'on
admet que le juge doit respecter la loi étrangère
toutes les fois qu'elle régit les parties, pour quel
motif refuserait-on l'autorité de la chose jugée aux
décisions rendues en pays étranger, conformément à

(1) Savigny, trad. Guenoux, t. VIII, § 348.
(2) Rapport de M. Mancini, présenté à l'Institut de droit international (1874-1875). *Revue de droit international*, t. VII, p. 335.

la loi de ce pays, par les tribunaux que cette loi a régulièrement constitués (1) ?

Qu'est-ce, en effet, qu'un jugement, sinon une *lex specialis* réglant les rapports de droit entre plaideurs ? Il n'y a pas, ce nous semble, de raison sérieuse pour refuser à la *lex specialis* l'effet qu'on n'hésiterait pas à accorder à la *lex generalis* qu'elle ne fait qu'appliquer.

On a prétendu, il est vrai, que les juges étrangers pourraient ne pas présenter toutes les garanties nécessaires de capacité et d'impartialité; on a été jusqu'à dire que placés dans l'alternative de donner gain de cause à un de leurs nationaux contre un étranger ou de condamner leur compatriote en faisant triompher l'étranger, ils inclineraient presque malgré eux dans le premier sens.

Voilà un singulier raisonnement et qui ne témoigne pas en faveur de l'indépendance d'esprit de ses auteurs. Nous ne contestons pas que la nature humaine ne soit faible et impressionnable. Mais, en peut-on conclure que des hommes, choisis parmi les plus intègres d'un pays, des magistrats auxquels est confiée la haute mission de rendre la justice, qui tiennent entre leurs mains non-seulement les intérêts pécuniaires, mais l'honneur et la dignité de leurs semblables, soient capables de se laisser conduire par d'aussi mesquines considérations.

---

(1) V. Griolet, *De l'autorité de la chose jugée*, p. 93.

Nous ne le croyons pas. Nous sommes persuadés, en effet, que le magistrat, à quelque nationalité qu'il appartienne, n'oublie pas aussi facilement ses devoirs professionnels. Il se souviendra toujours, en montant sur son siège, qu'il lui faut faire abstraction complète de ses tendances et de ses affections personnelles, et que ce ne sont ni des amis, ni des compatriotes qui se présentent devant lui, mais de simples plaideurs auxquels il est chargé d'appliquer la loi.

Quant à l'objection tirée de la prétendue incapacité des juges étrangers, elle est si peu sérieuse, que nous nous demandons si elle mérite d'être réfutée.

Lorsqu'un État délègue à certains de ses membres le pouvoir de rendre la justice en son nom, il nous semble qu'il doit s'efforcer de choisir ces délégués avec le plus grand soin, et qu'il est en droit d'exiger d'eux les plus rigoureuses conditions d'aptitude et de moralité. Tous les citoyens qui composent cet État étant exposés à voir un jour ou l'autre des contestations s'élever entre eux, il est peu probable qu'on ne s'entoure pas de toutes les précautions nécessaires pour obtenir des sentences équitables. Des intérêts trop graves, publics et privés, dépendent de la bonne administration de la justice pour qu'il n'en soit pas ainsi dans tous les pays.

Nous savons bien ce que vont répondre nos contradicteurs. Votre raisonnement, diront-ils, est juste tant que vous vous trouvez en présence de la législation des peuples qui ont atteint leur complet développement; mais, accorderez-vous la même confiance aux lois des nations dont la civilisation est encore imparfaite ? « Quels peuples rangera-t-on « parmi les nations civilisées ? Quels autres en ex- « clura-t-on ? Il y aurait dans une semblable classi- « fication une offense aux peuples non-civilisés, « offense qui serait bien plus grave que celle qu'on « nous reproche de faire aux nations civilisées en « repoussant leurs jugements (1). »

Ces arguments nous touchent fort peu. Il est certain qu'on ne reconnaîtra jamais à la sentence d'un mandarin chinois la même valeur qu'on attache au jugement d'un tribunal européen. Nous avouerons très-franchement que cette différence de traitement nous paraît toute naturelle. La distinction entre les peuples civilisés et les nations quasi-primitives, n'est pas, en effet, si difficile à établir, qu'on ne puisse savoir avec quels pays il est possible d'entretenir des rapports internationaux.

Irez-vous demander aux habitants du Céleste-Empire ou aux guerriers de l'Afrique centrale de respecter les blessés et de s'incliner devant le drapeau blanc à croix rouge de la convention de Genève? Évidemment non. S'il est impossible de faire admettre par certaines races inférieures les principes les plus élémentaires du droit international public,

_____

(1) Moreau, *Effets internationaux des jugements*, p. 230.

comment aurait-on la prétention de leur faire comprendre les questions si délicates que soulève l'application des règles du droit international privé?

Nous pensons donc que la crainte de mécontenter la susceptibilité problématique d'un obscur potentat, à demi-sauvage, ne saurait légitimer une injuste méfiance à l'égard des décisions prononcées, avec toutes les garanties de science et d'équité, par les juges d'un pays voisin et ami.

Qu'on ne l'oublie pas du reste; un pays qui n'hésiterait pas à consacrer dans ses lois la doctrine que nous combattons, compromettrait très-sérieusement les intérêts de ses regnicoles. Les législateurs étrangers, usant de mesures de rétorsion, refuseraient de leur côté tout effet aux jugements des tribunaux de ce pays, et on assisterait à ce spectacle d'un État qui voulant à tout prix protéger ses nationaux, les placerait fatalement dans une situation intolérable toutes les fois qu'ils quitteraient le sol de la patrie.

Nos adversaires ne nient pas ce résultat fâcheux de leur système; ils vont jusqu'à reconnaître que le développement des relations internationales sera ainsi sensiblement entravé. Néanmoins ils refusent, malgré ces considérations d'utilité générale, d'abandonner un principe dont l'existence même n'est pas absolument démontrée.

Il nous reste à présenter un argument d'analogie tout en faveur de notre doctrine. On ne conteste guère aujourd'hui qu'un contrat passé en pays étranger, s'il a été régulièrement revêtu des formes de l'authenticité, n'emporte partout ce caractère d'authenticité. C'est une application de la règle « *locus regit actum* ». Déjà Pothier, tout en refusant aux actes des notaires étrangers l'autorité publique du pouvoir « qui émane du roi », écrivait : « Ces per- « sonnes (les notaires étrangers) ont bien en France « une espèce d'autorité publique qu'on peut appeler « autorité publique de créance, leurs actes devant « faire foi partout (1). »

Puisqu'on ajoute foi aux actes authentiques reçus par les officiers publics étrangers, puisqu'on reconnaît que l'attestation notariale suffit pour donner en tous lieux force probante à ces actes, il nous paraît assez naturel d'accorder au moins la même confiance aux jugements étrangers (2).

Il serait bizarre, en effet, que les actes d'un greffier, d'un notaire de campagne, souvent peu au courant des choses du droit, obtinssent complète créance à l'étranger et jouissent d'une force extraterritoriale indiscutée, tandis qu'on refuserait d'accorder les mêmes effets aux sentences de magistrats certainement instruits, parfois éminents, auxquels a été confié le soin délicat de rendre la justice à leurs con-

---

(1) Pothier, *Coutumes d'Orléans*, t. XX, sect. 1, § 9, (édition de 1772, p. 719).

(2) Dans ce sens : Thévenet, *op. cit.*, p. 22 et suiv. — Bonfils, *De la compétence des tribunaux français à l'égard des étrangers*, p. 233. — Lemoine, *Des effets produits par les jugements étrangers* (thèse), p. 112.

citoyens. Il n'est pas douteux cependant, personne n'oserait soutenir le contraire, que ceux-ci no présentent des garanties égales, sinon supérieures à celles que l'on est en droit d'attendre de ceux-là.

« Il y a la plus grande analogie entre la foi due
« à l'acte authentique et la chose jugée. Elles ont
« l'une et l'autre le même fondement et le même
« but. L'une et l'autre elles tirent leur origine de la
« confiance accordée à certains fonctionnaires pu-
« blics, et se proposent de couper court à d'intermi-
« nables procès. Pourquoi ne les traiterait-on pas de
« la même manière? Les jugements étrangers doi-
« vent avoir au moins la valeur des contrats judi-
« ciaires intervenus entre les parties (1). »

Nous devons, en terminant cet exposé de principes généraux, faire justice d'un reproche qui a été bien souvent adressé au système que nous défendons. On a prétendu que ce système, en reconnaissant force de chose jugée aux jugements étrangers, pouvait, dans certains cas, porter atteinte à l'ordre public; on a dit, aussi, que nous risquions de faire produire chez nous des effets à une sentence qui ne serait même pas valable dans le pays où elle a été prononcée. Ces deux assertions sont aussi inexactes l'une que l'autre; cela tient, sans doute, à ce que nos contradicteurs n'ont pas bien saisi la pensée des partisans de notre doctrine.

---

(1) Bertauld, *Questions pratiques*, n° 156 *bis* (cité par Thévenet, § 25).

Pour que l'une des parties soit obligée d'invoquer la force de chose jugée d'un jugement étranger, sans demander en même temps quelque mesure d'exécution relative à ce jugement, il faut supposer à la partie adverse l'intention de remettre en question l'affaire sur laquelle il aura déjà été statué une première fois. Ce sera, par exemple, un demandeur qui, après avoir été débouté de ses prétentions par les tribunaux d'un pays, renouvellera sa demande dans un autre pays. Naturellement le défendeur répondra à cette demande en excipant de la chose jugée. Nous disons que cette exception devra être admise par le juge devant lequel on l'invoquera, sans qu'il soit nécessaire de faire subir au jugement qui lui sert de base la formalité de l'*exequatur*. « A quoi bon faire « obtenir au jugement une exécution parée, qui sup- « pose toujours, ou la nécessité, ou l'utilité d'une « exécution. Et, lors même que le jugement pronon- « cerait des condamnations au profit de la partie qui « excipe de la chose jugée, comme elle n'en demande « pas l'exécution, et qu'elle se borne à se prévaloir « du chef du jugement qui a rejeté la demande, « qu'elle se renferme dans une exception exclusive « de toute exécution actuelle, on ne peut lui opposer « des lois qui ne régissent que l'exécution (1). »

Mais, de ce que nous prétendons que les sentences étrangères n'ont pas besoin d'être revêtues de l'*exe-*

---

(1) Massé, *op. cit.*, t. II, p. 69.

qualur pour jouir partout de l'autorité de la chose jugée, peut-on conclure que nous accordons cette faveur à tout acte ayant l'apparence d'un jugement? Evidemment non. Le tribunal saisi de la nouvelle demande à laquelle on oppose l'exception de chose jugée, examinera si cette exception est réellement fondée. C'est un droit qu'il aurait vis-à-vis de jugements nationaux ; il serait vraiment curieux de le lui enlever lorsqu'il se trouve en présence de décisions étrangères. Les choses se passeront, du reste, de la façon la plus simple, sans qu'il y ait pour cela lieu à revision au fond, sans qu'il soit besoin de former une instance en *exequatur*.

Le demandeur répliquera, en effet, à l'exception du défendeur en montrant que le jugement dont il s'agit, émane de magistrats incompétents, ou bien il soutiendra qu'il viole les règles de procédure établies dans le pays où il a été prononcé, ou qu'il n'est pas définitif et en dernier ressort. Le tribunal recherchera si les allégations du demandeur sont exactes et, si elles se trouvent vérifiées, il repoussera l'exception tirée d'une sentence qui n'avait même pas force de chose jugée sur le territoire où elle a été rendue.

Quant aux lois publiques de l'Etat où l'on invoque l'autorité du jugement étranger, elles seront tout aussi facilement respectées. De même qu'un tribunal ne tolérera jamais qu'on présente devant lui, comme moyen de défense, un fait immoral, illicite ou contraire à l'ordre public, de même, il rejettera l'exception résultant d'un jugement qui consacrerait un pareil état de choses. Nous ne faisons qu'indiquer très-sommairement cette question du respect des lois d'ordre public que nous nous réservons d'étudier en détail dans notre deuxième partie.

Il n'y a, en réalité, qu'un seul inconvénient à notre système, c'est l'obligation pour les juges de connaître les lois étrangères dont ils seront tenus de vérifier la rigoureuse application. Ce surcroît de travail imposé aux magistrats doit-il entrer en ligne de compte, lorsqu'on voit les heureuses conséquences de notre doctrine? Nous ne le pensons pas.

La théorie que nous venons de développer peut se résumer dans les deux propositions suivantes. Le jugement étranger a par lui-même force de chose jugée, toutes les fois qu'il a été régulièrement rendu, et qu'il ne porte pas atteinte aux lois d'ordre public de l'Etat sur le territoire duquel on l'invoque; mais ce jugement ne pourra donner lieu à des mesures d'exécution qu'autant qu'il aura reçu l'*exequatur* des juges du pays où l'exécution sera poursuivie. Nous verrons plus loin en quoi consiste cet *exequatur*; disons dès maintenant que sur ce point les législations positives, aussi bien que la doctrine des auteurs présentent de nombreuses divergences.

Nous croyons qu'en adoptant la distinction que nous venons de rappeler, on concilie les deux idées qui se retrouvent en face l'une de l'autre dans tout le droit international privé, l'autonomie de chaque

4

État, et la société des nations. Ainsi que l'écrivait très-justement un jurisconsulte italien : « Ces deux « idées, au lieu de se détruire réciproquement, doi- « vent se tempérer l'une par l'autre. Il y a un prin- « cipe suprême qui les concilie : c'est à savoir que « la société internationale, comme la société civile, « doit être ordonnée de manière à fournir à l'indivi- « du le meilleur milieu possible pour son dévelop- « pement (1). »

---

(1) Carle (G.), *La faillite dans le droit international privé* (tra- duction Ernest Dubois), p. 15.

DEUXIÈME PARTIE.

AUTORITÉ ET EXÉCUTION DES JUGEMENTS ÉTRANGERS EN FRANCE.

CHAPITRE III.

INTRODUCTION HISTORIQUE.

Il est peu probable que la question de l'exécution des jugements se soit posée en droit romain. Un peuple dont la législation consacrait la maxime : « *Adversùs hostem æterna auctoritas* (1), » qui ne voyait dans les nations voisines que des barbares qu'il s'efforçait de vaincre et de soumettre à sa domination, ne devait évidemment accorder aucune autorité sur son territoire à des jugements rendus chez des ennemis. Il est vrai qu'après la conquête, Rome laissait souvent une certaine indépendance aux États qu'elle avait réduits à l'impuissance ; elle respectait leurs usages, et ne leur enlevait pas toujours leurs lois et leur organisation judiciaire.

Mais il importe peu, au point de vue qui nous occupe, que le vaincu ait conservé une certaine au-

---

(1) Loi des XII tables, table III, 6.

tonomie, ou qu'il ait été réduit à un état de sujétion complète. Dans l'un et l'autre cas le jugement qu'il s'agit d'exécuter a le même caractère; « ce sont tou-
« jours des jugements romains, et le magistrat qui
« préside à l'administration de la justice, qu'il soit
« nommé par ses concitoyens ou qu'il soit envoyé
« par Rome, est toujours le représentant du même
« souverain (1). »

Plus tard apparut une juridiction chargée de trancher les difficultés qui pouvaient s'élever entre citoyens romains et habitants d'un pays étranger. Nous voulons parler de l'institution des récupéra-teurs. « Ce système de juridiction internationale
« privée tient le milieu entre le système primitif et
« barbare dans lequel chacun, en semblable occur-
« rence, en était réduit à invoquer l'assistance de
« son État, qui, après avoir pris connaissance de
« l'affaire par ses féciaux, jugeait, d'après les cir-
« constances, s'il devait la laisser tomber ou la faire
« sienne, et le système des peuples civilisés, dans
« lequel chaque État, par l'effet d'une libre con-
« fiance, ou d'engagement pris, s'en remet pour les
« poursuites que ses nationaux peuvent avoir à
« exercer dans un autre État, à la justice et aux lois
« de ce dernier (2). »

La *recuperatio* était le résultat d'un traité inter-

---

(1) Moreau, *Effets internationaux des jugements*, § 7, p. 7 et 8.
(2) Keller, *De la procédure civile et des actions chez les Romains* (trad. Capmas), § VIII, p. 31.

venu entre Rome et un État voisin (1). Des commis-
saires, choisis dans les deux nations auxquelles
appartenaient les parties, étaient appelés à juger
dans le pays du défendeur (2), la question en litige,
en se conformant aux dispositions du traité de *recuperatio*.

Il est certain qu'en donnant effet aux sentences
prononcées par le tribunal des récupérateurs, il ne
pouvait être question d'exécuter un jugement étranger. En effet, ce tribunal étant composé pour partie
de juges romains, ses décisions n'étaient en réalité
autre chose que des jugements romains. On voit, par
ce que nous venons de dire, que la question qui nous
occupe ne pouvait pas plus se présenter dans le dernier état du droit qu'à l'époque classique.

Nous ne nous arrêterons pas à l'époque barbare
sur laquelle on n'a que des données très incertaines.
Tout ce qu'on sait, c'est qu'alors apparut le régime
du droit personnel qui admettait, sous une même
souveraineté territoriale, la coexistence de différentes législations sur les rapports de famille et les
droits privés régissant respectivement les diverses

---

(1) Festus, *De significatione verborum*, au mot *reciperatio* (édition
Panckouke, p. 489). — M. Moreau (*Effets internationaux des jugements*, p. 11), cite d'après Denys d'Halicarnasse (liv. VI, ch. XI, n° 3),
une stipulation de ce genre insérée dans un traité conclu en 267
entre Rome et la confédération latine.

(2) Accarias, *Précis de droit romain*, t. II, p. 821, note 1. — V. sur
la question des récupérateurs une brochure de M. G. Fusinato,
professeur à l'Université de Macerata (*Le droit international de la
République romaine*; Extrait de la *Revue de droit international*).

nationalités dont la population se compose. « Mais,
« comme la souveraineté politique était unique, les
« conflits qui surgissaient au sujet de la loi appli-
« cable aux personnes et aux faits juridiques ne
« pouvaient pas avoir un caractère international,
« et ils étaient jugés avec une compétence incon-
« testable par le pouvoir judiciaire d'un même
« État (1). »

Avec la féodalité de nouvelles idées se font jour,
et le principe de la territorialité des lois succède au
principe de la personnalité. Le pouvoir judiciaire,
étroitement lié à la souveraineté territoriale, ne peut
dès lors avoir d'autorité en dehors de cette souveraineté.

On sait que les jugements rendus en France
n'étaient exécutoires, *de plano*, que dans le ressort du
Parlement ou de la juridiction qui les avaient prononcés; pour que ces jugements pussent produire
effet par tout le royaume, ils devaient être revêtus
du *pareatis du grand sceau* (2). A défaut de *pareatis du grand sceau* on pouvait se contenter d'un
pareatis pris à la chancellerie du Parlement dans
le ressort duquel on voulait procéder à l'exécution;
mais ce *pareatis* ne rendait le jugement exécu-

---

(1) Rapport de M. Mancini à l'Institut de droit international, (1874-
1875), *Revue de droit international*, t. VII, p. 330.
(2) On appelle *paeratis du grand sceau*, dit Pothier (*Traité de la
procédure civile*, ch. II, § 3), les lettres obtenues en la chancellerie
par lesquelles le Roi mande au premier sergent ou huissier, sur ce
requis, de mettre un tel arrêt ou tel jugement à exécution.

toire que dans le ressort de ce Parlement (1).

On voit par là que la force des jugements émanés de juges nationaux était singulièrement restreinte; aussi ne doit-on pas s'étonner si les sentences
étrangères n'avaient aucune exécution sur le sol
français (2). « C'est une maxime hors de controver-
« ses, écrit Brodeau, que les sentences et les juge-
« ments souverains donnés hors le royaume par
« juges étrangers ne peuvent être exécutés sur biens
« situés en France quand même on aurait obtenu
« le *pareatis* et la commission du juge royal du
« domicile; ainsi, il faut se pourvoir par nouvelle
« action par devant lui (3). »

Nous arrivons à la fameuse ordonnance de 1629,
connue sous le nom de Code Michaud, dont l'article
121 a pour ainsi dire codifié les règles suivies jusqu'alors en matière de jugements étrangers. Nous
devons d'abord, examiner un premier point; l'ordonnance de 1629 a-t-elle été en vigueur? La raison
de douter vient, non pas tant de la disgrâce du
chancelier Michel de Marillac dont elle était l'ouvrage, que de la résistance de certains Parlements qui

(1) Pothier, *loc. cit.* — Boullenois, *Traité de la réalité et de la
personnalité des lois*, t. I, titré II; ch. IV, obs. 23, p. 611. — Exceptionnellement les sentences des consuls et les jugements rendus par
la conservation de Lyon s'exécutaient sans visa (Édit de 1564; déclaration de 1666; édit de 1609).

(2) Pothier, *loc. cit.*

(3) Brodeau, *Sur l'art.* 165 *de la Coutume de Paris*, t. II, p. 390.—
Cet auteur rapporte dans le sens de sa théorie des arrêts du 13 août
1634; du 21 mai 1685; du 14 mars 1603.

refusèrent de l'enregistrer, ou qui ne le firent qu'avec des réserves telles qu'on pouvait considérer l'ordonnance comme inapplicable dans leur ressort.

Seuls, les Parlements de Toulouse, de Grenoble, de Bordeaux et de Normandie consentirent à enregistrer l'ordonnance de 1629. Quant au Parlement de Dijon, si nous en croyons le célèbre commentateur de la coutume de Bourgogne, il n'enregistra le Code Michaud qu'avec cette modification sur l'art. 121 « qu'il n'aurait pas lieu en cette province (1). »

Peu importe, du reste, que l'ordonnance de 1629 ait été ou non enregistrée par tous les Parlements du Royaume, puisque son art. 121 n'a fait que consacrer des règles que la pratique avait jusqu'à cette époque admises sans difficulté.

Voici le texte de cet art. 121 qu'il est nécessaire d'analyser en détail :

« Les jugements rendus, contrats ou obligations
« reçues ès royaumes et souverainetés étrangères
« pour quelque cause que ce soit, n'auront aucune
« hypothèque ni exécution en notre dit Royaume,
« ains tiendront les contrats lieu de simples pro-
« messes, et nonobstant les jugements, nos sujets
« contre lesquels ils auront été rendus pourront de
« nouveau débattre leurs droits comme entiers par
« devant nos officiers. »

---

(1) Bouhier, *Œuvres de jurisprudence* (Edition de 1788), t. II, ch. LIII, p. 379.

L'art. 121 renferme deux propositions distinctes; aux termes de la première les jugements étrangers n'avaient en France aucune force exécutoire et ne pouvaient y emporter hypothèque. Pour leur faire produire ce double effet l'intervention du juge français était nécessaire. Ce n'était, du reste, que la stricte application du principe de la territorialité des lois d'après lequel un magistrat ne peut commander en dehors de sa juridiction. La seconde disposition était spéciale aux jugements rendus à l'étranger contre un sujet du roi de France; dans ce cas la sentence était considérée comme non-avenue, les droits du Français demeuraient entiers, et celui-ci pouvait les débattre à nouveau devant les tribunaux de son pays.

Ainsi, à l'égard du Français, le jugement étranger n'avait ni force exécutoire, ni autorité de chose jugée; il ne pouvait être invoqué ni par voie d'action ni par voie d'exception; de plus il ne faisait naître aucune hypothèque sur les biens du regnicole. Remarquons que la seconde partie de notre texte ne distingue pas entre le Français demandeur et le Français défendeur. C'est donc qu'il s'appliquait indistinctement dans l'une et l'autre hypothèses (1).

Rien de plus conforme, d'ailleurs, aux idées du temps que la règle établie par l'art. 121 *in fine*. La sollicitude pour les intérêts de nos nationaux était

---

(1) Fœlix, *op. cit.*, t. II, p. 72.

telle, que l'édit de 1778 relatif aux fonctions des consuls alla jusqu'à interdire aux Français se trouvant à l'étranger ou y faisant le commerce de se pourvoir au sujet des contestations qui pourraient s'élever entre eux et leurs compatriotes devant d'autres juges que le consul, et ce sous peine d'une forte amende (1).

Le privilège de révision édicté en faveur du Français par le dernier paragraphe de l'art. 121 ne pouvait évidemment être invoqué par un étranger contre lequel on poursuivait l'exécution d'un jugement prononcé hors de France. Cela nous semble résulter du silence même de l'article dont la première partie seule pouvait s'appliquer aux non-français. En effet, si la loi avait voulu accorder aux étrangers le bénéfice d'un nouveau débat, elle l'aurait dit expressément ou tout au moins elle aurait supprimé la première partie de notre texte, une seule disposition générale étant alors suffisante pour régler la question qui nous occupe.

Nous pensons donc, qu'à l'égard des personnes étrangères, la sentence d'un tribunal étranger avait *de plano* l'autorité de la chose jugée et produisait sans *parealis* d'aucune sorte l'*exceptio rei judicatæ*. Quant à l'exécution elle ne pouvait avoir lieu qu'en vertu d'une injonction du juge français, mais sans révision au fond de l'affaire en litige. Toutefois « s'il « paraît que le jugement a été incompétemment

---

(1) Edit de 1778, art. 2. — V. Beaussant, *Code maritime*, § 1013.

« rendu, ou s'il viole l'ordre public, ou s'il porte
« sur des matières réelles, sur des biens situés en
« dehors de la domination du prince, le juge doit
« ordonner que les parties contestent de nou-
« veau (1). »

L'interprétation que nous venons de donner de
l'art. 121 de l'ordonnance de 1629 a été consacrée
par tous ceux de nos anciens auteurs qui ont écrit
sur ce sujet : « Les jugements rendus entre étran-
« gers, dit Boullenois, l'ont été parce que ces étran-
« gers ont subi juridiction par devant les juges qui
« les ont rendus, soit parce qu'ils ont contracté dans
« leur juridiction, soit parce qu'ils ont promis de
« payer dans ce lieu, soit parce que le hasard les y
« a fait rencontrer. Dans les premiers cas les juge-
« ments ne sont plus sujets à examen (2). »

Dans le troisième cas, c'est-à-dire, lorsque les parties ne se sont soumises à la juridiction étrangère
que par l'effet du hasard, Boullenois reconnaît cependant à ces jugements la même autorité qu'aux sentences arbitrales.

Julien déclare que « l'on distingue, pour l'exécu-
« cution des jugements rendus en pays étrangers,
« les jugements intervenus entre des étrangers et
« ceux qui ont été rendus contre des Français ou
« contre des étrangers établis en France. A l'égard

---

(1) Boullenois, *Traité de la personnalité et de la réalité des lois*,
t. I, titre II, ch. IV, p. 646.
(2) Boullenois, *loc. cit.*, p. 600.

« des premiers les *parealis* sont accordés sans entrer
« en connaissance de cause..... et pour ce qui est des
« jugements rendus par les juges étrangers contre
« des Français, les jugements ne peuvent être exé-
« cutés; on doit venir par action et la cause doit être
« traitée de nouveau devant les juges de France (1). »

Enfin, lors de l'arrêt du 25 février 1878, l'avocat
général d'Agüesseau, fils du Chancelier, s'exprimait
ainsi dans ses conclusions : « Les jugements rendus
« en pays étranger contre un Français en faveur d'un
« étranger n'ont point d'exécution en France. Le
« Français peut de nouveau discuter l'affaire et la
« soumettre à des juges nationaux, mais les juge-
« ments rendus entre deux étrangers en pays étran-
« ger peuvent être mis à exécution en France avec
« la simple permission du juge, parce que l'ordon-
« nance qui défend l'exécution des jugements étran-
« gers en France n'a dû établir ce privilège qu'en
« faveur des Français (2). »

D'après Boullenois le jugement étranger ne pouvait être exécuté en France que lorsqu'il avait été revêtu du *parealis du grand sceau*, « parce que l'exé-
« cution de pareils actes ou jugements intéresse
« directement l'autorité du prince; il faut donc
« s'adresser à la grande chancellerie pour y obtenir
« un *parealis du grand sceau* qui ne s'accorde

(1) Julien, *Statuts de Provence*, t, II, p. 442.
(2) Nous avons emprunté cette citation à l'ouvrage de M. Griolet (*De l'autorité de la chose jugée*), p. 97.

« que sur des lettres rogatoires du prince de l'auto-
« rité duquel sont émanés les actes et jugements
« qu'on veut mettre à exécution (1). »

Il paraît, cependant, que l'usage s'était établi de
s'adresser simplement aux Parlements qui accor-
daient l'*exequatur* aux sentences étrangères.

Le droit intermédiaire n'innova pas; il se con-
tenta d'appliquer les principes en vigueur dans notre
ancienne jurisprudence et l'on peut dire qu'à la promulgation du Code civil, en 1804, l'art. 121 de l'ordonnance de 1629 était encore dans toutes ses parties
regardée comme loi de l'État (2).

Nous allons voir quelle est aujourd'hui la situation sous l'empire de la législation de 1804 et de
1806.

---

(1) Boullenois, *op. cit.*, p. 643.
(2) Valette, *Mélanges de droit, de jurisprudence et de législation*
recueillis par MM. Hérold et Ch. Lyon-Caen, t. I, p. 342.

CHAPITRE IV.

Les textes de nos Codes relatifs aux effets des jugements étrangers en France sont loin d'être explicites. Le dernier paragraphe de l'art. 2123 du Code civil est ainsi conçu :

« L'hypothèque ne peut pareillement résulter des « jugements *rendus en pays étranger*, qu'autant « qu'ils ont été déclarés exécutoires par un tribunal « français, sans préjudice des dispositions contraires « qui peuvent être dans les lois politiques ou dans les « traités. »

Nous lisons dans l'art. 546 du Code de procédure civile :

« Les jugements *rendus par les tribunaux étran-* « *gers* et les actes reçus par les officiers étrangers ne « seront susceptibles d'exécution en France que de « la manière et dans les cas prévus par les art. 2123 « et 2128 du Code civil. »

Remarquons d'abord que la rédaction de l'art. 546 est bien préférable à celle de l'art. 2123. Le Code civil nous parle de « *jugements rendus en pays étran-* « *gers.* » La formule employée par l'art. 546 du Code de procédure civile : « *les jugements rendus par* « *les tribunaux étrangers* », est plus exacte. Nous verrons, en effet, lorsque nous dirons quelques mots de la juridiction de nos consuls, que les sentences prononcées par eux *en pays étranger* produisent, *de plano*, en France autorité de chose jugée, exécution parée et hypothèque judiciaire. Les termes de l'article 2123 sont donc trop larges, et le Code de procédure a fort bien fait de les restreindre.

Cette observation de détail une fois faite, nous devons nous demander quel est exactement le sens des art. 2123 et 546. Il n'est pas douteux, d'après ces textes, qu'un jugement étranger ne pourra recevoir exécution en France sans l'intervention des tribunaux français; sur ce point, tout le monde est d'accord.

Mais en quoi consistera la mission du juge français? Pourra-t-il réviser au fond la sentence qui lui est soumise à fin d'*exequatur*, ou bien devra-t-il se borner à l'examen des questions extrinsèques de validité du jugement; sera-t-il obligé d'établir une distinction entre les décisions favorables aux Français et celles qui auront été prononcées contre eux? D'autre part la loi est muette sur le point de savoir si les jugements étrangers ont en France sans *exequatur* force de chose jugée et peuvent être invoqués à titre d'exception.

Plusieurs systèmes ont été présentés pour arriver à la solution des ces difficultés.

Certains auteurs, prétendant que l'art. 121 de l'ordonnance de 1629 est encore en vigueur aujourd'hui, cherchent à concilier ce texte avec la législation moderne, et soutiennent qu'il faut distinguer si le jugement est ou non contraire aux intérêts d'un Français.

Le second système exige, dans tous les cas, la révision de la sentence étrangère, même au point de vue de l'intérêt privé des parties.

Une troisième doctrine, que nous adoptons, reconnaît aux jugements étrangers l'autorité de la chose jugée; l'*exequatur* n'est nécessaire que l'orsqu'on veut recourir à des mesures d'exécution, et doit être accordé sans révision au fond.

Enfin la Cour de Paris, dans un arrêt du 15 juin 1861, dont l'esprit n'a pas prévalu, s'est déclarée incompétente pour rendre exécutoire la sentence étrangère.

Nous allons examiner successivement ces quatre systèmes.

§ 1er. — *Système de l'ordonnance de 1629.*

Il nous semble inutile de revenir sur l'interprétation de l'art. 121 de l'ordonnance de 1629 que nous avons expliqué plus haut. Ce que nous devons rechercher maintenant, c'est si cet article, dont les dispositions étaient consacrées par la pratique à la veille de la rédaction de nos Codes, a été abrogé.

Les défenseurs du système de l'ordonnance s'appuient principalement sur l'autorité de Malleville, l'un des rédacteurs du Code civil, d'après lequel l'article 2123 n'aurait pas voulu innover et se serait borné à confirmer un état de choses existant (1).

Le silence même du Conseil d'État, lors de la discussion de l'art. 2123, devient un argument en leur faveur. Comment supposer, d'ailleurs, qu'on ait eu l'intention de modifier la législation dans un sens libéral après les essais malheureux de la période révolutionnaire.

Nos Codes, ajoute-t-on, ne parlent que de l'exécution des jugements étrangers, et sont muets sur la question de l'autorité de la chose jugée. Réal, dans l'exposé des motifs de l'art. 546, disait : « Si les offi- « ciers ministériels de l'Empire, si les membres de « la grande famille qui le composent, ne doivent « obéir qu'au nom du prince, il faut en conclure « qu'un jugement émané d'une puissance étrangère « n'est, ni pour ces officiers ministériels, ni pour les « sujets de l'Empire français un ordre auquel ils « doivent obéir, le principe se trouvant implicitement « énoncé dans plusieurs articles du Code civil, et « notamment dans les art. 2123 et 2128. Il est ici « rappelé et formellement déclaré dans l'art. 546 « avec les modifications exigées pour les cas prévus « par ces deux articles (2). »

Nous retrouvons les mêmes idées exprimées par Favart dans le discours qu'il prononça au Corps lé.

<hr/>

(1) Malleville, Sur l'art. 2123. *Analyse raisonnée de la discussion du Code civil au Conseil d'État*, t. IV.

(2) Locré, *Législation civile*, t. XXII, p. 572.

gislatif en présentant le vœu d'adoption émis par la
section de législation du Tribunat : « Comme un des
« principaux attributs de la souveraineté est de
« rendre exécutoires les jugements des tribunaux,
« le Code civil et le Code de procédure civile portent
« que les jugements étrangers ne sont pas suscepti-
« bles d'exécution en France à moins qu'ils n'aient
« été déclarés exécutoires par un tribunal fran-
« çais (1). »

Les art. 2123 et 546 ne font donc que reproduire
le sens de la première disposition de l'art. 121 de
l'ordonnance, sans abroger en rien la dernière partie
de ce texte : « Quand les maximes de droit ont eu
« pour elles l'assentiment et le respect des siècles,
« écrit Valette, et que, sans s'altérer, elles ont tra-
« versé des temps de crises et de réformes violen-
« tes, ne serait-il pas bien extraordinaire qu'elles
« eussent péri à une époque de rénovation, lorsqu'on
« remettait en honneur tous les principes anciens
« qui n'étaient pas incompatibles avec le nouveau
« régime (2). »

Un arrêt de la Cour de cassation, du 7 janvier
1806 (3), consacra la doctrine de l'ordonnance de
1629 (4). Mais nous verrons que la jurisprudence ne

---

(1) Locré, *op. cit.*, t. XXII, p. 617.
(2) Valette, *Mélanges*, t. I, p. 342.
(3) Req. rej., 7 janvier 1806; S, 6. 1. 120.
(4) Dans le même sens : Aubry et Rau, *Cours de droit civil fran-*
çais, t. VIII, § 769 *ter.* — Breton, *Des éléments constitutifs de l'auto-*
rité de la chose jugée (thèse), p. 68. — Colmet-Daàge, *Leçons de*

tarda pas à s'écarter des traditions de l'ancien droit français et à adopter un système tout-à-fait différent.

Nous ne croyons pas qu'il soit possible d'invoquer, dans l'état actuel de notre législation, les dispositions de l'art. 121 de l'ordonnance de 1629. On sait que dans notre ancien droit il était déjà douteux que ce texte fût en vigueur. Mais l'ordonnance eût-elle été enregistrée par tous les Parlements du Royaume, au lieu d'être confondue dans la disgrâce du chancelier Michel de Marillac, que nous n'en persisterions pas moins à la considérer comme abrogée. Il suffit pour s'en convaincre de lire l'art. 7 de la loi du 30 ventôse an XII, et l'art. 1011 du Code de procédure civile.

---

procédure civile de Boitard (13ᵉ édition), t. II, p. 180, note 1. — Demangeat, *De la condition civile des étrangers en France*, nᵒ 88.— Duranton, XIX, § 312, p. 318. — Fœlix et Demangeat, *Traité du droit international privé*, t. II, p. 83, et suiv. — Griolet, *De l'autorité de la chose jugée*, p. 90 et suiv. — Lacombe, *De l'autorité de la chose jugée* (thèse), p. 80. — Laurent, *Droit civil international*, t. VI, p. 130 et suiv. — Pigeau, *Procédure civile*, t. II, p. 110. — Sapey, *Les étrangers en France dans l'ancien et le nouveau droit*, p. 226 à 231. — Valette, *Mélanges*, t. I, p. 331. — Cass. req. rej., 27 août 1812; S. 13. 1. 226. — Tribun. Seine (Holker c. Parker), 10 août 1813; S. 16. 2. 300; c'est cette même affaire Holker c. Parker qui se termina en cassation par l'arrêt du 19 avril 1819, qui fixa d'une façon définitive la jurisprudence de la Cour suprême dans le sens de la révision au fond des sentences étrangères. — Toulouse, 27 décembre 1810; S. 20. 2. 312. — Grenoble, 3 janvier 1820; S. 20. 2. 176. — Paris, 7 janvier 1833; S. 33. 2. 115. — Angers, 4 juillet 1866; S. 66. 2. 300. — Paris, 8 août 1866; S. 67. 2. 101. — Montpellier, 17 décembre 1869; S. 70. 2. 73. — Toulouse, 20 janvier 1872; S. 73. 2. 18. — Trib. Seine, 16 juillet 1873, J. D. I. P. 1873, p. 21, vᵒ *jugement étranger*. — Trib. Seine, 18 août 1883, J. D. I. P. 1884, p. 189 et 190, vᵒ *jugement étranger*.

Le premier est ainsi conçu : « A compter du jour
« où ces lois (le Code civil) sont exécutoires, les
« lois romaines, les *ordonnances*, les coutumes gé-
« nérales ou locales, les statuts, les règlements ces-
« sent d'avoir force de loi générale ou particulière
« dans les matières qui ont fait l'objet desdites lois
« composant le présent Code. » L'art. 1041 du Code
de procédure n'est pas moins formel : « Toutes lois,
« coutumes, usages et règlements relatifs à la pro-
« cédure civile seront abrogés. »

L'exécution des jugements étrangers étant réglementée par les art. 2123, C. civ. et 546, C. Pr., il nous
semble assez naturel de faire application à l'ordonnance de 1629 de l'art. 7 de la loi de ventôse et de
l'art. 1041 du Code de procédure. Il est vrai que Valette (1) a prétendu qu'on ne pouvait tirer argument
de ce dernier texte dans le sens de l'abrogation du
Code Michaud. Il appuie son assertion sur l'avis du
Conseil d'État du 1er juin 1807 qui déclare que l'article 1041 n'a porté aucune atteinte aux formes de procéder en toute matière pour laquelle il aurait été fait
par une loi spéciale exception aux lois générales.
Nous avouons ne pas très bien comprendre l'objection du regretté professeur. En effet, à quelle loi
spéciale fait-il allusion, puisque la question qui nous
occupe a été traitée dans nos Codes ?

Du reste, les art. 2123 et 546 ne suffiraient-ils pas

---

(1) Valette. *Mélanges*, t. I. p. 313, note 1.

par eux-mêmes pour démontrer que les rédacteurs de nos Codes ont eu l'intention, nous ne dirons pas d'abroger l'art. 121 de l'ordonnance dont l'existence comme loi était douteuse, mais de substituer des règles nouvelles à celles que la pratique avait suivies jusqu'alors ? Nous le pensons. La distinction établie par l'art. 121 entre les Français et les étrangers est trop grave pour qu'il soit permis de supposer que le législateur de 1804 ait eu l'idée de la sous-entendre. S'il avait voulu la maintenir, il l'aurait reproduite dans l'art. 2123, et son silence prouve simplement qu'il considérait les regnicoles et les étrangers comme égaux devant la juridiction des tribunaux étrangers.

Nous ne faisons d'ailleurs que partager sur ce point l'opinion d'un éminent jurisconsulte, de M. Demolombe : « Nous croyons toutefois, pour notre « part, écrit-il, que ce système (celui de l'ordonnan- « ce) ne saurait plus être admis en présence des ter- « mes absolus des art. 2123 du Code Napoléon et 546 « du Code de procédure qui nous paraissent préci- « sément avoir proscrit cette ancienne doctrine (1). »

§ 2. — *Système de la revision.*

On peut à bon droit qualifier ce second système de système de la jurisprudence, car, depuis le célèbre

---

(1) Demolombe, *Cours de Code Napoléon*, t. I, § 203, p. 121.

arrêt du 19 avril 1819 (1), la Cour suprême n'a pas varié et a toujours décidé que le tribunal français saisi d'une demande à fin d'exécution avait le droit et le devoir de réviser au fond la sentence étrangère qui lui était soumise.

Nous ne trouvons plus ici la distinction que font avec tant de soins les partisans de la doctrine que nous venons d'exposer. Peu importe que le jugement ait été rendu en faveur ou au préjudice d'un Français; dans tous les cas il devra être révisé au fond par les magistrats français. M. Bonfils, tout en repoussant la théorie de la Cour de cassation, en a fort clairement exprimé les effets (2) : « Dans l'intérêt « privé des parties le tribunal français doit opérer « cette révision avant d'ordonner l'exécution. Dans « tous les cas, que la sentence étrangère soit favora- « ble ou défavorable au Français, que le litige se « soit élevé seulement entre étrangers, dans tous « les cas le pouvoir des juges français est identique : « ils ne peuvent être liés par la décision étrangère. « Celle-ci n'a jamais dans aucune hypothèse l'auto- « rité de la chose jugée : elle est sans force et sans « vertu. »

La jurisprudence actuelle des tribunaux français refuse donc en général aux jugements étrangers

---

(1) Cass., 19 avril 1819 ; S. 19, 1, 288.

(2) Bonfils, *De la compétence des tribunaux français à l'égard des étrangers*, p. 223.

l'autorité de la chose jugée, en même temps que la
force exécutoire (1).

Le principal argument des défenseurs du système

---

(1) V. dans ce sens, indépendamment de l'arrêt de cass. du
19 avril 1819, déjà cité : Poitiers, 8 prairial an XIII; S. 6. 2. 40. —
Rennes, 20 août 1800; S. 15. 1. 360. — Colmar, 13 janvier 1815;
Codes annotés de Sirey par Gilbert, sur l'art. 546 du C. pr. — Paris,
27 août 1816; S. 16. 2. 309 (appel du jugement Holker c. Parker,
l'arrêt de la Cour de Paris fut confirmé par l'arrêt de cass. du 19 avril
1819). — Toulouse, 27 décembre 1819; S. 20. 2. 312.—Grenoble, 3 janvier 1820; S. 20. 2. 176. — Cass., 28 décembre 1831; S 32. 1. 627.—
Paris, 7 janvier 1833; S. 33. 2. 145. — Paris, 17 mai 1830; S. 30. 2. 309.
— Aix, 8 février 1830; S. 30. 2. 307. — Cass. req. rej., 11 janvier
1843; S. 43. 1. 671. — Paris, 22 juin 1843; S. 43. 2. 349. — Douai,
3 janvier 1846; S. 46. 2. 613. — Pondichéry, 22 décembre 1846; J.
D. I. P. 1879, p. 555. — Bordeaux, 6 août 1847; S. 48. 2. 163. — Paris,
22 novembre 1851; S. 51. 2. 783. — Cass. 27 décembre 1852; S. 53.
1. 94. — Pondichéry, 17 octobre 1854, J. D. I. P. 1879, p. 555. —
Cass., 11 décembre 1860; S. 61. 1. 336. — Douai, 22 décembre 1863;
S. 65. 2. 60. — Colmar, 10 février 1864; S. 64. 2. 122. — Pondichéry,
3 mai 1864; J. D. I. P. 1879, p. 555. — Paris, 22 avril 1864; S. 63.
2. 60 et 62. — Paris 8 août 1866; S. 67. 2. 101. — Pau, 6 janvier
1868; S. 68. 2. 100. — Chambéry, 12 février 1869; S. 70. 2. 9. —
Paris, 22 février 1869; S. 69. 2. 144. — Paris 11 mai 1869; S. 70. 2. 10.
Pau, 17 janvier 1872; S. 72. 2. 233. — Toulouse, 20 janvier 1872;
S. 73. 2. 18. — Lyon, 1er juin 1872; S. 72. 2. 174. — Pondichéry,
21 octobre 1872, J. D. I. P. 1879, p. 556. — Cass., 20 août 1872;
S. 72. 1. 327. — Rouen 11 janvier 1874; S. 74. 2. 318. — Nancy,
11 juillet 1874; S. 74. 2. 310. — Pondichéry, 18 août 1874; J. D.
I. P. 1879, p. 556. — Cass. req. rej., 16 juin 1875; S. 76. 1. 213. —
Nancy, 6 juillet 1877; S. 78. 2. 129.— Nancy, 3 août 1877; S. 78. 2. 17;
J. D. I. P. 1878, p. 42. — Trib. Seine, 16 janvier 1878; J. D. I. P.
1878, p. 376. — Bordeaux, 20 août 1879; J. D. I. P. 1880, p. 588. —
Rennes, 26 décembre 1879; S. 81. 2. 81. — Trib. Seine, 7 février
1880; J. D. I. P. 1880, p. 584 (v° jugement étranger). — Trib. Seine,
10 mars 1880; J. D. I. P. 1880, p. 102. — Rouen, 20 avril 1880;
S. 82. 2. 33. — Paris, 19 février 1881; J. D. I. P. 1881, p. 155
(v° jugement étranger). — Cass. req., 28 juin 1881; S. 82. 1. 33. —
Cass. req., 21 août 1882; S. 84. 1. 423. — Toulouse, 4 février 1880;
J. D. I. P. 1880, p. 332.

de la jurisprudence est tiré de l'art. 2123 qui porte que l'*exequatur* sera accordé par le tribunal entier. En attribuant compétence au tribunal pour ordonner l'exécution d'un jugement étranger, la loi a formellement édicté le droit de revision. En effet, la fonction des tribunaux est de rendre des jugements et non d'enregistrer des décisions préexistantes; juger c'est connaître, vérifier décider après examen. S'il ne s'agissait que de revêtir la décision étrangère d'un simple visa, pourquoi déléguer le tribunal tout entier. Une ordonnance du président devrait suffire comme pour la mise à exécution des sentences arbitrales.

« Attendu, lisons-nous dans l'arrêt de 1819, que
« les art. 2123 et 546 n'autorisent pas les tribunaux
« à déclarer les jugements rendus en pays étranger
« exécutoires en France sans examen; qu'une sem-
« blable autorisation serait aussi contraire à l'insti-
« tution des tribunaux que l'aurait été celle d'en
« accorder ou d'en refuser l'exécution arbitrairement
« ou à volonté, que cette autorisation, qui d'ailleurs
« porterait atteinte au droit de souveraineté du gou-
« vernement français, a été si peu dans l'intention
« du législateur que lorsqu'il a dû permettre l'exé-
« cution sur simple *pareatis* des jugements rendus
« par des arbitres revêtus du caractère de juges il a
« eu le soin de ne confier la faculté de délivrer l'or-
« donnance d'*exequatur* qu'au président et non pas
« au tribunal, parce qu'un tribunal ne peut pronon-
« cer qu'après délibération et ne doit accorder, même

« par défaut, les demandes formées devant lui que
« si elles se trouvent justes et bien vérifiées. »

La même idée se fait jour dans tous les jugements
et arrêts qui depuis cette date sont venus corroborer
la doctrine de la Cour de cassation.

Les partisans de la revision font aussi observer
que la loi ne limite pas le pouvoir d'appréciation du
juge. Dès lors, ce pouvoir est absolu ; en présence
du silence des textes il serait arbitraire de le restreindre à l'examen de certains points. Du reste, ajoutent-
ils, il est nécessaire pour la bonne administration de
la justice, et même dans l'intérêt des plaideurs que
le tribunal français ait, dans une très large mesure,
la faculté de reviser les sentences étrangères. En
effet, le jugement dont on demande l'*exequatur* peut
être inique, ou empreint d'un caractère évident de
partialité, ou bien il a été rendu dans un pays où
l'organisation de la justice ne présente pas toutes les
garanties désirables, dans un pays hostile à la
France. Que feront, dans ce cas, les magistrats français s'ils n'ont pas le droit de revision? Devront-ils
se borner à enregistrer purement et simplement une
décision qui blesse leur conscience ou qui est manifestement contraire à la vérité?

Il nous reste à parler d'un argument qu'on considère, d'ordinaire, comme très puissant. Le principe
même de la souveraineté nationale est engagé dans
la question qui nous occupe. Toute justice, en
France, émanant du chef de l'Etat, lui seul peut faire

mettre à exécution une sentence dans l'étendue du
territoire où il commande. Admettre la force exécutoire des jugements étrangers, sans revision préalable, leur accorder même l'autorité de la chose jugée, c'est violer ce principe, c'est donner un certain
pouvoir aux officiers d'une souveraineté dans les
limites d'une autre souveraineté. La doctrine de la
Cour de cassation est, au contraire, en parfaite
conformité avec le principe de l'indépendance des
États.

Qu'on ne l'oublie pas d'ailleurs, il y avait à l'époque de la rédaction du Code civil et du Code de procédure une tendance très marquée à n'accueillir
qu'avec défiance tout ce qui venait de l'étranger,
aussi bien les lois que les jugements. Les idées de
libéralisme international n'étaient plus à l'ordre du
jour. Comment supposer que le législateur de 1804
qui, dans la crainte de voir le Français privé de toute
protection à l'étranger, n'avait pas hésité à édicter
les dispositions exorbitantes de l'art. 14 de notre
Code civil, se soit montré plus large dans l'art. 2123
envers les sentences de ces mêmes juges auxquels il
s'était efforcé de soustraire ses regnicoles.

On a présenté contre le système de la jurisprudence une objection à notre avis assez grave. Nous
lisons dans l'art. 2123 que c'est le jugement étranger
qui sera déclaré exécutoire par le tribunal français.
Or si ce tribunal revise au fond la décision étrangère,
il juge à nouveau, et c'est alors un jugement fran-.

çais que vous exécuterez, c'est un jugement français
qui emportera hypothèque.

On a essayé de répondre à cet argument en éri-
geant en quelque sorte le tribunal français en juridiction d'appel à l'égard des sentences étrangères.
C'est ce qu'a fait notamment la Cour de Paris dans
son arrêt du 22 avril 1864 : « Considérant........
« que la loi qui accorde au Français une série de re-
« cours contre la décision des juges de son pays,
« présenterait une étrange contradiction si elle ne
« lui avait réservé aucun moyen efficace de revenir
« contre la décision du moindre tribunal de la na-
« tion la moins civilisée (1). »

Nous préférons, sans toutefois partager l'opinion
de ces auteurs sur ce point, la réfutation que MM. Moreau et Colmet de Santerre ont faite de l'objection
que nous venons de présenter. Le premier considère que le procès reste une demande en *exequatur*;
seulement les magistrats français ont le devoir de
rechercher si le jugement a été bien ou mal rendu.
Au premier cas ils accorderont l'*exequatur*, et ce ne
sera pas leur décision qui sera exécutée, mais bien
le jugement étranger; au second cas ils se borne-
ront à refuser l'*exequatur* (2).

---

(1) Cette opinion est soutenue par Valette, *Mélanges*, t. I, p. 347.
(2) Moreau, *Effets internationaux des jugements*, p. 118. — Dans
le même sens : Baudry-Lacantinerie, *Précis de droit civil*, t. III,
p. 728. — M. Lainé à son cours. — Nancy, 6 juillet 1877 : S. 78, 2.
120. — Tribun. Seine, 4 août 1882; J. D. I. P. 1883, p. 301, v° *jugement étranger*.

Voici maintenant comment s'exprime le savant
continuateur de M. Demante : « Si le tribunal fran-
« çais juge comme le tribunal étranger, il approuve
« le jugement qui lui est soumis, comme une Cour
« d'appel qui rend un arrêt confirmatif, et de même
« qu'en cas d'arrêt confirmatif c'est le jugement con-
« firmé qui s'exécute et non pas l'arrêt, de même
« c'est le jugement étranger approuvé par le tribu-
« nal français qui devient exécutoire ainsi qu'il est
« dit dans l'art. 2123 dont les expressions très-
« exactes reçoivent satisfaction par cette manière de
« considérer l'effet du jugement du tribunal français.

« Que si le tribunal français réforme le jugement
« étranger, il est clair que ce n'est pas ce jugement
« qui est exécuté, mais ainsi il est bon de remarquer
« que l'art. 2123 n'a pas dit : Les jugements rendus
« en pays étrangers emporteront toujours hypothè-
« que, mais seulement : les jugements n'emporte-
« ront hypothèque qu'autant qu'ils auront été décla-
« rés exécutoires. Ce qui permet bien de penser que
« le tribunal français peut ne pas donner au juge-
« ment la force exécutoire (1). »

Remarquons cependant que parmi les nombreux
partisans du système que nous venons d'exposer (2),

---

(1) Colmet de Santerre, *Cours analytique de Code civil*, t. IX, sur
l'art. 2123, p. 174.

(2) Berriat Saint-Prix, *Notes élémentaires sur le Code civil*, sur
l'art. 2123, t. III, p. 600. — Bonceune, *Procédure civile*, t. III, p. 230
et suiv. — Constant (Charles), *De l'exécution des jugements étrangers
dans les divers pays.* — Demante et Colmet de Santerre, *loc. cit.* —

il en est plusieurs qui s'accordent à reconnaître au jugement étranger un certain effet (1). C'est ainsi, que les preuves acquises devant les juges étrangers, les aveux des parties, les enquêtes, interrogatoires et autres actes d'instruction subsisteront devant les tribunaux français. Tout au moins feront-ils foi jusqu'à preuve du contraire des faits qu'ils constatent (2). La cour de cassation a décidé que le jugement étranger rendu au possessoire, bien qu'il ne soit pas susceptible d'exécution en France, pouvait servir à établir le fait de la possession (3). Comme le fait observer Fœlix, les juges français, en agissant de la sorte, n'admettent pas pour cela le jugement étranger ni comme titre exécutoire, ni comme ayant l'autorité

Demolombe, *Cours de Code Napoléon*, t. I, § 203, p. 424. Nous constatons avec plaisir que l'éminent doyen de la Faculté de droit de Caen n'accepte qu'à regret le système de la révision qui lui semble moins conforme aux textes que celui que nous allons exposer dans notre troisième paragraphe. — Despagnet, *Précis de droit international privé*, § 243, p. 252. — Grenier, *Hypothèques*, t. I, n° 208. — Laromblère, *Théorie et pratique des obligations*, t. VII, sur l'art. 1351, § 6. — Legat, *Code des étrangers*, p. 380 et suiv., § 208. — Merlin, *Questions*, v° *jugement*, § 14, n° 2, t. V. — Moreau, *Effets internationaux des jugements*, p. 100 et suiv., 412 et suiv. — Pardessus, *Droit commercial*, n° 488. — Persil, *Régime hypothécaire*, sur l'article 2123, t. I, p. 344 et suiv. — Rodière, *Procédure*, (4ᵉ édition,) t. II, p. 188. — Toullier, t. X, § 70 et suiv. — Troplong, *Le droit civil expliqué*, t. II, § 451.

(1) Laromblère, t. VII, sur l'art. 1351, n° 6. — Toullier, t. X, n° 86. — Grenier, t. I, n° 211, p. 414.

(2) Bordeaux, 10 février 1824 ; S. 24. 2. 110.

(3) Cass. req., 21 février 1820 ; S. 20. 1. 322. — V. dans le même sens : Doual, 8 mai 1830, S. 30. 2. 428. — Aix, 8 juillet 1840 ; S. 41. 2. 203. — Cass., 11 janvier 1843 ; S. 43. 1. 071.

de la chose jugée ; ils usent seulement du pouvoir discrétionnaire qui leur permet de recourir à tous les moyens probatoires pour s'éclairer et arriver à prononcer une sentence équitable (1). Rappelons en terminant, que ces idées avaient déjà cours dans notre ancien droit, et que nos parlements admettaient parfaitement à titre de preuves les enquêtes faites en pays étrangers (2).

§ 3. — *Système de non-revision.*

Nous avons montré pour quelles raisons la doctrine qui considère l'ordonnance de 1629 comme étant encore en vigueur nous semblait devoir être écartée. Nous ne croyons pas non plus que la vérité se trouve dans le système adopté d'une façon presque constante par la Cour de cassation. Nous adresserons à ce système deux reproches ; d'abord il est contraire à la lettre et à l'esprit des textes ; en second lieu il conduit dans la pratique aux conséquences les plus bizarres et les plus fâcheuses, non seulement au point de vue du développement des rapports internationaux, mais encore au point de vue de la conservation des intérêts de nos nationaux.

Lorsqu'on examine de près les arguments invo-

(1) Fœlix, *op. cit.*, t. II, § 360.
(2) V. arrêt du Parlement de Dijon du 2 décembre 1698, et arrêt du Parlement d'Aix du 16 décembre 1715, rapportés dans le Recueil des arrêts de la Cour de Dijon, 3ᵉ année, p. 118, note 1.

qués par les défenseurs du système de la revision, on arrive bien vite à se convaincre de leur extrême faiblesse et de la facilité avec laquelle il est possible de les réfuter.

. On a vu que le premier de ces arguments, celui sur lequel repose le célèbre arrêt de 1819, était tiré de l'art. 2123 qui veut que l'*exequatur* soit accordé par le tribunal entier. De cette disposition de la loi on a conclu qu'il devait nécessairement y avoir revision, parce que, dit-on, si le législateur avait voulu qu'il en fût autrement il se serait contenté d'une ordonnance du président, ordonnance qui suffit, aux termes de l'art. 1021 du Code de procédure, à rendre exécutoires les sentences arbitrales.

A cela nous répondrons qu'il n'y a aucune analogie entre les décisions arbitrales et les jugements étrangers. Le rôle du président qui revêt d'un simple visa la sentence arbitrale rendue par des personnes auxquelles les parties ont volontairement confié le soin de leur honneur ou de leurs intérêts privés ne ressemble en rien à la mission du tribunal saisi d'une demande d'*exequatur*. Ce dernier devra, sinon appliquer, du moins étudier les règles de procédure appliquées en pays étranger; il lui faudra se demander si la sentence émane de juges compétents, si les droits de la défense ont été rigoureusement respectés, si la procédure établie par la législation du pays où le jugement a été prononcé a été respectueusement suivie.

Toutes ces questions sont fort délicates, et nous comprenons très bien que le Code civil en ait confié la solution aux lumières d'un tribunal entier, au lieu de les abandonner à l'appréciation d'un homme seul qui souvent pourrait se laisser entraîner par des considérations de soi-disant chauvinisme, ou qui même, serait exposé à pécher par ignorance. Cette disposition de l'art. 2123 de notre Code civil nous semble donc une garantie très sérieuse et très légitime pour les plaideurs, et nous ne voyons pas pourquoi on en argumenterait pour reconnaître aux tribunaux français un droit de revision parfaitement arbitraire.

Nos adversaires prétendent aussi que les textes ne limitant pas les pouvoirs du juge qui accorde l'*exequatur*, ces pouvoirs sont absolus. Nous pensons, pour notre part, qu'il y a lieu de déduire une tout-autre conséquence de ce silence de la loi.

Si les rédacteurs du Code avaient voulu refuser l'autorité de la chose jugée aux jugements étrangers ils l'auraient dit; reproduisant les termes de l'art. 121 de l'ordonnance de 1629 en ce qui concerne la force exécutoire des sentences étrangères, ils auraient également inséré dans l'art. 2123 les mesures de défiance que notre ancien droit croyait nécessaires à l'égard des tribunaux étrangers. Le législateur de 1804 n'a rien fait de pareil, et s'il s'est tû, c'est qu'évidemment il entendait reconnaître aux jugements étrangers la même force de chose jugée qu'il donnait aux jugements nationaux dans son article 1351.

Nous ne parlerons pas de la question de capacité et d'intégrité des juges étrangers; nous ne dirons rien non plus des sentences qui ont été plus ou moins bien rendues, ni du fameux principe de l'indépendance des Etats. Ce sont des points qui préoccupent vivement les défenseurs du système que nous combattons. Mais nous croyons que nous nous sommes exprimés assez nettement sur ce sujet dans notre première partie, pour qu'il soit inutile d'y revenir présentement.

Il nous reste à passer en revue les arguments sur lesquels nous nous fondons pour reconnaître aux jugements étrangers force de chose jugée sans *parea-tis* d'aucune sorte, et pour limiter la mission du juge français, chargé de rendre exécutoires ces mêmes jugements, à une simple vérification de leurs conditions extrinsèques de validité.

Nous n'ajouterons qu'une seule observation à ce que nous avons déjà dit relativement à l'autorité de chose jugée que nous accordons *de plano* aux décisions des tribunaux étrangers. Qu'on lise attentivement l'art. 546 de notre Code de procédure civile, on verra qu'il assimile d'une façon complète les jugements rendus par les tribunaux étrangers aux actes des officiers étrangers; pour les uns comme pour les autres, il faudra, si l'on veut les exécuter en France, qu'ils aient été revêtus par un tribunal français de la formule exécutoire. Mais, en dehors des mesures d'exécution, les actes reçus par les notaires étrangers sont généralement considérés comme ayant la même valeur intrinsèque que les actes dans lesquels un notaire français est intervenu. Nous ne voyons pas pourquoi on refuserait aux jugements cette force que les actes des officiers ministériels obtiennent sans difficulté.

La Cour de cassation a, du reste, très-clairement établi la distinction que nous venons de faire entre l'autorité de chose jugée et la force exécutoire des jugements étrangers, dans son arrêt du 15 novembre 1827 : « Attendu que c'est seulement la force exécu-
« toire des jugements étrangers qui leur est déniée
« en France jusqu'à leur revision par un juge fran-
« çais, ainsi qu'il résulte des art. combinés 2123,
« 2128, C. civ. et 546, C. Pr. ; que ces dispositions
« de la loi, qui consacrent le droit de souveraineté
« sur le territoire, ne sont point prises en vue des
« intérêts privés, et que les parties contractantes ou
« litigantes restent liées par les actes de juridiction
« volontaire ou contentieuse à laquelle elles se sont
« soumises (1). »

Il y a dans l'art. 2123 un mot qui doit, à notre avis, mettre fin à toutes les discussions, et qui condamne radicalement le système de la revision. C'est le mot « *pareillement* » qui réunit le dernier paragraphe de l'article au paragraphe précédent et qui

---

(1) Cass. req. rej., 15 novembre 1827, S. 28, 1. 121.

rapproche les jugements étrangers des sentences arbitrales. « Ce mot *pareillement* est un non-sens dans
« le système de la revision : car où serait l'analogie
« entre les sentences arbitrales, qu'un simple *exe-*
« *quatur* rend *exécutoires* et qui ont une autorité de
« chose jugée devant laquelle le tribunal doit s'incli-
« ner, et les jugements étrangers sans autorité de
« chose jugée, et tenus pour nuls par le tribunal
« français qui rejuge l'affaire ? Ce seul mot suffit,
« à mon avis, pour démontrer que le système de la
« revision est faux, que le jugement étranger a en
« France l'autorité de chose jugée, que l'œuvre du
« tribunal français se réduit à une formalité analo-
« gue à l'ordonnance d'exécution qui émane du pré-
« sident pour les sentences arbitrales (1). »

Enfin le Code d'instruction criminelle nous four-
nit un argument en faveur de l'autorité des jugements étrangers. Cet argument, s'il était présenté
seul, n'aurait peut-être pas une grande valeur, mais
joint à tous ceux que nous venons d'exposer il doit nécessairement leur donner une force plus considérable.

L'art. 5 § 3 du Code d'Instruction criminelle s'exprime ainsi : « Toutefois, qu'il s'agisse d'un crime
« ou d'un délit, aucune poursuite n'a lieu si l'in-
« culpé prouve qu'il a été jugé définitivement à
« l'étranger. » Le jugement étranger en matière
pénale n'est donc pas considéré comme non-avenu en

---

(1) Vareilles-Sommières, *L'hypothèque judiciaire*, p. 135.

France. Il est certain, cependant, qu'ici les principes d'ordre public, les intérêts les plus graves de la société sont directement engagés. Néanmoins on n'hésite pas à considérer comme valable la sentence étrangère qui a puni un crime ou un délit, qui a statué sur l'honneur d'un homme. Il nous semble, qu'à plus forte raison il faudra reconnaître la même autorité à des décisions rendues en matière civile et qui règlent des intérêts purement privés ne touchant que de très loin à l'ordre public.

Valette fait observer (1) que la disposition de l'article 5 a été dictée par des motifs d'humanité; il eût été cruel de faire passer une seconde fois par les alternatives de la Cour d'assises ou du tribunal correctionnel un individu déjà condamné ou ayant bénéficié d'un acquittement. Nous ne disons pas le contraire et nous reconnaissons même que les considérations dont parle Valette ont pu avoir une certaine influence sur l'esprit des rédacteurs du Code. Mais, nous avouons que lorsqu'il s'agit de questions juridiques les arguments de sentiment nous touchent fort peu et nous croyons qu'ils ne sauraient prévaloir contre un principe.

Si donc la règle avait été de ne reconnaître aucun effet aux jugements étrangers en matière civile, l'article 5 § 3 n'existerait pas. Au contraire, le législateur est parti de cette idée que les sentences étrangères ont

---

(1) Valette, *Mélanges*, t. I, p. 311.

en France l'autorité de la chose jugée. Seulement, ce principe qu'il était inutile d'écrire dans le Code civil tant il était alors évident, pouvait paraître moins naturel en droit pénal en raison des questions d'ordre public qui sont intimement liées à cette matière. Aussi le Code d'Instruction criminelle s'est-il exprimé en termes formels.

· Nous avons dit que les partisans du second système voyaient dans l'art. 14 du Code civil une preuve de la défiance avec laquelle le législateur de 1804 traitait en général les juridictions étrangères. Cela est possible, mais la conséquence qu'on tire de cette idée ne nous paraît pas exacte. De ce que la loi a permis au Français d'assigner devant les tribunaux nationaux l'étranger même non-résidant en France pour l'exécution des obligations contractées envers lui par ce dernier en pays étranger on n'est pas en droit de conclure que cette même loi ait voulu refuser en France tout effet aux jugements étrangers. A notre avis, l'art. 14 prouverait plutôt le contraire.

Nous n'avons du reste qu'à renouveler l'observation que nous avons déjà eu l'occasion de présenter plus haut. Toutes les fois que le Code civil a eu l'intention de manifester son peu de confiance à l'égard de tout ce qui venait de l'étranger, il l'a fait en des termes exprès. Pour s'en convaincre il suffit de jeter les yeux sur les art. 14, 726 et 912 (1). S'il avait en-

---

(1) Ces deux derniers articles ont été abrogés par la loi du 14 juillet 1819.

tendu traiter de la même manière les jugements étrangers, il est bien probable qu'il aurait consacré un texte précis à cette question. Il ne l'a pas fait, car l'art. 2123 ne présente, après tout, rien d'exceptionnel; c'est donc qu'il a voulu soumettre les sentences étrangères aux règles du droit commun, sauf la nécessité pour elles d'être revêtues de l'*exequatur* d'un tribunal français.

Il est nécessaire de revenir en dernier lieu sur une objection que nous avons déjà adressée au système de la revision à la fin de notre précédent paragraphe. Elle est tirée du texte de l'art. 2123 et nous estimons que nos adversaires n'y ont jamais répondu d'une façon satisfaisante.

C'est le jugement étranger, lisons-nous dans l'art. 2123, qui après avoir reçu l'*exequatur* produit l'hypothèque judiciaire, c'est lui qui est ramené à exécution. On nous répond que le rôle du tribunal français est analogue à celui d'une Cour d'appel. Cette assimilation est inexacte en ce qui concerne l'hypothèque judiciaire. En France c'est le jugement de première instance qui produit l'hypothèque puisque l'inscription peut être prise aussitôt qu'il a été prononcé. « En est-il de même du jugement étran- « ger ? Non, personne n'oserait le soutenir; l'inscrip- « tion ne peut être prise qu'après la déclaration du « tribunal français, et si vous faites de cette déclara- « tion un vrai jugement, c'est lui seul qui produit « l'hypothèque en vertu des principes ordinaires; on

« ne voit pas à quoi sert le texte final de l'art. 2123
« s'il vient seulement attribuer l'hypothèque en
« termes obscurs à des jugements à qui les règles
« élémentaires l'attribuaient d'une façon très-simple
« et très-claire. De plus, cette assimilation n'explique
« en rien les mots : « déclarés exécutoires; » au
« contraire elle tend à démontrer leur incompa-
« tibilité avec le système de la revision (1). »

Nous avons vu qu'on avait aussi essayé de détruire notre objection à l'aide d'un argument que ses
auteurs considèrent sans aucun doute comme très-
subtil. Il n'est pas question, a-t-on dit, de substituer
un jugement français à la sentence étrangère; nos
tribunaux devront se borner à examiner si le jugement étranger a été bien ou mal rendu au fond; ils
accorderont ensuite, ou refuseront l'*exequatur* sans
réformer en quoi que ce soit la décision qui leur est
soumise. Cette théorie n'explique pas beaucoup
mieux les textes que la précédente; elle a, en outre,
l'inconvénient de conduire comme celle-ci à des résultats véritablement inadmissibles, surtout si l'on
considère les tendances actuelles de notre jurisprudence.

Personne n'ignore qu'en matière personnelle les
tribunaux français sont assez portés à se déclarer
incompétents dans les litiges entre étrangers. Voici
ce qui va arriver. Une contestation s'élève entre

---

(1) Vareilles-Sommières, *op. cit.*, p. 134.

Pierre et Paul tous deux étrangers, non domiciliés en France, mais y résidant de fait. Ils s'adressent à un de nos tribunaux, qui décide qu'il est incompétent pour statuer sur une pareille demande. Les plaideurs ont alors recours aux juges de leur pays qui prononcent une sentence. Voilà déjà les frais de procédure sensiblement augmentés par suite de cette double instance. On nous répondra que ce n'est qu'une question secondaire : car si les parties avaient voulu éviter ces dépenses considérables elles n'auraient eu qu'à s'adresser directement à leurs tribunaux nationaux. Nous n'insisterons donc pas sur ce point. Nous avons, d'ailleurs, quelque chose de plus grave à faire observer.

Muni de la décision qui lui a donné gain de cause, le demandeur craignant que la partie adverse ne fasse des difficultés lorsqu'il s'agira de l'exécuter, désire prendre toutes ses sûretés, et notamment acquérir hypothèque judiciaire sur les immeubles du défendeur. Or ces immeubles qui constituent peut-être toute la fortune du défendeur, et sont par conséquent la seule garantie du paiement de sa dette, se trouvent précisément situés, nous le supposons du moins, et il n'y a là rien d'invraisemblable, dans le ressort de ce même tribunal français qui tout-à-l'heure s'est déclaré incompétent.

Il va donc falloir s'adresser à ce tribunal pour obtenir l'*exequatur* du jugement étranger. Eh bien ! ces juges qui ont refusé d'examiner l'affaire au fond

lorsqu'on la leur soumettait une première fois, sous
prétexte qu'ils auraient à appliquer des lois étrangères qu'ils ne voulaient pas connaître, ces juges,
disons-nous, maintenant que le procès s'est terminé
par devant un tribunal compétent, et qu'on leur
présente le jugement de ce tribunal en les priant de
le revêtir de la formule exécutoire, vont s'ériger en
Cour d'appel et juger à nouveau au fond la contestation, en faisant usage de ces lois au sujet desquelles ils ont eux-mêmes proclamé leur ignorance.
M. Labbé, dans une note du Sirey, a très-bien fait
ressortir cette inconséquence de notre jurisprudence (1).

Combien les conséquences de la revision ne sont-
elles pas plus étranges, et surtout plus dangereuses
pour les étrangers, lorsqu'au lieu de se considérer
comme juridiction de second degré, les tribunaux
français examinent l'affaire au fond, mais dans le
but d'accorder ou de refuser simplement l'*exequatur* selon qu'il leur semblera que les juges étrangers
auront plus ou moins bien jugé. Le demandeur qui
aura triomphé à l'étranger ne pourra plus agir sur
les biens que le défendeur possède en France dès
l'instant qu'il aura plu à nos magistrats de déclarer
que la sentence de leurs collègues du pays voisin a
été mal rendue. Le cours de la justice sera ainsi singulièrement entravé, et le malheureux étranger qui,

---

(1) S. 63. 2. 60.

confiant dans les lois de notre pays, sera venu l'en-
richir de son industrie, et peut-être de sa fortune
entière, se verra réduit à contempler les immeubles
de son débiteur sur lesquels il n'aura aucun droit,
malgré le jugement qu'il a pris la peine d'aller demander aux tribunaux du pays de ce débiteur, et
sur lesquels les juges français ne lui en donneront
certainement pas, puisqu'ils sont incompétents.

Nous pensons que ces considérations doivent suffire à faire adopter le système de non-revision auquel
se sont, du reste, ralliés la plupart des auteurs qui
ont écrit dans ces derniers temps sur ce sujet (1).
La jurisprudence de la Cour de cassation est restée,
il est vrai, fidèlement attachée à la théorie de la revision au fond. Mais nous avons pu constater, depuis

---

(1) Beaussant, *Code maritime*, t. II, § 1049. — Boitard, *Leçons de procédure*, t. II, p, 175 à 181 ; ainsi que le fait observer M. Deman-geat (sur Fœlix, t. II, p. 70, nota a), c'est par erreur que Fœlix compte Boitard parmi les partisans du système de l'ordonnance de 1620 ; c'est l'annotateur de Boitard, M. Colmet-Daâge qui adopte la distinction de l'art. 121 (p. 180, note 1). — Bonfils, *De la compétence des tribunaux français à l'égard des étrangers*, p. 228 et suiv. — Dragoumis, *De la condition civile de l'étranger en France*, p. 140. — Dubois (sur Carle, *La faillite dans le droit international privé*), note 92. — Durand, *Essai de droit international privé*, p. 460. — Labbé, S. 63. 2. 60. — Lanata (Romulus), *De la compétence des tri-bunaux civils à l'égard des étrangers* (thèse), p. 220 à 250. — Lemoine, *Des effets produits par les jugements étrangers en matière civile et commerciale* (thèse), p. 164 et suiv. — Massé, *Droit com-mercial*, t. II, § 800 et suiv. — Pinheiro-Ferreira (sur Martens), note 44. — Soloman, *Essai sur la condition juridique des étrangers*, p. 108 à 118. — Thévenet, op. cit., p. 80 et suiv. — Vareilles-Som-mières, *L'hypothèque judiciaire*, p. 182 et suiv. — Weiss (André), *Droit international privé*, p. 667.

quelques années, une tendance assez marquée des tribunaux de première instance et même de plusieures Cours d'appel à se rapprocher de la doctrine que nous venons de défendre (1).

En résumé, voici, d'après nous, sur quels points doit porter l'examen du tribunal français saisi d'une demande d'*exequatur*.

1° Le jugement émane-t-il d'une juridiction compétente d'après la loi du pays où il a été rendu ?

2° Ce jugement est-il régulier dans la forme, et est-il exécutoire, toujours d'après la loi étrangère ?

3° A-t-il été rendu les parties dûment citées et légalement représentées ou défaillantes; en d'autres termes les droits de la défense ont-ils été respectés ?

4° Ne contient-il rien de contraire à l'ordre public tel qu'il est établi dans le pays où on en poursuit l'exécution ?

---

(1) Cass. req. rej., 27 août 1812; S. 13. 1. 220. — Trib. Seine, 10 août 1818; S. 16. 2. 309. — Paris, 7 janvier 1833; S. 33. 2. 118. — Paris, 23 février 1860; S. 60. 2. 300. — Paris, 8 août 1860; S. 67. 2. 101. — Angers, 4 juillet 1860; S. 60. 2. 300. — Pondichéry, 17 août 1867; J. D. I. P. 1870, p. 850. — Paris, 2 mars 1868; S. 68. 2. 312. — Trib. Seine, 28 novembre 1868; S. 60. 2. 141. — Montpellier, 17 décembre 1869; S. 70. 2. 78. — Trib. Seine, 6 juillet 1871 (*Droit*, 11 et 12 octobre 1871). — Versailles, 8 mai 1877; J. D. I. P. 1877, p. 421. — Trib. Seine, 1er avril 1870; J. D. I. P. 1881, p. 186. — Versailles, 17 août 1883; J. D. I. P. 1883, p. 87. — Trib. Seine, 10 novembre 1883; J. D. I. P. 1883, p. 621. — Paris, 10 août 1881; J. D. I. P. 1883, p. 87.

§ 4. — *Les tribunaux français sont incompétents pour statuer sur les demandes d'exequatur.*

Le 15 juin 1861 (1), la Cour de Paris, présidée par le premier président Devienne, rendit un mémorable arrêt aux termes duquel les tribunaux français n'ont pas compétence pour rendre exécutoires en France les jugements étrangers rendus entre étrangers. Voici les principales idées sur lesquelles repose cette doctrine vraiment singulière.

Le juge français, dit la Cour de Paris, se doit à ses nationaux et ne peut être tenu d'apprécier des droits reposant sur une législation qu'il ne connaît pas. Pour accorder l'*exequatur* à une décision étrangère, il serait tenu d'examiner cette décision au fond ; il lui faudrait par conséquent étudier la loi du pays où elle a été rendue. Une pareille étude entraînerait nécessairement la perte d'un temps précieux qu'il doit consacrer aux procès des regnicoles.

Lorsqu'une obligation contractée en pays étranger intéresse un Français, celui-ci a une action soit devant les tribunaux du lieu du contrat, soit devant les tribunaux français. Préfère-t-il s'adresser à la justice étrangère ? La sentence qui aura été prononcée pourra être rendue exécutoire en France après revision. Mais si l'obligation existe entre deux

---

(1) S. 61. 2. 455. — M. Bonfils, p. 211, rapporte dans le même sens un arrêt de la Cour de Metz du 6 juin 1823.

étrangers la question n'est plus la même; ces étrangers n'ont pas d'action en France; dès lors : « il n'y a « pas de procédure à suivre; *le droit manque.* »

Nous n'avons rien exagéré, nous bornant à une simple analyse des considérants de l'arrêt de 1861. La critique du système inauguré par la Cour de Paris est facile. D'abord, l'art. 2123 *in fine* n'a jamais fait de distinction entre les jugements intéressant un Français et les jugements rendus entre étrangers pour accorder l'*exequatur* aux premiers, et le refuser aux seconds. Ce n'est plus, en effet, de la distinction établie par l'ordonnance de 1629 qu'il est question ici; l'arrêt va plus loin, et décide simplement que les magistrats français ne doivent la justice qu'à leurs nationaux.

Quant aux étrangers, ils iront se faire juger dans leur pays, ce qui, assurément ne leur servira pas à grand chose, si tous les biens du débiteur sont en France; mais la Cour de Paris n'a pas songé à cette difficulté ou peut-être a-t-elle pensé que les étrangers ne méritaient aucune protection sur notre sol.

Reste l'argument tiré de la nécessité de connaître les lois étrangères; il nous semble qu'il faudrait l'étendre, et refuser l'*exequatur* même aux jugements rendus en faveur de Français. La Cour prétend reviser ces sentences. Comment procédera-t-elle à ce travail? Sera-ce d'après la loi française? Alors il sera plus simple de débattre à nouveau l'affaire comme si aucune décision n'était intervenue. Sera-ce d'après

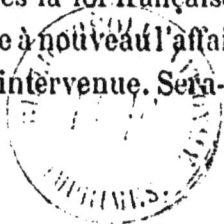

la loi étrangère? Il faudra dans ce cas étudier cette loi. L'arrêt est muet sur ce point et nous le regrettons.

En pratique, ainsi que l'observe très justement M. Bonfils, la théorie que nous venons d'exposer « ferait de la France le rendez-vous de tous les débi- « teurs de mauvaise foi, des fripons, des aventuriers « de tous pays (1), » qui y trouveraient un asile assuré contre les légitimes réclamations de leurs créanciers.

Aussi, la Cour suprême effrayée des conséquences que pourrait avoir au point de vue du bon sens et de l'équité l'arrêt de 1861 (2), l'a-t-elle cassé sans hési-tation, et nous avons tout lieu de croire que jamais la jurisprudence ne se fixera dans le sens de la bi-zarre décision de la Cour d'appel de Paris.

§ 5. — *Le tribunal français saisi d'une demande à fin d'exequatur peut-il admettre de nouveaux moyens de défense, ou même une demande re-conventionnelle?*

La solution de cette difficulté dépend du parti que l'on prendra sur la question plus générale que nous venons d'examiner. Si l'on admet notre théorie qui limite les pouvoirs du tribunal français à l'examen des conditions extrinsèques de validité du jugement étranger qu'on veut faire exécuter, nul doute qu'il

---

(1) Bonfils, *op. cit.*, p. 243.
(2) S. 63. 1. 293.

faille repousser toute nouvelle demande, toute nouvelle exception qui seraient introduites au cours de
l'instance en *exequatur*.

Mais, si l'on reconnait aux juges français un droit
de revision absolu, puisqu'il s'agit alors d'un procès
nouveau, nous ne voyons pas pourquoi le défendeur
à l'*exequatur* ne pourrait invoquer tous les moyens
de défense qu'il aurait pu présenter lors de la demande originaire.

Les juges français qui adoptent le système consacré par la Cour de cassation nous semblent donc suivre les règles de la plus parfaite logique, lorsqu'ils
déclarent que le tribunal français compétent sur le
fond de l'affaire pourra connaître d'une demande en
garantie formée pour la première fois devant lui (1).
M. Labbé, qui dès 1865 soutenait comme nous que
les jugements étrangers ne sont pas sujets à revision, critique naturellement avec une grande vivacité
cette doctrine de la Cour de cassation (2).

L'éminent professeur de la Faculté de droit de
Paris s'exprime ainsi : « Nous n'hésitons pas sur ce
« point : la demande en garantie devait être déclarée
« non-recevable. Elle provoquait une condamnation
« nouvelle. Elle était tout-à-fait en dehors de la
« question de l'exécution forcée du jugement étran-
« ger. Cette solution est logique et elle est juste. Le

(1) Cass. req. 21 août 1882 ; S. 81. 1. 425. — *Sic*, Cass. 20 août
1872 ; S. 73. 1. 327.
(2) Note sous l'arrêt précité de 1882.

« garant peut être distrait du juge de son domicile
« pour aller plaider devant le juge compétent à l'effet
« de statuer sur le litige qui donne lieu à la garan-
« tie (C. Pr. 181). C'est déjà une dérogation au prin-
« cipe du *forum rei;* il ne faut pas l'exagérer. Quand
« l'affaire s'est traitée en pays étranger, quand le
« débiteur garanti et le garant sont des étrangers
« domiciliés hors de France, le garant a intérêt à ce
« que, distrait du juge de son domicile, il ne soit pas
« distrait de son juge national. »

Il a été décidé aussi, par un arrêt de 1837 (1), toujours en vertu du droit de revision, qu'on accorde
aux juges français, que les paiements partiels faits à
l'étranger postérieurement au jugement dont on
poursuit l'*exequatur* pourraient être imputés sur la
condamnation à intervenir.

Il nous semble que nos tribunaux ont été bien
mieux inspirés lorsqu'ils ont déclaré que les magistrats français ne devaient rien ajouter à la sentence
étrangère (2), et que des conclusions non soumises
au juge étranger ne pouvaient être valablement présentées devant eux (3).

« Le litige ayant uniquement pour objet l'ordre
« d'exécution d'un jugement préexistant, les tribu-

---

(1) Paris, 28 janvier 1837; S. 37. 2. 173.
(2) Versailles, 17 août 1883, Confirm., Paris, 19 août 1884; J. D. I. P.
1885, p. 87 et 88. — *Sic,* Trib. Seine, 16 novembre 1883 ; J. D. I. P.
1884, p. 291 et 292.
(3) Rennes, 26 décembre 1879 ; S. 81. 2. 81.

« naux français ne peuvent connaître par voie de
« demande reconventionnelle, d'une exception de
« compensation, sans sortir des limites de la compé-
« tence restreinte qui est déterminée par l'art. 546
« du Code de procédure civile (1). »

---

(1) Paris, 20 avril 1872 ; J. D. I. P. 1874, p. 125.

CHAPITRE V.

DES CONDITIONS QUE LES JUGEMENTS ÉTRANGERS DOIVENT REMPLIR POUR ÊTRE RENDUS EXÉCUTOIRES EN FRANCE.

Nous avons énuméré plus haut les quatre conditions que nous considérons comme essentielles pour qu'un jugement puisse produire un effet extraterritorial. Nous croyons que tout le monde est d'accord, quel que soit d'ailleurs le système que l'on adopte relativement aux pouvoirs du juge français chargé d'accorder l'*exequatur*, pour exiger que ces conditions soient rigoureusement remplies.

On ne saurait, ce nous semble, admettre en France une sentence étrangère incompétemment rendue, sans respect des formes de procédure ou des droits de la défense, ou portant atteinte aux principes fondamentaux de l'ordre public reconnus dans notre pays.

Nous allons étudier en détail ces quatre points.

§ 1er. — *Compétence du tribunal étranger.*

Il est clair qu'il faut d'abord qu'il y ait jugement rendu par des personnes revêtues du caractère de magistrats, c'est-à-dire, régulièrement investies du pouvoir de juger ; on ne comprendrait pas, sauf le cas de sentences arbitrales, que des décisions éma-

nées de simples particuliers pussent avoir une force
quelconque. Le tribunal doit, en outre, être compétent, et il appartient aux juges français de rechercher si cette compétence existe réellement (1). Ces
idées sont généralement admises par tous les auteurs.

La difficulté commence lorsqu'il s'agit de déterminer d'après quelle loi sera réglée la compétence.
Se référera-t-on à la législation du pays où le jugement aura été rendu, ou bien à celle du lieu où on
voudra l'exécuter?

Dans une première opinion, on décide qu'il suffit
que le juge soit compétent d'après la loi de son
pays, car les règles relatives à la compétence sont
territoriales. Ce système ne nous satisfait pas.
Comme l'a très bien fait remarquer M. Gericke de
Hercoynen : « La loi du pays où le jugement a été
« rendu ne saurait servir de base à cette apprécia-
« tion, attendu que l'État dans lequel le jugement
« doit être exécuté ne peut pas faire abstraction des
« règles de compétence consacrées par ses propres
« lois..... Si le jugement émane d'un tribunal in-
« compétent d'après les lois du pays où il doit pro-
« duire ses effets, le gouvernement de ce pays ne
« peut lui reconnaître aucune valeur (2). »

---

(1) Grenoble, 27 janvier 1823; D. A. au mot *Droit civil*, n° 438. —
Paris, 11 mai 1869; S. 70. 2. 10. — Aix, 13 mai 1871; J. D. I. P.
1875, p. 188. — Rennes, 26 décembre 1879; S. 81. 2. 81.
(2) Analyse du mémoire de M. Gericke de Hercoynen, ministre
des affaires étrangères des Pays-Bas, dans le J. D. I. P. 1874, p. 102.

Un exemple que nous empruntons à l'excellent et consciencieux ouvrage de notre confrère M. Louis Thévenet, montrera les sérieux inconvénients que cette théorie pourrait produire dans la pratique. Supposons un Français qui contracte avec un étranger dans un pays qui n'admet pas la compétence extraordinaire de notre art. 14, C. civ. Le débiteur refusant de s'acquitter, il n'est pas douteux que son créancier le poursuivra devant les tribunaux français qui lui donneront gain de cause. Mais lorsqu'il s'agira de faire exécuter la sentence de nos juges, les tribunaux étrangers « refuseront toute autorité à « une décision qui viole aussi manifestement les « principes de la compétence internationale (1). »

Faut-il alors exiger du tribunal étranger qu'il ait uniquement à envisager, en prononçant sa sentence, les règles de compétence établies dans le pays où son jugement devra être exécuté ? Une pareille solution est inadmissible ; car, en admettant qu'un individu ait le droit de demander aux magistrats d'un pays de lui appliquer les lois de son lieu d'origine, il ne saurait forcer ces magistrats à faire usage en sa faveur de règles de procédure qu'ils peuvent très légitimement ignorer.

Nous croyons donc avec la Cour de cassation (2),

---

(1) Thévenet, *op. cit.*, p. 30.
(2) Cass., 27 avril 1870 ; S. 71. 1. 91 ; J. D. I. P. 1875, p. 188. —Nous relatons, sans en garantir l'authenticité, les arrêts suivants signalés dans

et avec raison qu' « il faut que le tribunal dont
« émane le jugement qu'on veut exécuter dans un
« autre pays, soit compétent non-seulement d'après
« les lois du pays auquel il appartient (puisque les
« lois sur la compétence sont essentiellement terri-
« toriales), mais encore d'après la loi du pays de
« l'exécution, puisque le législateur de ce pays ne
« peut accorder cette faveur qu'aux jugements ren-
« dus par des tribunaux que lui-même reconnaît
« comme compétents. En effet, quelle est la base du
« système qui fait accorder le *pareatis* aux juge-
« ments étrangers sans revision ? C'est que, pour ce
« qui concerne ce point, l'État abdique son droit de
« souveraineté et y substitue une fiction qui, à cet
« égard, fait considérer comme ne formant qu'un
« seul territoire les pays auxquels s'applique la fa-
« veur de l'exécution internationale (sauf l'observa-
« tion de la formalité du *pareatis* au nom du souve-
« rain du pays de l'exécution). Il est clair que cette
« fiction sous-entend l'application de règles unifor-
« mes quant à la compétence. Il y aurait une contra-
« diction flagrante à admettre qu'un État qui ne con-
« sidère comme compétent que le tribunal A, doive
« prêter son concours à l'exécution d'un jugement
« rendu par le tribunal B. Pour lui, ce jugement n'en
« est pas un ; c'est, si l'on veut, une consultation, une

---

le *Journal de droit international privé* (*loc. cit.*) dans le même sens :
Aix, 16 juin, 25 novembre et 8 décembre 1858 ; Aix, 5 janvier 1872.

« opinion émise sur la question, mais ce n'est pas
« l'opinion de celui que l'État considère comme ayant
« le droit de décider la question, c'est-à-dire du juge
« compétent (1). »

§ 2. — *Le jugement étranger doit être régulier
dans la forme, et exécutoire d'après la loi étrangère.*

La première de ces conditions, celle qui est relative au respect des formes de procéder en usage dans
le pays où le jugement a été rendu est toute naturelle. Comment oserait-on demander aux tribunaux
français de déclarer exécutoire une sentence à laquelle il serait possible d'opposer des moyens de nullité
devant les juges de l'État où elle a été prononcée. A
fortiori, nous semble-t-il, ces moyens devraient-ils
être admis par les magistrats français saisis de la
demande d'*exequatur* ?

Mais il ne suffit pas, selon nous, que le jugement
qu'on veut faire exécuter soit régulier dans la forme ; il faut encore qu'il soit passé en force de
chose jugée d'après la loi du pays d'où il émane.
En exigeant une pareille condition des décisions
étrangères, on ne fait rien que de très-sage et de

---

(1) Asser, *De l'effet ou de l'exécution des jugements rendus à
l'étranger en matière civile et commerciale* (*Revue de droit international*, 1869, p. 112 et 113). — V. aussi le rapport d'Asser à *l'Institut
de droit international* (Session de la Haye, 1874-1875), *Revue de
droit international*, 1875, p. 387.

très-prudent. Supposons, par exemple, un jugement belge de première instance susceptible d'appel ou d'opposition. Le demandeur qui a obtenu gain de cause, en sollicite l'*exequatur* des tribunaux français qui le lui accordent. Entre temps, le défendeur a, dans les délais légaux, interjeté appel ou relevé le défaut, et au premier jugement a été substitué un arrêt ou un nouveau jugement en sens contraire. Nos magistrats auront ainsi permis des actes d'exécution en vertu d'un titre qui n'avait aucune force, sur les biens d'un soi-disant débiteur qui en réalité ne devait rien. Ils seront exposés, ou à rétracter leur première décision, ce qui serait contraire aux pouvoirs des tribunaux relativement aux décisions qu'ils ont rendues, ou à maintenir en France une force exécutoire à un jugement étranger annulé.

Nous pensons donc, avec Massé, que : « les tribu-
« naux français doivent d'abord vérifier si l'acte
« qu'on leur présente est un jugement, en d'autres
« termes, si le jugement réunit toutes les conditions
« nécessaires pour le rendre valable et *définitif* dans
« le lieu où il a été rendu; car on ne comprendrait
« pas qu'un acte produisît en France des effets dont
« il serait dépourvu au lieu de sa confection (1). »

La jurisprudence est loin d'être fixée sur ce point ;

---

(1) Massé, *Le droit commercial dans ses rapports avec le droit des gens*, t. II, p. 74, n° 801. — Aubry et Rau, *Droit civil français*, t. VIII, p. 418, note 7. — Moreau, *Effets internationaux des jugements*, p. 85.

un certain nombre d'arrêts et de jugements décident que l'*exequatur* ne saurait être accordé aux sentences non susceptibles d'exécution dans le pays où elles ont été rendues (1). C'est ainsi qu'il a été jugé qu'un jugement, anéanti par la prescription d'après la loi du pays où il a été prononcé, ne pourrait être déclaré exécutoire en France (2). Par contre, un arrêt de Paris, du 11 mai 1869 (3), a décidé qu'un jugement étranger, bien que non définitif, serait revêtu de l'*exequatur*, sous réserve des droits de recours qui pourraient être exercés contre la décision devant les tribunaux étrangers.

Toutefois, dans le cas où la législation étrangère admettrait que la sentence, quoique frappée d'un recours, peut être exécutée, c'est-à-dire, si le recours n'était pas suspensif, nous penserions qu'il n'y a pas lieu de refuser l'*exequatur* à cette sentence (4).

§ 3. — *Les parties doivent avoir été dûment citées et légalement représentées ou défaillantes.*

L'assignation n'étant en réalité qu'une des formes

---

(1) Paris, 23 février 1866 ; S. 66. 2. 300. — Angers, 4 juillet 1866 ; S. 66. 2. 300. — Bordeaux, 30 novembre 1869 ; D. P. 71. 2. 121. — Boulogne-sur-mer, 10 février 1881 ; J. D. I. P. 1882, p. 81 à 84.

(2) Chambéry, 12 février 1869 ; S. 70. 2. 9.

(3) S. 70. 2. 10. — *Sic*, Trib. Seine, 9 juillet 1880 ; J. D. I. P. 1881, p. 355.

(4) Trib. Seine, 10 mars 1880 ; J. D. I. P. 1880, p. 192. — Trib. Seine, 8 février 1881, J. D. I. P. 1881, p. 430. — Rouen, 20 avril 1880 ; J. D. I. P. 1881, p. 59. — Cass. req., 28 février 1881 : S. 82. 1. 33.

de la procédure, doit, comme toutes les autres, être régulière d'après la loi du pays devant les tribunaux duquel le défendeur est cité. Cette assignation est la base même du procès et doit être considérée comme une règle fondamentale dont la nécessité est d'ailleurs reconnue par les législations de tous les peuples civilisés ; c'est en effet la plus sûre garantie des droits de la défense (1).

Tant que le défendeur n'a pas été touché par la citation il est censé ignorer l'intention du demandeur de le poursuivre ; il peut ne pas savoir devant quel tribunal il aura à se présenter pour fournir ses moyens de défense et débattre contradictoirement ses intérêts. « Donner aux parties engagées dans un « procès le moyen de se faire représenter, de pro- « duire librement leurs moyens d'attaque et de dé- « fense, telle est une des préoccupations capitales « du législateur qui rédige un Code de procédure. « Combien plus vive doit être son attention quand « les plaideurs appartiennent à des nationalités dif- « férentes (2). »

Aussi pensons-nous qu'il faut laisser à l'assigna- tion tout le temps de parvenir au défendeur, en te- nant compte, non seulement des distances et du plus ou moins de facilité des moyens de communication, mais encore du mode même de transmission de cet

(1) V. sur ce poin.ᵗ Fiore, *Effetti internazionali delle sentenze e degli atti* (*parte prima*), § 100 et suiv.

(2) Thévenet, *op. cit.*, p. 32, § 35.

acte. On sait qu'en France et dans les Pays-Bas (1), la méthode employée pour faire parvenir l'assignation est fort compliquée, d'aucuns disent même très-défectueuse. La citation, remise au procureur du Roi ou de la République près le tribunal devant lequel on assigne la partie adverse, est transmise par lui au ministère des affaires étrangères qui, à son tour, l'adresse à l'agent diplomatique accrédité dans le pays où se trouve le défendeur. Il faudra encore recourir à l'intervention du ministère des affaires étrangères de ce pays pour notifier l'assignation à l'intéressé (2).

Tout cela est fort long, et il pourra très bien arriver que, lorsque le défendeur sera prévenu, les délais de comparution soient écoulés, et qu'il ait encouru une condamnation par défaut. Ce jugement sera peut-être régulier dans le pays où il a été rendu ; néanmoins, nous estimons que les juges étrangers, auxquels on demandera de le rendre exécutoire, auront parfaitement le droit de refuser leur *exequatur*, en s'appuyant sur ce fait que les garanties essentielles de la défense n'ont pas été respectées. « La sentence « est viciée dans son essence ; elle manque des conditions intrinsèques qui assurent son autorité à la « chose jugée, et le magistrat auquel on demande « son *exequatur* doit exiger au préalable qu'un « débat plus régulier intervienne (3). »

---

(1) Asser, *Eléments de droit international privé* ; traduits et annotés par Alphonse Rivier, § 74, p. 161.

(2) C. Pr. C. français, art. 69-9°.

(3) Thévenet, *loc. cit.*

Il en serait tout-autrement, à notre avis du moins, si le défendeur avait fait défaut en connaissance de cause, c'est-à-dire après avoir reçu l'assignation. La sentence prononcée contre lui devrait alors, une fois passée en force de chose jugée, être rendue exécutoire par les tribunaux étrangers ; car il serait légalement défaillant.

Nos tribunaux se sont toujours montrés très-soucieux de faire respecter les droits de la défense; cela ressort clairement des termes d'un arrêt de la Cour de Rennes que nous avons déjà cité plusieurs fois (1) : « Attendu, y est-il dit, que les intimés n'ont pas été « régulièrement appelés devant le juge anglais; « qu'ils n'ont pas été assignés devant lui par un « officier public institué en France à cet effet; *qu'ils* « *n'ont pas été mis en mesure de se défendre de-* « *vant la juridiction anglaise; qu'ils n'ont pas* « *obtenu devant le maître des rôles les légitimes* « *garanties d'une défense sérieuse;* qu'il a été ainsi « contrevenu aux principes fondamentaux sur les- « quels notre législation repose. »

§ 4. — *Le jugement étranger ne doit pas être contraire à l'ordre public.*

Ce principe est admis par tous les auteurs, même par ceux qui ont toujours professé les idées les plus larges en matière d'exécution de jugements étran-

_____

(1) Rennes, 26 décembre 1870; S. 81. 2. 81.

gers; M. Mancini, qui est loin d'être un arriéré, et à qui il faudrait plutôt reprocher son libéralisme excessif, reconnaît cependant : « que le pouvoir sou-
« verain de chaque État étranger peut, au nom du
« principe de l'indépendance politique de l'État, in-
« terdire dans les limites de son territoire toute
« infraction à son droit public et à l'ordre public du
« pays tel qu'il a été constitué par la volonté natio-
« nale (1). »

Quelques lignes plus loin, le même auteur définit très nettement l'ordre public tel qu'il l'envisage dans ses rapports avec le principe de l'indépendance des États : « L'ordre public, dans tout pays, comprend
« aussi, dans la large acception du mot, le respect
« des principes supérieurs de la morale humaine et
« sociale tels qu'ils sont entendus et professés dans
« ce pays, les bonnes mœurs, les droits primitifs
« inhérents à la nature humaine, et les libertés aux-
« quelles ni les institutions positives d'aucun gou-
« vernement, ni les actes de la volonté humaine
« ne pourraient apporter de dérogations valables et
« obligatoires pour ces États. Si les lois positives
« d'un État, un jugement étranger, ou les actes et
« contrats faits à l'étranger violaient ces principes ou
« ces droits, chaque souveraineté, loin d'accepter
« ces outrages à la nature et à la moralité humaine,

---

(1) Mancini, *Rapport à l'Institut de droit international* (session de la Haye, 1874-1875) ; *Revue de droit international*, 1875, p. 353.

« pourrait à juste titre leur refuser tout effet et toute
« exécution sur son territoire (1). »

Rien n'est plus exact que la doctrine du professeur
italien; elle est co..forme à celle que les tribunaux
français ont toujours scrupuleusement suivie (2);
dans certains cas cette doctrine s'appliquera pour
ainsi dire elle-même. Il est évident que sous l'empire d'une législation à peu près civilisée on ne trouvera pas de juges qui admettent l'esclavage, ou une
convention réprouvée par la morale.

Mais, à côté de l'ordre public qui découle en quelque sorte des principes mêmes du droit naturel, il en
existe un autre dont les règles sont écrites dans les
lois positives. Bien entendu lorsqu'il s'agira de savoir
si un jugement étranger dont on poursuit l'exécution
en France, est ou non contraire à cet ordre public, il
faudra envisager ce jugement au point de vue du
droit français, et nullement au point de vue du droit
étranger. Toutefois, il ne faudrait pas conclure de
ce que nous venons de dire, qu'une sentence étrangère, contraire à l'ordre public établi par la législation française, doive toujours être repoussée. Il y a,
en effet, une distinction à établir entre l'ordre public absolu et l'ordre public relatif. Certaines dispositions de nos lois peuvent constituer une mesure

---

(1) Mancini, *eod. loc.*

(2) Cass. req. rej., 14 juillet 1825; S. 26. 1. 378. — Cass., 17 mars
1830; S. 30. 1. 95. — Aix, 25 novembre 1858; S. 59. 2. 603. — Aix,
8 décembre 1858; S. 59. 2. 603. — Angers, 4 juillet 1866; D. P. 66.
2. 187. — Paris, 11 mai 1869; S. 70. 2. 10.

d'ordre public, lorsqu'il s'agit d'actes accomplis sur notre territoire, et perdre ce caractère quand les actes en question ont été faits à l'étranger. Un double exemple fera plus clairement saisir notre pensée. Supposons un pays, la Turquie par exemple, qui admette la polygamie; un Turc a obtenu un jugement qui consacre cette règle, et veut en faire usage en France; l'*exequatur* devra sans aucun doute être refusé à cette décision qui, chez nous, porte atteinte à l'ordre public absolu. Au contraire, qu'une législation étrangère ne limite pas le taux de l'intérêt, rien ne s'opposera à ce que le jugement qui aura statué sur un prêt à 7 ou 8 0/0 ne soit rendu exécutoire en France. Nous nous trouvons alors en présence d'une mesure qui appartient uniquement à l'ordre public relatif.

On voit qu'il est assez difficile d'établir des principes invariables en cette matière. On arrive bien souvent, en effet, à ce fâcheux résultat de condamner un jour ce qu'on approuvait la veille et *vice versa*. Il n'est pas douteux, par exemple, qu'avant notre loi du 22 juillet 1867, un tribunal français n'aurait pas hésité à accorder l'*exequatur* à un jugement étranger emportant contrainte par corps. Maintenant que la contrainte est supprimée en matière civile et commerciale, on refuserait certainement de rendre exécutoire une pareille sentence, ou bien, on déciderait, comme l'a fait la Cour de Chambéry (1), que la contrainte par

(1) Chambéry, 20 janvier 1873; S. 73. 2. 260.

corps ne s'exercera pas en France, mais que pour le surplus, s'il ne porte pas autrement atteinte à l'ordre public français, le jugement pourra être exécuté.

Dans un autre ordre d'idées, la jurisprudence et même la doctrine, après avoir longtemps considéré comme violant les principes de notre droit public toute une catégorie de jugements étrangers, a ensuite adopté une opinion diamétralement opposée. C'est ce qui s'est produit au sujet des décisions étrangères prononçant le divorce.

Pendant près d'un demi-siècle on regarda les dispositions de la loi du 8 mai 1816 abolitive du divorce, comme étant d'ordre public. Nos tribunaux refusaient pour cette raison l'*exequatur* aux sentences étrangères statuant sur des questions de cette nature, encore que ces sentences émanassent de juges compétents, et fussent conformes aux lois de procédure du pays où elles avaient été rendues (1).

Le 28 février 1860 (2), intervint le mémorable arrêt de cassation connu sous le nom d'arrêt du divorce. Cet arrêt, dont nous nous occuperons tout spécialement lorsque nous traiterons des effets des jugements étrangers en matière de questions d'état, fut rendu sur les conclusions du procureur-général Dupin, et sur le rapport du conseiller Sevin. Rompant avec les idées admises jusqu'alors, et qui avaient créé la juris-

---

(1) Paris, 20 novembre 1818; S. 19. 2. 11.
(2) S. 60. 1. 210.

prudence que nous venons d'exposer, la Cour suprême ne voulut plus voir dans les sentences de divorce prononcées en pays étrangers une atteinte aux principes de notre droit public interne ; elle les assimila aux jugements concernant l'état et la capacité des personnes qui sont, comme nous le verrons tout-à-l'heure, exclusivement régis par la législation du pays d'où ils émanent.

Cette jurisprudence s'est maintenue jusqu'à la loi du 27 juillet 1884, qui, en rétablissant le divorce en France, a nécessairement fait disparaître toutes les difficultés qui pouvaient se présenter sur cette matière.

En résumé, nous croyons que, toutes les fois qu'il n'existera pas de textes formels, il faudra laisser une certaine latitude aux magistrats qui apprécieront si la décision étrangère est ou non conforme aux principes de l'ordre public français.

Avant de rechercher quels jugements nécessitent la formalité de l'*exequatur*, nous croyons nécessaire de dire un mot, à la fin de ce chapitre, de la compétence exceptionnelle établie par l'art. 14 de notre Code civil. Il n'est pas sans intérêt de savoir si un Français qui a, d'une façon ou d'une autre, renoncé au bénéfice que lui confère ce texte, peut ensuite s'adresser aux juges français et repousser valablement l'exception tirée de la chose jugée en pays étranger, en prétendant qu'il avait le droit de citer devant nos tribunaux son adversaire étranger.

§ 5. — *Le Français peut-il renoncer au bénéfice de l'art. 14 du Code civil?*

De toutes les dispositions de nos Codes, aucune n'a été plus vivement critiquée, non-seulement à l'étranger, mais même en France que celle de l'art. 14 du Code civil. On peut adresser à ce texte plusieurs reproches parfaitement justifiés. En permettant de traduire l'étranger, même non-résidant en France, devant les tribunaux français, pour les obligations par lui contractées en pays étranger à l'égard des Français, il déroge au principe fondamental qui domine toutes les règles de la compétence en matière personnelle : « *actor sequitur forum rei.* »

L'art. 14 ne se borne pas, du reste, à violer la règle : « *actor sequitur forum rei* » ; il est encore contraire aux vrais principes du droit des gens modernes, qui tendent à l'extension des bons rapports de peuple à peuple ; enfin, il a produit des effets tout opposés à ceux qu'en devaient attendre ses auteurs.

Nous ne nous demanderons pas ici, quels motifs ont amené le législateur de 1804 à insérer ce texte dans nos lois. Cette étude serait sans doute intéressante, mais ne rentre nullement dans le cadre de notre sujet. Bornons-nous à constater que l'art. 14 est une disposition exceptionnelle, et contraire au droit des gens ; ce qui le prouve c'est que nos magistrats refusent, sans hésitation, l'exe-

8

quatur aux jugements rendus contre un Français dans un pays dont la législation admet des règles analogues à celles de notre art. 14 (1).

Nous avons dit que ce texte était loin d'avoir produit les heureux résultats qu'on en espérait. Si l'étranger possède des biens en France, il est certain que le jugement rendu en faveur d'un Français pourra avoir quelqu'effet, puisqu'il sera possible de le faire exécuter sur ces biens. Il n'en est plus de même, si le défendeur condamné a toute sa fortune dans son pays, et il faut bien avouer que ce cas sera le plus fréquent. Les tribunaux étrangers, usant de mesures de rétorsion, n'accorderont pas l'*exequatur* au jugement prononcé, en France, en vertu de l'article 14, et nos nationaux, qu'on s'était efforcé de protéger, se trouveront précisément dans une situation beaucoup plus fâcheuse que celle qui leur aurait été faite, s'ils s'étaient directement adressés aux juges du domicile du défendeur.

Aujourd'hui, les auteurs sont à peu près unanimes à reconnaître les sérieux inconvénients qui résultent de l'application de l'art. 14. Les motifs qui ont pu, sinon légitimer, du moins expliquer la rédaction de ce texte n'existant plus, nous sommes en

(1) Grenoble, 3 janvier 1820; S. 20. 2. 176. — Trib. Seine, 4 février 1880; J. D. I. P. 1880, p. 104. — Trib. Seine, 24 août 1881 ; J. D. I. P. 1882, p. 306 à 308. — V. cependant un arrêt de Paris du 1er déc. 1870; S. 81. 2. 145 qui décide qu'à titre de réciprocité le Français pourra être cité devant les tribunaux italiens.

droit de souhaiter que notre législation soit modifiée sur ce point. Nous pouvons dire avec M. Bonfils (1), que : « nous ne désespérons pas de voir nos désirs se « réaliser, à mesure que s'étendront les relations « internationales, que s'abaisseront les barrières en- « core entretenues par l'ignorance ou la mauvaise « foi, que les princes, les législateurs comme les peu- « ples se pénétreront de plus en plus de la loi de « solidarité qui unit tous les hommes entre eux. Loi « naturelle elle ne permet pas que le bien de l'un ne « puisse exister qu'au détriment de l'autre; elle fait, « au contraire, profiter toutes les nations des progrès « accomplis par chacune d'elles. »

Quel que soit, d'ailleurs, le sort que l'avenir ré-serve à l'art. 14 de notre Code civil, ce texte n'en de-meure pas moins une loi formelle qui seule doit nous occuper pour le moment. Remarquons, tout d'abord, que l'art. 14 ne porte atteinte aux principes géné-raux qu'en matière personnelle ou mobilière, les ac-tions relatives à des immeubles situés en France, mais appartenant à des étrangers, restant soumises aux règles du droit commun, c'est-à-dire devant être portées devant le juge de la situation, dans l'es-pèce devant le juge français (2).

Voyons maintenant si un Français peut renoncer

---

(1) Bonfils, *Compétence des tribunaux français à l'égard des étrangers*, p. 41, § 47.
(2) V. Demolombe, t. I, § 218, p. 392.

au bénéfice que lui accorde sa loi nationale, et de quels faits on devra conclure à l'existence de cette renonciation.

Sur le premier point, presque tous les jurisconsultes qui ont traité cette matière, et ils sont nombreux (1), s'accordent à reconnaître que le Français peut renoncer au droit qui lui est conféré par l'art. 14 du Code civil. La jurisprudence s'est également prononcée dans le même sens (2).

On a cependant essayé de soutenir que le Français n'avait pas le droit de renoncer à la faveur qui lui était accordée par l'art. 14. On s'est efforcé de démontrer qu'on se trouvait en présence d'une disposition d'ordre public. Nous ne voyons pas, pour notre part, comment le fait par un Français d'aban-

---

(1) Aubry et Rau, *Droit civil français*, t. VIII, § 748 *bis*, I, 5°, p. 442. — Bonfils, *op. cit.*, § 83, p. 76. — Brocher (Ch.), *Droit international privé*, t. III, p. 443. — Demolombe, t. I, § 251, p. 308. — Dragoumis, *De la condition civile de l'étranger en France*, p. 126. — Fœlix, *Droit international privé*, t. I, § 181. — Gerbaut, *Compétence des tribunaux français à l'égard des étrangers*, § 209, p. 266. — Lyon-Caen (Ch.), *De la condition légale des sociétés étrangères en France*, § 31, p. 55, — Massé, *Droit commercial international*, t. I, § 602, p. 669. — Moreau, *Effets internationaux des jugements*, p. 123. — Vareilles-Sommières, *L'hypothèque judiciaire*, p. 141.

(2) Cass., 23 février 1840; S. 46. 1. 471. — Cass., 21 novembre 1860; S. 61. 1. 331. — Cass., 11 décembre 1860; S. 61. 1. 331. — Cass., 28 février 1877; S. 77. 1. 260. — Paris, 11 janvier 1865; S. 66. 2. 147. — Chambéry, 1ᵉʳ décembre 1866; S. 67. 2. 182. — Cass., 13 février 1882; S. 82. 1. 341. — V. aussi, l'arrêt de Cass. du 13 novembre 1827; S. 28. 1. 124, aux termes duquel : « les parties contractantes ou litigantes restent liées par les actes de juridiction volontaire ou contentieuse à laquelle elles se sont soumises. »

donner un privilège destiné uniquement à protéger ses intérêts privés, pourrait porter atteinte au principe de la souveraineté nationale, et à l'indépendance de l'Etat. Nous comprenons très-bien qu'un juge étranger ne puisse étendre son pouvoir de juridiction sur le territoire français, et que ses sentences soient soumises à la formalité de l'*exequatur;* il y a là un intérêt public qui est en jeu, intérêt qui n'a certainement pas motivé la rédaction de l'art. 14 dont le but est de sauvegarder les droits de nos nationaux en pays étrangers.

Les termes mêmes de notre texte prouvent que le droit conféré au regnicole constitue non pas une obligation mais une simple faculté. « L'étranger pourra « être traduit devant les tribunaux de France; » cela veut dire, évidemment, que le Français doit exercer un choix, et porter son affaire, soit devant les tribunaux du pays du défendeur, soit devant ses juges nationaux. Toute la question est de savoir à quel moment ce droit d'option sera consommé. Du reste : « il serait singulier de voir un Français, qui peut re- « noncer à son droit principal, c'est-à-dire à sa cré- « ance même, dans l'impossibilité de renoncer à ce « qui n'est qu'un accessoire attaché à sa qualité « de Français. On lui reconnaîtrait la faculté de « faire décider le procès par de simples arbitres « et on lui refuserait celle de revenir à la règle « fondamentale : *actor sequitur forum rei*, et « de soumettre la question à une juridiction étran-

« gère légalement et régulièrement instituée (1). »

Dans son *Traité de procédure*, Boncenne (2), voulant établir que le Français qui a saisi un tribunal
étranger peut ensuite renouveler la même demande
devant un tribunal français, ne craint pas d'affirmer
que tout ce qui se fait devant les juges étrangers
n'a pas d'effet en France, et que les sentences qu'ils
prononcent doivent être considérées comme non-
avenues. Il appuie cette bizarre théorie, d'abord sur
la loi des Douze-tables qui n'accordait aucune place
aux étrangers, puis sur l'ordonnance de 1629 ; accu-
sant nos Codes d'obscurité, il se met en devoir d'interpréter les art. 2123, C. Civ., et 546, C. Pr., par l'article 121 de l'ordonnance. Nous ne faisons que signaler,
à titre de curiosité, cette opinion soutenue par des
arguments trop peu sérieux pour que nous entrepre-
nions de les réfuter ; en dehors de son auteur, nous
ne croyons pas, du reste, qu'elle ait jamais rallié
aucun partisan (3).

Quand le Français devra-t-il être considéré comme
ayant renoncé à se prévaloir de l'art. 14 ? Sur ce
point la doctrine et la jurisprudence ne sont pas absolument d'accord. A notre avis cette renonciation pourra être expresse ou tacite. Dès l'instant que le Fran-

---

(1) Gerbaut, *Compétence des tribunaux français à l'égard des
étrangers*, p. 207.

(2) Boncenne, *Théorie de la procédure civile*, t. III, p. 224 et suiv.

(3) Massé dans le tome Ier de son *Droit international commercial*
(p. 603 et suiv.) a exposé en détail la théorie de Boncenne qu'il
combat vigoureusement.

çais aura volontairement saisi un tribunal étranger,
en citant devant lui le défendeur, il faudra décider
qu'il a entendu abandonner le privilège qui lui était
accordé par sa loi nationale. Cette solution n'est pas
douteuse pour ceux qui comme nous ne reconnaissent
pas aux tribunaux français le droit de reviser les sentences étrangères et, admettent qu'elles ont, en France,
l'autorité de la chose jugée. Ainsi que l'observe
très-justement M. Dragoumis : « La loi française a
« donné (aux Français) un privilège exorbitant, celui
« de pouvoir soustraire l'étranger à ses juges natu-
« rels ; mais, en lui accordant un choix, elle n'a pu
« l'autoriser à traîner son débiteur d'un tribunal à
    un autre ; il serait de mauvaise foi, si après s'être
« remis à la justice étrangère, il l'abandonne plus
« tard, parce qu'il a été trompé dans son attente,
« pour s'adresser aux tribunaux français (1). »

Dans le cas de renonciation expresse aucune difficulté ne se présente ; il est évident, par exemple, que
le Français qui, dans une convention par lui passée
en pays étranger, a stipulé que les contestations auxquelles cette convention pourrait donner lieu, seront
portées devant un tribunal arbitral constitué dans le
lieu même du contrat, sera réputé renonçant au bénéfice de l'art. 14 (2).

---

(1) Dragoumis, *op. cit.*, p. 126.
(2) Cass., 21 novembre 1860; S. 61. 1. 331. — Paris, 11 janvier 1865;
S. 66. 2. 147. — Nîmes, 20 août 1866; S. 67. 2. 177. — Chambéry,
1er décembre 1866; S. 67. 2. 182.

En ce qui concerne la renonciation tacite, nous avons dit que nous l'induisions nécessairement du fait, par le Français, d'avoir assigné son adversaire devant les tribunaux étrangers : sur ce point la jurisprudence et bon nombre d'auteurs nous donnent tort. « Si le fait d'avoir porté devant un tribunal étranger « une demande, qui eût pu être portée devant un tri- « bunal français, écrit Massé (1), est de nature à « emporter renonciation au droit que l'art. 14 don- « ne au créancier français, il peut y avoir telles cir- « constances dans lesquelles la demande formée de- « vant un tribunal étranger laisse subsister le droit « de saisir ultérieurement les tribunaux français. » Il n'y aurait donc ici qu'une simple question de fait, dont les tribunaux seraient souverains apprécia- teurs (2).

Nous ne saurions partager de semblables idées; avant d'aller plaider à l'étranger, il est certain que le Français a dû réfléchir à ce qu'il faisait; s'il ne

---

(1) Massé, *op. cit.*, t. I, p. 671. — *Sic*, Demolombe, t. I, § 951. Aubry et Rau, t. VIII, p. 142.

(2) Cass., 27 décembre 1852; S. 53. 1. 91. — Cass., 23 mars 1859; S. 59. 1. 280. — Cass., 9 décembre 1878; S. 79. 1. 401. — Paris, 23 novembre 1851; S. 51. 2. 783. — *Contrà* : Cass., février 1837; S. 37. 1. 251. — Cass., 24 février 1846; S. 46. 1. 47. — Paris, 3 mai 1834; S. 34. 2. 305. — Cass., 13 février 1882; S. 82. 1. 311. « Attendu, « dit ce dernier arrêt, que lorsque les Français soumettent libre- « ment aux tribunaux étrangers les différends qu'ils ont avec des « étrangers, il se forme entre les parties un contrat judiciaire, for- « mant un lien dont les Français, pas plus que les étrangers, ne peu- « vent se délier, en saisissant ensuite les tribunaux français pour « leur faire juger de nouveau ce qui a été déjà jugé à l'étranger « par leur libre consentement. »

s'est pas adressé à ses juges nationaux, c'est qu'évidemment, il a vu qu'il y avait intérêt pour lui à agir autrement. Il a fait son choix librement, sciemment, et ce choix a été accepté par le défendeur. Si plus tard, pour une raison ou pour une autre, il s'aperçoit qu'il s'est trompé, et qu'il eût été préférable d'user du bénéfice de l'art. 14, tant pis pour lui. Il serait vraiment par trop bizarre de forcer l'étranger qui s'est présenté pour se défendre devant le tribunal de son domicile où il a été assigné, à suivre le gré des caprices d'un plaideur hésitant et d'humeur changeante (1).

Tout ce que nous venons de dire s'appliquerait, à bien plus forte raison, dans le cas où un jugement aurait été rendu par le tribunal étranger devant lequel le Français a introduit une instance.

La Cour de Rouen a, cependant, introduit une distinction en cette matière; d'après son arrêt du 19 juillet 1842 (2), si le débiteur étranger, au moment où la demande a été formée, ne possédait aucun bien en France, on pourra dire que le Français était contraint et forcé d'obéir à la règle « *actor sequitur forum rei.* » A quoi servirait, en effet, une sentence française à laquelle très-vraisemblablement l'*exequatur* serait refusé dans l'endroit où elle pourrait produire ses effets les plus intéressants? Par-

(1) Gerbaut, *op. cit.*, p. 277, § 216.
(2) S. 42. 2. 380.

conséquent, si l'étranger vient à acquérir des biens
en France, il sera loisible au demandeur de recommencer le procès, cette fois, devant des juges français (1).

Nul doute qu'une pareille doctrine ne soit déplorable dans ses conséquences, et n'amène inévitablement, comme l'observe Fœlix (2), des mesures de
rétorsion, de la part des nations étrangères. Des
considérations d'un ordre plus élevé nous obligent
à la repousser énergiquement.

Nous avons répété, bien souvent, que nous re-
connaissions aux jugements étrangers l'autorité de
la chose jugée sur le territoire français. Que deviendra cette autorité, s'il est permis au Français de débattre, à nouveau, son procès lorsqu'il aura négligé
de se prévaloir à temps de l'art. 14? On arrivera fatalement à ce résultat qu'aucun étranger ne voudra
plus contracter avec nos nationaux; et que les relations internationales qui sont pour ainsi dire obligatoires, surtout en matière commerciale, péricliteront
et deviendront impossibles; les premières victimes
de ce fâcheux état de choses seront indubitablement
nos compatriotes, auxquels on aura fait une situation
intolérable, en voulant les protéger outre mesure.

---

(1) Dans ce sens : Aubry et Rau, t. VIII, p. 142, note 27. — Bonfils,
op. cit., p. 80, § 88. — Paris, 22 novembre 1851 ; S. 51. 2. 783. —
Cass., 27 décembre 1852; S. 53. 1. 91. — Lyon, 1er juin 1871, S. 72.
2. 174. — Lyon, 1er juin 1872; S. 72. 2. 174. — Bordeaux, 2 juin
1874; S. 75. 2. 37.

(2) Fœlix, *Droit international privé*, t. I, p. 374.

CHAPITRE VI.

QUELS JUGEMENTS NÉCESSITENT LA FORMALITÉ DE L'EXEQUATUR?

Nous avons à nous demander, maintenant, si tous les jugements étrangers, en quelque matière qu'ils aient été rendus, ont besoin, pour produire effet en France, d'avoir été, au préalable, déclarés exécutoires; nous rechercherons aussi si ces sentences, non encore revêtues de l'*exequatur*, peuvent permettre à ceux qui en sont porteurs de procéder à certains actes d'une nature toute spéciale.

Pour les partisans du système de la jurisprudence la question ne se pose même pas; ils considèrent le jugement étranger comme non-avenu, tant que les tribunaux français ne lui ont pas donné force exécutoire, après revision; ils refusent à cette décision l'autorité qu'on accorde aux actes authentiques, passés par devant les officiers publics d'un pays voisin. Dès lors, comment admettraient-ils qu'un titre qui, à leurs yeux, n'a aucune valeur, puisse avoir des conséquences juridiques en France.

Au contraire, ceux qui reconnaissent, avec nous, aux sentences étrangères l'autorité de la chose jugée, sont en droit d'établir une distinction, entre les actes purement conservatoires, les constatations de fait résultant de ces sentences, d'une part, et les actes d'exécution proprement dits, d'autre part. Dans le premier cas, il ne sera pas toujours nécessaire d'obtenir l'*exequatur* du jugement dont on voudra faire usage, tandis que dans le second, cette formalité sera indispensable.

Il est bon de remarquer que nous n'avons pas dit que, lorsqu'il s'agirait de procéder à des actes conservatoires, en vertu de jugements étrangers, ces jugements pourraient d'une façon générale, et sans *exequatur*, servir de base à la procédure en question. Il est clair, en effet, que si notre loi exige un titre exécutoire pour faire un acte, ne présentant d'ailleurs aucun caractère d'exécution, il faudra nécessairement que le jugement étranger soit revêtu de l'*exequatur* des tribunaux français.

L'inscription de l'hypothèque est, évidemment, un acte conservatoire au premier chef; le créancier qui emploie cette mesure ne prétend pas, en effet, se faire payer sur les biens de son débiteur, au moment où il requiert l'inscription. Homme prudent, il veut seulement s'assurer que celui qui lui doit n'engagera pas valablement dans la suite son patrimoine, et ne lui enlèvera pas ainsi les garanties légitimes, sur lesquelles il comptait, alors qu'il a contracté. Il ne s'agit donc pas ici d'acte d'exécution, mais de simples mesures préventives. Néanmoins il ne sera pas permis de procéder à cet acte conservatoire, en arguant d'une sentence étrangère non encore dé-

clarée exécutoire; l'article 2123 du Code civil est
formel sur ce point. Nous en dirons autant de l'ap-
position des scellés, pour laquelle l'art. 909-2°, C. Pr.,
exige un titre exécutoire.

Sauf ces cas, et ceux que la loi a expressément
prévus, nous reconnaîtrons à l'étranger le droit de
faire en France des actes conservatoires, lorsqu'il
sera muni d'un jugement rendu dans son pays,
bien que ce jugement n'ait pas encore reçu l'*exequatur* des tribunaux français. C'est ainsi qu'il pourra
demander la séparation des patrimoines, conformément à l'art. 878 du Code civil. Il aura aussi la faculté d'invoquer les art. 1446 et 1447 du même
Code; en cas de faillite ou de déconfiture du mari il
lui sera permis d'exercer les droits de la femme, sa
débitrice, jusqu'à concurrence du montant de sa créance; s'il est créancier du mari, il pourra se pourvoir contre la séparation de biens prononcée, et même
exécutée en fraude de ses droits, ou bien intervenir
dans l'instance sur la demande en séparation, pour
la contester.

Telles sont les conséquences logiques des principes que nous avons adoptés dès le début de cette étude; le porteur d'une sentence étrangère veut-il en
faire usage en invoquant simplement l'autorité de la
chose jugée, pour sauvegarder ses intérêts, que le
mauvais état des affaires de son débiteur pourrait
compromettre, et sans qu'il soit nécessaire de recourir à l'intervention du pouvoir public, nous n'exige-

rons pas l'*exequatur*; au contraire, s'il prétend mettre à exécution la condamnation qu'il a obtenue, agir sur les biens de son débiteur, en un mot, réaliser sa créance, il devra au préalable faire revêtir son titre de la formule exécutoire.

Nous sommes, tout naturellement, amenés par ce qui précède à examiner une question qui, par suite de la nature même de l'acte auquel elle se rattache, divise la jurisprudence et les auteurs. Nous voulons parler de la saisie-arrêt. Cette saisie peut-elle être valablement pratiquée en France, en vertu d'un jugement étranger non encore revêtu de l'*exequatur* ? Nous rechercherons la solution de cette difficulté dans un premier paragraphe. Nous passerons ensuite en revue plusieurs catégories de jugements rendus en pays étranger, sur l'effet desquels tout le monde n'est pas d'accord. Nous serons appelés de la sorte à nous occuper des décisions statuant sur des questions d'état, des actes de juridiction gracieuse, des sentences arbitrales, enfin des jugements prononcés par certaines juridictions d'un ordre spécial, telles que les tribunaux mixtes d'Egypte.

§ 1er. — De la saisie-arrêt.

Un Français qui veut saisir-arrêter entre les mains d'un autre Français, débiteur de son débiteur, doit-il être porteur d'un titre authentique ? Assurément non, puisque l'article 557 du Code de procédure civile a eu soin de dire que : tout créancier pourrait, en vertu de titres authentiques ou *privés*, saisir-arrêter, entre les mains d'un tiers, les sommes et effets appartenant à son débiteur, ou s'opposer à leur remise. En sera-t-il de même, lorsqu'un étranger, s'appuyant sur un jugement étranger non revêtu de l'*exequatur*, voudra faire opposition à un paiement ?

On a soutenu qu'il fallait refuser à l'étranger, d'une façon générale, le droit de pratiquer une saisie-arrêt sur un Français. On s'est principalement fondé, pour défendre cette idée, sur les conséquences redoutables que la saisie-arrêt entraînerait relativement au crédit de nos regnicoles. Il nous semble qu'un pareil résultat se produira inévitablement, quelle que soit la nationalité du saisissant. Cette opinion a, d'ailleurs, le grave inconvénient d'être en contradiction flagrante avec les termes larges et formels de l'art. 557, qui permet à « *tout* créancier » de saisir-arrêter. Nous ne croyons pas, qu'en présence de ce texte, il y ait lieu d'établir une distinction entre nos nationaux et les étrangers (1).

Cette observation faite, revenons à notre question, et contentons-nous de nous demander si un jugement étranger, qui n'a pas encore été déclaré exécu-

---

(1) V. sur ce point la brochure publiée en 1882 par M. Edouard Clunet : « *Un étranger peut-il pratiquer une saisie-arrêt en France sur un Français.* »

toire par un tribunal français, constitue un titre suffisant pour former une saisie-arrêt en France.

La raison de douter vient de ce qu'on n'est pas
d'accord sur la nature de la saisie-arrêt. Les uns la
considèrent comme un véritable acte d'exécution;
ainsi Fœlix (1) exige que le créancier, qui veut faire
opposition à un paiement, obtienne du président du
tribunal une permission de saisir-arrêter. Il est vrai
que sept lignes plus bas, le même auteur émet une
opinion toute différente : « Rien ne s'oppose, écrit-
« il, à ce qu'un tribunal français valide la saisie-arrêt
« formée en vertu d'un jugement étranger. » Si nous
comprenons bien le texte de Fœlix, cela signifie que
la sentence étrangère n'a pas besoin d'*exequatur*
pour servir de base à une saisie-arrêt.

Certains auteurs (2) se montrent hésitants et constatent simplement l'existence de la controverse, sans
chercher à la résoudre. Il nous semble cependant
que le problème qu nous occupe n'est pas insoluble.

---

(1) Fœlix, *op. cit.*, t. II, § 363, p. 112. — Plusieurs arrêts décident
également que la saisie-arrêt n'est pas une mesure conservatoire :
Bourges, 17 mars 1826; D. C. 8. 2. 213. — Bordeaux, 28 août 1827;
D. C. 8. 2. 411. — Bordeaux, 22 août 1851; D. P. 55. 2. 195. — Jugé
que le tribunal français saisi de la question de validité d'une saisie-
arrêt, faite en vertu d'un jugement étranger, qui déclare la saisie
valable, en constatant préalablement que la créance a été reconnue
par le tribunal étranger et qu'elle n'a été éteinte par aucun paiement ni compensation, revise par là-même le jugement étranger
(Cass., 11 janvier 1843; S. 43. 1. 671). — Dans le même sens : Paris,
31 janvier 1873; S. 74. 2. 33. — Voir aussi pour la nécessité de
l'*exequatur :* Trib. Seine, 2 mai 1876; J. D. I. P. 1877, p. 149.

(2) Garsonnet, *Précis de Procédure civile*, p. 780, note 2.

Nous estimons que la saisie-arrêt, acte conservatoire dans son principe, se transforme en acte d'exécution au moment où on la valide (1). « La saisie-arrêt à son origine est un acte conservatoire qui se distingue essentiellement des actes d'exécution; pour que cette mesure puisse intervenir il suffit qu'il apparaisse une créance probable. Quand il s'agira de la valider, de lui conférer l'état attributif, il faudra établir la certitude de la créance; mais jusque-là, simple mesure de précaution, elle ne demande qu'un titre apparent (2). »

La Cour de cassation nous paraît être du même avis, lorsqu'elle décide que les tribunaux français sont compétents pour autoriser ou maintenir les mesures conservatoires prises dans l'intérêt des étrangers lorsqu'il s'agit uniquement d'empêcher que des biens se trouvant en France ne soient détournés au préjudice des ayant-droit. « Attendu, dit l'arrêt, que de telles mesures, prises dans ces limites et dans un intérêt général de paix publique et de justice, appartiennent au droit des gens, et sont applicables sans distinction de nationalité (3). »

Il est vrai que cette décision a été rendue à l'occasion d'une saisie-arrêt pratiquée en vertu d'une au-

---

(1) « La saisie-arrêt, conservatoire en son principe, est en réalité un acte d'exécution. » (Douai, 10 décembre 1836, D. A. au mot *saisie-arrêt*, n° 7).

(2) Bazot, *Des ordonnances sur requête et des ordonnances de référé*, p. 123.

(3) Cass., 23 mars 1868; S. 68. 1. 328.

9

torisation donné par le président du tribunal. Cela
n'empêche pas que la Cour suprême a reconnu que
l'acte en question appartenait au droit des gens, et
qu'il n'y avait pas lieu de rechercher quelle était la
nationalité de celui qui l'accomplissait. C'est donc qu'il
faut appliquer sans réserve aux étrangers l'art. 557
du Code de procédure civile. Or cet article permet
au porteur d'un simple acte sous-seing-privé de faire
opposition à un paiement; il serait vraiment curieux
d'accorder moins de créance à un jugement qu'à un
titre émané de l'initiative particulière des parties.

Ces idées ont été très nettement exprimées en 1876
devant la 5e chambre du tribunal de la Seine par
M. Bouchez, alors substitut du Procureur de la République. « La saisie-arrêt, disait l'honorable organe
« du ministère public, n'est qu'un acte conservatoire.
« Les cas sont nombreux dans lesquels un pareil
« acte peut être fait par un créancier qui ne pourrait
« faire un acte d'exécution. L'art. 557 du Code de
« procédure n'exige du saisissant que la production
« d'un titre authentique ou privé, c'est-à-dire d'un
« titre quelconque. Comment soutenir qu'un juge-
« ment rendu à l'étranger ne constitue pas un titre
« au profit de celui qui l'a obtenu, alors qu'il est sus-
« ceptible de recevoir la force exécutoire ? Si le juge-
« ment rendu à l'étranger ne reçoit pas cette force,
« la saisie-arrêt ne sera pas validée, comme il arri-
« verait si le tribunal reconnaissait que le titre privé
« en vertu duquel on a saisi-arrêté n'établit pas suf-

« fisamment le droit du saisissant. La doctrine et la
« jurisprudence décident qu'on peut former saisie-
« arrêt en vertu d'un jugement contradictoire frappé
« d'appel. Demander au saisissant un titre exécu-
« toire, définitif et inattaquable, ce serait lui deman-
« der plus que ne le fait l'art. 557 (1). »

Il est regrettable que le tribunal n'ait pas adopté
la théorie soutenue par le jeune et brillant magistrat.
Il aurait de la sorte créé une jurisprudence, peut-
être nouvelle, mais du moins conforme aux vrais principes, et absolument concordante avec le texte de
l'art. 557 du Code de procédure.

En résumé, nous pensons qu'un jugement étranger peut parfaitement légitimer une saisie-arrêt opé-
rée en France, par un étranger : toutefois, lorsqu'à
l'expiration des délais fixés par la loi, le tribunal
sera appelé à valider la saisie, il devra d'abord revêtir de l'*exequatur* le jugement étranger qui a servi
de base à cet acte conservateur (2).

§ 2. — *Jugements étrangers statuant sur des questions d'état.*

Nous abordons présentement l'étude d'un des

---

(1) J. D. I. P. 1877, p. 119. Conclusions à l'occasion du jugement
précité du tribunal de la Seine du 2 mai 1876. — *Sic*, Demangeat
sur Fœlix, t. II, p. 112, note 6.

(2) Bazot, *loc. cit.* — Bertin, *Ordonnances sur requêtes et référés*
t. I, n° 177 *bis*. — Lemoine, *op. cit.*, (thèse), p. 170. — Thévenet, *op.
cit.*, p. 103.

points les plus intéressants de notre sujet, non pas qu'il y ait à craindre de se heurter ici à des difficultés impossibles à résoudre, ni à de longues et douteuses controverses, mais nous allons voir nos adversaires eux-mêmes, les plus zélés partisans de l'ordonnance de 1629 ou du système de la revision au fond, arriver à une communion d'idées presque parfaite, presqu'unanime avec les défenseurs convaincus de la doctrine de non-revision, en ce qui touche les questions d'état et de capacité.

Parmi les nombreux auteurs dont nous avons consulté les ouvrages sur cette matière, nous n'en avons rencontré qu'un seul qui ait soutenu que les jugements étrangers rendus entre étrangers sur des questions d'état, n'avaient pas *de plano* l'autorité de la chose jugée en France. « Le principe d'après lequel « l'état et la capacité de la personne sont régis par « la loi de son domicile, ne s'applique qu'au fond « du droit; il n'exerce aucune influence ni sur la « compétence des autorités chargées de statuer, ni « sur la question de l'exécution des jugements (1). »

Nous ne partageons pas l'opinion de Fœlix, mais nous comprenons fort bien qu'il ait pu la concevoir et la produire à l'époque où il rédigea les remarquables articles qui devaient plus tard servir de base à son Traité de droit international.

Il faut bien le reconnaître, notre pays a toujours

(1) Fœlix, *op. cit.*, t. II, § 365, p. 107.

tenu les lois étrangères en suspicion systématique.
Imbus des idées romaines, qui ne pouvaient que
s'accentuer pendant la période impériale, les législateurs et les jurisconsultes du commencement du
siècle ne désiraient rien tant que d'élever une mu-
raille infranchissable entre la France et l'étranger.
Si nous ne craignions de nous répéter, nous dirions
qu'ils avaient érigé en principe la maxime romaine :
« *Adversùs hostem æterna auctoritas.* » Il fallut
donc une grande hardiesse et un certain esprit d'indépendance à Fœlix pour soutenir, de 1843 à 1848, les
idées nouvelles, pour ainsi dire inconnues, et considérées par beaucoup de personnes comme subversi-
ves et attentatoires aux droits sacrés de l'État, que
nous rencontrons dans son ouvrage.

Dans le système que nous avons adopté, et qui reconnaît aux sentences étrangères l'autorité de la chose jugée, aucune difficulté ne peut s'élever lorsqu'il
s'agit de savoir si les jugements réglant des questions d'état ont besoin d'être déclarés exécutoires
pour produire effet en France. Il est évident que l'*exequatur* n'est pas nécessaire.

Une décision d'un tribunal étranger a prononcé
l'interdiction d'un individu pour cause de démence
ou de fureur (1). Il y a là une simple constatation d'un
fait, une modification apportée à la capacité de cet

---

(1) Nous faisons naturellement une exception en ce qui concerne
les mesures de ce genre résultant d'actes purement politiques.

individu, et rien ne s'oppose à ce que ce nouvel état soit *de plano* reconnu en France, d'autant que nos tribunaux, si on leur avait demandé de statuer sur une affaire de ce genre se seraient, avec raison, déclarés incompétents, et auraient renvoyé les intéressés à se pourvoir devant leurs juges nationaux. Nos magistrats, par ce refus très-naturel, proclament, à notre avis, la compétence exclusive des tribunaux étrangers, et s'enlèvent par là-même tout droit d'examen sur les sentences que ces tribunaux rendront en cette matière.

« Reste à savoir si la puissance souveraine du pays
« où l'interdit se prévaut de son incapacité est inté-
« ressée à ce que le jugement d'interdiction soit rendu
« exécutoire. Il n'y a rien à exécuter, on le suppose;
« il n'y a qu'à reconnaître l'état de l'aliéné tel qu'il
« est déterminé par le jugement, puis à appliquer la
« loi étrangère. Dira-t-on que le jugement doit être
« revisé pour avoir un effet quelconque hors du terri-
« toire? Je réponds que la puissance souveraine du
« pays où le jugement est invoqué n'a aucun intérêt
« à exiger cette revision; son autorité n'est pas en-
« gagée dans ce débat, puisqu'il s'agit de l'incapa-
« cité d'un particulier, ce qui est une affaire d'in-
« térêt privé; et il est impossible que l'état de l'aliéné
« soit mieux apprécié hors du territoire où le ju-
« gement a été rendu, qu'il ne l'a été dans le pays
« même où l'interdiction a été prononcée. Il n'y a
« donc aucun motif de reviser le jugement; dès lors

« rien n'empêche qu'il produise effet partout (1). »

Les principes que nous avons posés, relativement à l'interdiction, s'appliqueront avec une égale vérité à la déclaration d'absence, aux jugements prononçant le divorce ou la nullité d'un mariage, en un mot à toutes les décisions judiciaires qui établissent ou modifient en quoi que ce soit le statut personnel.

On peut dire, en effet, que ce statut s'attache à la personne et la suit partout. C'est l'idée que nous trouvons exprimée dans l'art. 3 § 3 de notre Code civil, qui décide que les lois réglant l'état et la capacité des personnes régissent les Français, même résidant en pays étranger. Ce qui est vrai pour nos nationaux doit l'être aussi pour les étrangers qui viennent dans notre pays. Peu importe d'ailleurs que l'état de ces étrangers ait été fixé par une loi ou par un jugement; ce qu'il y a uniquement intérêt à savoir, c'est en quoi consiste cet état, et nullement par quels moyens il a été déterminé.

Mais, si nous admettons sans *exequatur* le jugement étranger statuant sur une question d'état, nous exigerons que ce jugement soit déclaré exécutoire par un tribunal français, lorsqu'on l'invoquera pour agir sur les biens, c'est-à-dire pour procéder à des actes d'exécution. Nous partageons sur ce point l'opinion de MM. Aubry et Rau, qui, nous l'avons vu plus haut, sont partisans de la distinction établie par

_____

(1) Laurent, *Droit civil international*, t. VI, p. 107.

l'ordonnance de 1629. « Du principe que le statut
« personnel des étrangers les suit en France, écri-
« vent-ils, on doit conclure que les jugements des
« tribunaux civils étrangers qui déclarent ou qui
« modifient l'état ou la capacité d'un sujet de leur
« pays, ont, *abstraction faite de leur exécution for-*
« *cée, et de leur application au détriment de tierces*
« *personnes*, le même effet en France que dans le
« pays où ils ont été rendus, sans qu'il soit néces-
« saire de les faire au préalable déclarer exécutoires
« par un tribunal français (1). »

Nous sommes loin de trouver dans la jurisprudence française le même accord que nous venons de
constater parmi les auteurs (2).

Si nous en croyons les paroles du procureur-général Dupin, il n'en serait pas ainsi. « Les auteurs,
« disait-il, au cours du célèbre réquisitoire qu'il
« prononça dans l'affaire dite du divorce (3), et la

---

(1) Aubry et Rau, *Cours de droit civil français*, t. I, § 31, 2°, d, p. 96.

(2) V. notamment : Aubry et Rau, *op. cit.*, t. I, *loc. cit.* et t. VIII,
§ 769 *ter*, p. 418. — Bard, *Précis de droit international*, § 240,
p. 310 et suiv. — Bonfils, *De la compétence des tribunaux français
à l'égard des étrangers*, § 287, p. 220. — Brocher, *Cours de droit
international privé*, t. III, § 35, p. 160 et suiv. — Demangeat sur
Fœlix, t. II, p. 108, note a. — Demolombe, *Cours de Code Napoléon*, t. I § 103, p. 124 — Despagnet, *Précis de droit international
privé*, § 244, p. 252. — Laurent, *loc. cit.* — Lemoine, *Effets produits
par les jugements étrangers en matière civile et commerciale*, p. 187
et suiv. — Moreau, *Effets internationaux des jugements*, p. 40 et s.
— Thévenet, *op. cit.*, p. 104 et suiv. — Weiss, *Traité élémentaire
de droit international privé*, p. 959 et suiv.

(3) Nous avons déjà parlé de cet arrêt de Cass. du 28 février
1860 ; S. 60. 1. 210.

« jurisprudence sont d'accord pour reconnaître que
« les jugements rendus sur des questions d'état,
« concernant la personne de leurs nationaux, n'ont
« pas besoin pour produire leur effet d'être rendus
« exécutoires par les tribunaux français. »

Il est vrai que la Cour de cassation est toujours
restée fidèle à la doctrine que soutenait en 1860 le
conseiller-rapporteur Sevin : « On connaît la célèbre
« distinction entre les statuts réels et les statuts per-
« sonnels. Suivant cette distinction, les biens sont
« soumis invariablement à la loi de leur situation, et
« par conséquent, les immeubles, même ceux possé-
« dés par des étrangers, sont régis par la loi fran-
« çaise. Mais les personnes sont régies quant à leur
« état par la loi de leur origine ; par suite, l'étranger
« est régi, en ce qui touche son état et sa capacité,
« par les lois de la nation à laquelle il appartient.
« Ce principe s'applique aux jugements rendus
« par des tribunaux étrangers sur des questions
« d'état concernant la personne de leurs nationaux ;
« ils n'ont pas besoin pour produire leur effet
« d'être rendus exécutoires par des tribunaux fran-
« çais (1). »

---

(1) Cass. req. rej., 6 juillet 1808 ; D. P. 69. 1. 207. —Cass., 15 juil-
let 1878 ; S. 78. 1. 320. — Sic, Douai, 5 mai 1830 ; S. 30. 2. 128. —
Orléans, 19 avril 1860 ; S. 60. 2. 196.—Trib. Seine, 26 décembre 1882 ;
J. D. I. P. 1883, p. 51. -- Trib. Seine, 3 avril 1883, J. D. I. P. 1883,
p. 515. — Annecy, 7 mai 1884 ; J. D. I. P. 1885, p. 438. — Trib.
Seine, 27 janvier 1885 ; J. D. I. P. 1885, p. 413. — Le tribunal de la
Seine a jugé tout dernièrement (4 décembre 1880), que le jugement

Mais, si la Cour suprême n'a pas varié depuis un quart de siècle, nous sommes forcés de constater que la jurisprudence de nos Cours d'appel et de nos tribunaux présente un caractère d'incertitude et d'instabilité vraiment regrettable. Nous avons cité dans une note plusieurs arrêts et jugements rendus pendant la période de cinquante années qui vient de s'écouler; toutes ces décisions sont conformes à la doctrine consacrée par l'arrêt de 1860. Malheureusement il n'en a pas toujours été ainsi, et il nous reste à signaler un certain nombre de sentences qui méconnaissent d'une façon absolue les sages errements suivis par la Cour de cassation, dès le principe, dès la première affaire de ce genre qui lui a été soumise.

Nous parlerons seulement de l'arrêt de la Cour de Pau du 17 janvier 1872, l'un des plus curieux qui aient été rendus en cette matière (1).

Maria Dolorès Galharaga, munie d'un jugement du tribunal de Pampelune reconnaissant sa filiation naturelle, réclamait sa part dans la succession de son père décédé. Ses adversaires lui opposaient que

---

de divorce rendu en pays étranger devait être transcrit sur les registres de l'état civil français, sans qu'il soit besoin d'*exequatur;* J. D. I. P. 1886, p. 712.

(1) S. 72. 2. 233; J. D. I. P. 1874, p. 77. — V. aussi deux arrêts qui décident que l'étranger légalement divorcé dans son pays ne peut contracter un autre mariage en France du vivant de son conjoint, Paris, 4 juillet 1859; S. 59. 2. 401. — Douai, 8 janvier 1877; S. 77. 2. 45.

la sentence des juges espagnols n'avait pas été rendue exécutoire en France et qu'elle ne pouvait par
conséquent y avoir aucune autorité. La Cour de Pau,
sur appel d'un jugement de Bayonne, commença par
déclarer que le principe du droit de revision consacré, disait-elle, par les art. 2123, C. civ. et 546, C. Pr., est
absolu : « Cette règle ne comporte aucune distinc-
« tion ni de personnes, ni de matières, puisant son
« unique raison d'être dans l'extranéité du pouvoir
« qui a statué. » Nous avons déjà montré que les articles 2123 et 546 n'avaient pas le sens que leur prête la
Cour de Pau. Comme l'observe très judicieusement
M. Laurent : « (la Cour) fait dire aux articles
« précités plus qu'ils ne disent; ils parlent de la
« *force exécutoire*, et non de l'autorité de la chose
« jugée (1). » Du reste, quand bien même les textes
accorderaient aux tribunaux français le pouvoir de
reviser les jugements étrangers, ce qui n'est pas,
faudrait-il en conclure que cette règle ne doive jamais
recevoir d'exception? « Il ne suffit pas de dire : les
« termes sont généraux. Cela s'appelle appliquer
« les principes mécaniquement; s'il est vrai que les
« principes c'est tout le droit, il ne faut jamais per-
« dre de vue que les motifs sont tout le principe, son
« essence et son âme (2). »

La Cour de Pau reconnaît : « qu'il est constant que
« l'état d'une personne est régi par la loi de sa

---

(1) Laurent, t. VI, p. 176.
(2) Laurent, *eod. loc.*

« nation, et que les tribunaux français doivent, le cas
« échéant, juger d'après les lo's étrangères les ques-
« tions relatives à l'état des étrangers. » La Cour pense-
t-elle, en proclamant hautement son système de revision, que les tribunaux du pays de l'étranger soient
moins aptes que les nôtres à interpréter leur loi nationale, surtout en ce qui concerne la détermination du
statut personnel ? Elle avoue, d'ailleurs, qu'en pareille matière, nos magistrats sont tenus de procéder à
leur vérification avec la plus grande circonspection,
et qu'ils doivent jusqu'à preuve du contraire attacher
une présomption de bien-jugé à la sentence étrangère.

Il nous semble que la Cour admet bien par ces
restrictions que les jugements statuant sur des questions d'état n'ont pas absolument le même caractère que les jugements ordinaires; c'est ce dont
nous sommes fermement persuadés. « Il ne s'agit
« pas ici d'un droit se rapportant à une chose du
« monde extérieur, mais de l'état même de la per-
« sonne, c'est-à-dire de cet ensemble de qualités qui
« constituent la position de l'individu en tant qu'on
« le considère comme membre de l'association poli-
« tique ou de la famille à laquelle il appartient. Or
« cette matière spéciale est, par la nature des choses,
« l'objet d'une réglementation spéciale dans chaque
« législation (1). »

Voilà pourquoi nous prétendons que les jugements

---

(1) Thévenet, *op. cit.*, p. 103.

réglant l'état et la capacité des personnes étrangères, doivent, en raison même de leur caractère tout particulier, jouir en France sans *exequatur* de l'autorité de la chose jugée.

§ 3. — *Actes de juridiction volontaire.*

Il nous faut avant tout déterminer aussi exactement que possible ce qu'il convient d'entendre par juridiction volontaire ou gracieuse, et par juridiction contentieuse. Fœlix a emprunté à un auteur allemand, à Glück, une définition qui nous paraît satisfaisante. « La juridiction contentieuse a pour
« objet l'examen et la décision des causes litigieuses,
« ainsi que l'exécution des décisions; tandis que la
« juridiction volontaire s'exerce dans les affaires qui
« n'offrent point de contestation, et dans lesquelles
« la personne chargée de l'exercice de cette juridic-
« tion, n'a qu'à accorder une confirmation ou une
« attestation publique (1). »

Il serait trop long d'énumérer tous les actes qui se rattachent à l'exercice de la juridiction volontaire, tels que les nominations de curateurs (art. 112, 812, 2174, C. civ.), l'homologation des délibérations d'un conseil de famille (art. 458, C. civ.), etc. Mais on peut voir par ces quelques exemples empruntés à notre législation, que la principale fonction du tribunal dans ces sortes d'affaires est de revêtir d'un caractère

---

(1) Fœlix, *op. cit.*, t. II, § 316, p. 37.

d'authenticité des actes ou des conventions entre particuliers. Il serait donc, non-seulement rigoureux, comme on l'a dit (1), mais même injuste de refuser toute force à de semblables sentences, tant qu'elles n'ont pas été déclarées exécutoires par un tribunal français.

Ne l'oublions pas, en effet, les magistrats étrangers ont agi dans une certaine mesure comme officiers publics lorsqu'ils ont donné par leur jugement le cachet officiel à un acte privé, et il serait vraiment bizarre d'astreindre aux formalités de l'*exequatur* un titre couvert par la garantie d'un tribunal entier, alors qu'on admettrait *de plano* à produire effet en France un acte émané du plus modeste notaire d'un pays voisin. Nous nous trouvons en présence d'une extension très naturelle de la maxime « *locus regit actum* » (2); il faudra seulement recourir à l'intervention des magistrats français, et leur demander de rendre exécutoire la sentence étrangère, lorsque cette sentence devra aboutir à des actes d'exécution proprement dite (3).

---

(1) Moreau, *Effets internationaux des jugements*, p. 56.

(2) Valette, *Mélanges*, t. I, p. 337. — Despagnet, *Précis de droit international privé*, § 245.

(3) Paris, 13 mars 1850; S. 51. 2. 701. — Cass., 9 mars 1853; S. 53. 1. 269. — La Cour de Pau a décidé qu'une sentence de la Cour de chancellerie anglaise, statuant sur des mesures provisoires à prendre dans l'intérêt d'un mineur anglais résidant en France, présentait tous les caractères d'un jugement et qu'il y avait lieu de la réviser au fond. Pau, 6 janvier 1868; S. 68. 2. 100. — V. aussi : Trib. Nantes, 18 avril 1872 et Rennes, 20 novembre 1873; J. D. I. P. 1876, p. 105, au mot : *Ordonnance étrangère*.

Les partisans du système de la revision et ceux de l'ordonnance de 1629, dans les cas où les intérêts d'un de nos nationaux sont engagés, s'ils étaient conséquents avec eux-mêmes, ne devraient pas, il nous semble, accorder aux actes de juridiction gracieuse une force qu'ils dénient aux actes de juridiction contentieuse. Nous savons qu'ils partent de cette idée que les jugements rendus par les tribunaux d'un État sont une émanation du pouvoir souverain de cet État, et ne peuvent par conséquent produire effet dans les limites d'une autre souveraineté. En bonne logique on ne comprend pas pourquoi on établirait une distinction en faveur de certaines décisions présentant, il est vrai, un caractère spécial mais prononcées, après tout, par ces mêmes magistrats, aux sentences desquels on refuse l'autorité de la chose jugée lorsqu'elles ont statué sur une question litigieuse. Dans l'une et l'autre hypothèses, le principe de l'indépendance des États nous paraît aussi gravement engagé.

Aussi nos adversaires se voient-ils dans la nécessité d'invoquer des motifs d'utilité générale, et d'en revenir jusqu'à un certain point à la vieille et bien peu solide théorie de la *comitas inter gentes* (1). « Des considérations de convenance réciproque et « d'utilité commune, lisons-nous dans Aubry et Rau, « ont fait admettre en France, comme dans les

---

(1) Fœlix, *op. cit.*, t. II, p. 187.

« autres États, et ce, par extension de la maxime *lo-*
« *cus regit actum* », que les actes de juridiction vo-
« lontaire passés ou reçus régulièrement dans un
« pays devaient, sauf la force d'exécution, avoir effet
« dans tout autre pays, et notamment jouir partout
« de la même force probante (1). »

Pour nous, fidèles au système que nous n'avons
pas cessé de suivre jusqu'ici, nous n'hésiterons pas
à décider, avec M. Bonfils, que les actes de juridiction volontaire jouissent dans les pays étrangers
de l'autorité de la chose jugée sous une triple condition, qui vise uniquement la force extérieure de
l'acte, et ne touche en rien au fond du droit.

Nous exigerons d'abord que l'acte soit l'œuvre
d'un magistrat, officier public investi, par la loi du
lieu de la confection de l'acte même, du pouvoir d'y
procéder. Il faudra ensuite que les formes prescrites
par la loi du pays étranger aient été respectées.
Enfin le contenu du titre devra être conforme au
statut qui régit la personne à laquelle l'acte se rapporte (2).

§ 4. — *Des sentences arbitrales.*

En nous occupant de l'exécution des sentences

---

(1) Aubry et Rau, *op. cit.*, § 769 *ter*, p. 420.
(2) Bonfils, *De la compétence des tribunaux français à l'égard des étrangers*, § 211, p. 200.

arbitrales étrangères en France, nous avons cru utile de traiter en même temps la question de savoir quel est le juge qui doit les rendre exécutoires. Sera-ce le président du tribunal ou le tribunal tout entier? Nous ne voyons pas qu'il s'agisse ici de compétence proprement dite, aussi avons-nous pensé qu'il était préférable de ne pas renvoyer l'examen de cette question au chapitre que nous avons spécialement consacré à la compétence des tribunaux français en matière d'*exequatur*.

Les art. 2123 du Code civil et 546 du Code de procédure civile ne parlent pas de l'exécution en France des sentences arbitrales rendues en pays étranger. Que devons-nous conclure de ce silence de la loi? Assimilerons-nous les sentences arbitrales aux jugements étrangers, et exigerons-nous pour les unes comme pour les autres l'*exequatur* d'un de nos tribunaux, ou bien les considèrerons-nous purement et simplement comme des décisions arbitrales prononcées en France par des arbitres français, décisions qui tirent, aux termes de l'art. 1020, C. Pr., leur force exécutoire de l'ordonnance rendue par le président du tribunal de première instance dans le ressort duquel elles ont été prononcées. ·

Il importe avant tout d'établir une distinction entre deux sortes d'arbitrage, l'arbitrage forcé et l'arbitrage volontaire.

Si les plaideurs, désireux d'éviter un recours aux

10

tribunaux, ont librement et spontanément désigné une ou plusieurs personnes auxquelles ils ont confié le soin de trancher leur litige, soit que le choix des arbitres ait lieu au moment où les difficultés se présentent, soit que, prévoyant les difficultés qui pourraient s'élever sur l'exécution de la convention passée entre elles, les parties aient d'avance fait ce choix, nous dirons qu'il y a arbitrage volontaire.

Il y aura, au contraire, sentence arbitrale forcée, lorsque la loi d'un pays imposera aux parties l'obligation de se soumettre dans certains cas à la décision de personnes privées nommées par elles-mêmes, ou par les tribunaux. En France, ce second mode d'arbitrage n'existe plus, depuis que la loi du 17 juillet 1856 a abrogé les art. 51 à 63 du Code de commerce. L'art. 51 portait que les contestations, entre associés, et pour raison de société, seraient jugées par des arbitres.

Supposons maintenant une sentence arbitrale volontaire prononcée par des arbitres étrangers ; peu importe, d'ailleurs, que cette décision ait été rendue en France ou dans un pays étranger, car ce n'est pas le lieu où elle a été arrêtée que nous devons considérer, mais bien la qualité et la nationalité des personnes dont elle émane. Quelle force aura-t-elle en France ?

Rappelons-nous que l'arbitre volontaire puise uniquement ses pouvoirs dans la volonté des parties, et que celles-ci, maîtresses de leurs droits et de leur confiance, peuvent librement porter leur choix sur

toute personne (1). Nous arriverons alors inévitable‑
ment à dire, avec M. Larombière, que : « l'arbitrage,
« considéré comme convention, appartient au droit
« des gens et établit entre les contractants un lien
« obligatoire de droit. L'arbitre, quel qu'il soit, et en
« quelque lieu qu'il rende sa sentence, juge, non point
« en magistrat revêtu d'une autorité publique quel‑
« conque, mais en simple particulier investi de la
« confiance des parties, et en vertu du mandat privé
« qu'il en a reçu. Il n'a ainsi aucune espèce de juri‑
« diction publique ni territoriale (2). »

Du reste, il est bon de remarquer que tous les au‑
teurs s'accordent pour assimiler les sentences étran‑
gères d'arbitrage volontaire aux sentences arbitrales
françaises, et que personne parmi les partisans de la
revision au fond ne prétend appliquer ce système en
cette matière (3).

Mais il ne suffit pas de constater que le *pareatis*
doit être accordé sans examen préalable du fond aux

___

(1) Chambéry, 15 mars 1876 ; J. D. I. P. 1876, p. 101 au mot
Arbitre.
(2) Larombière, *Théorie et pratique des obligations*, t. VII, sur
l'art. 1351, § 7.
(3) Aubry et Rau, *op. cit.*, t. VIII, p. 418. — Bonfils, *op. cit.*,
p. 263, § 281. — Brocher (Ch.), *Cours de droit international privé*,
t. III, p. 150. — Despagnet, *op. cit.*, p. 269, § 263. — Dragoumis, *De
la condition civile de l'étranger en France*, p. 117. — Fœlix et
Demangeat, *op. cit.*, t. II, p. 101. — Massé, *op. cit.*, t. II, p. 86,
§ 815. — Moreau, *op. cit.*, p. 50. — Thévenet, *op. cit.*, p. 87, § 105.
— Weiss (André), *op. cit.*, p. 963, note 1. — Paris, 16 décembre 1809;
D. C. 3. 2. 101 ; S. 10. 2. 108. — Paris, 7 janvier 1833; S. 33. 2. 145.

sentences arbitrales étrangères ; il nous faut encore nous demander à qui il appartiendra de les déclarer exécutoires. Nous croyons, pour notre part, que la question ne se pose même pas ; dès l'instant que nous considérons comme ayant égale force la décision étrangère et la décision française, nul doute qu'il faille appliquer à l'une comme à l'autre les mêmes règles, c'est-à-dire l'art. 1020 du Code de procédure civile ; le président du tribunal de première instance rendra une ordonnance d'exécution, et la sentence prononcée par des arbitres étrangers, volontairement désignés par les plaideurs, produira en France tous ses effets (1).

De tous les auteurs que nous venons de citer plus haut, un seul n'admet qu'avec certaines restrictions la solution que nous avons donnée. C'est Massé (2). D'après lui, si la sentence arbitrale est présentée toute nue aux magistrats français, rien de plus simple ; on appliquera l'art. 1020 du Code de procédure. Mais il pourra arriver que la décision des arbitres étrangers soit devenue exécutoire dans le lieu où elle a été rendue ; il sera nécessaire alors d'établir une distinction, ou bien l'*exequatur* aura été donné par le président du tribunal, agissant seul, par voie d'ordonnance, ou bien cet *exequatur* émanera du tribunal tout entier.

---

(1) Montpellier, 21 juillet 1882 ; J. D. I. P. 1884, p. 70 au mot *Sentence arbitrale*.

(2) Massé, *op. cit.*, t. II, p. 87.

Au premier cas, ce sera encore le président seul du tribunal français, dans le ressort duquel il s'agira d'exécuter la sentence, qui la revêtira de la formule exécutoire : « car, on ne comprendrait pas pourquoi « un tribunal entier serait appelé à déclarer exécu- « toire l'ordonnance d'un juge unique, quand c'est « le président seul qui, en France, est appelé à rendre « la même ordonnance. » Dans la seconde hypo- thèse, au contraire, « si la sentence a été rendue exé- « cutoire en pays étranger par un tribunal entier, « c'est le tribunal entier qui doit, en France, lui ren- « dre le même office, en déclarant exécutoire le juge- « ment d'homologation (1). »

Nous avouons ne pas comprendre la doctrine de Massé. Pour quelles raisons exige-t-il l'intervention du tribunal ? Sur quels textes s'appuie-t-il pour légi- timer cette intervention ? « C'est moins la sentence « que l'ordonnance même du juge étranger qu'il s'a- « git de rendre exécutoire », nous dit-il. Cette asser- tion n'est pas exacte, et nous le montrerons tout à l'heure. Elle présente un plus grand inconvénient, c'est d'être en complète contradiction avec ce que nous lisons à la page précédente de son excellent Traité. Il y a là quelques lignes vraiment caractéris- tiques que tous les bons esprits approuveront sans aucun doute avec nous, et qu'il est indispensable de

---

(1) M. Moreau, *op. cit.*, p. 60, § 51, nous paraît assez disposé à adopter la théorie de Massé.

reproduire intégralement : « Il est évident que quel-
« que système qu'on adopte sur les devoirs des au-
« torités françaises appelées à rendre exécutoires les
« actes des tribunaux étrangers, et alors même qu'on
« leur accorderait le droit de les reviser, ces autorités
« ne sauraient avoir le même pouvoir à l'égard des sen-
« tences arbitrales qui, n'étant que l'expression de la
« volonté des parties, ne sont pas susceptibles de re-
« vision comme les jugements proprement dits puis-
« que la volonté des parties doit être partout exécutée,
« et n'est pas limitée dans ses effets par les frontières
« qui limitent le territoire et l'autorité territoriale. »

Nous avons dit que Massé nous semblait faire
une confusion lorsqu'il affirmait que c'était moins
la sentence arbitrale elle-même que l'ordonnance
du juge étranger qu'il s'agissait de rendre exécutoire en France. On ne saurait admettre, en effet, qu'un
changement soit produit dans le caractère fondamental de la décision des arbitres, par ce seul fait qu'elle
aura reçu l'*exequatur* d'un tribunal étranger. « Elle
« est toujours l'expression de la volonté des parties,
« et le jugement étranger d'homologation ne fait pas
« qu'elle émane de la puissance souveraine (1). »
D'ailleurs, pour quels motifs et de quel droit interdi-
rait-on aux parties de se prévaloir de la sentence
arbitrale toute seule et de la présenter à l'*exequatur*
du magistrat français, en faisant abstraction du ju-

---

(1) Bonfils, *op. cit.*, p. 265, § 282.

gement qui l'a homologuée. La distinction proposée par Massé est donc parfaitement arbitraire, car, ainsi que l'observe très justement M. Demangeat : « la « force exécutoire en France est indépendante des « formes nécessaires pour produire cette même force « exécutoire en pays étranger (1). »

Si, au lieu d'un arbitrage volontaire, nous nous trouvons en présence d'une sentence rendue par des arbitres forcés, les circonstances n'étant plus les mêmes, il sera tout naturel d'appliquer à l'*exequatur* de cette décision des règles différentes de celles que nous venons d'exposer. Il ne s'agit plus, en effet, d'une sorte de contrat librement passé entre les plaideurs au moment de la nomination par eux des personnes qui devront mettre fin à leur contestation. On peut dire que nous allons rencontrer ici un jugement tout à fait assimilable à un acte de juridiction contentieuse. « La juridiction arbitrale, alors qu'elle « est forcée, forme une institution publique qui par- « ticipe, par le principe même de son établissement, « du caractère public et politique des autres juridic- « tions de la nation étrangère (2). » Nous considérons donc les sentences d'arbitrage forcé rendues en pays étrangers comme de véritables jugements, et nous les soumettrons sans hésiter, quelle que soit la force exécutoire qu'elles aient reçue dans leur pays d'ori-

(1) Demangeat sur Fœlix, t. II, p. 162, note a.
(2) Larombière, *op. cit.*, t. VII, sur l'art. 1351, n° 7.

gine, à l'*exequatur* du tribunal français tout entier (1). Les partisans de la revision au fond exige-
ront même cette revision (2). Pour nous, nous éta-
blirons entre la force exécutoire et l'autorité de la
chose jugée, la même distinction que nous avons
déjà faite, lorsque nous nous sommes occupés des
jugements prononcés en matière contentieuse. Il est
donc inutile de revenir sur cette question.

Il est évident qu'aucune difficulté sérieuse ne s'é-
lèvera toutes les fois que la nature de la sentence
arbitrale sera exactement déterminée. Mais il pourra
arriver que le caractère de cette décision soit incer-
tain. Ou bien le compromis n'aura pas confié aux
arbitres primitifs le droit de désigner un tiers-arbi-
tre chargé de les départager, ou bien l'accord n'aura
pu s'établir sur la personne du tiers-départiteur. Le
tribunal sera forcé d'intervenir pour la nomination
de ce troisième arbitre. Y aura-t-il alors un arbitrage forcé proprement dit, ou un arbitrage volontaire?
La jurisprudence incline avec raison, selon nous,
dans le premier sens (3). Il est certain, en effet, que

---

(1) Bonfils, *op. cit.*, p. 260, § 285. — Dragoumis, *op. cit.*, p. 117.
— Massé, *op. cit.*, t. II, p. 87, n° 816. — Weiss, *loc. cit.*

(2) Aubry et Rau, *op. cit.*, t. VIII, p. 419. — Despagnet, *op. cit.*,
p. 270. — Fœlix, *op. cit.*, t. II, § 426. — Valette, *Mélanges*, t. I,
p. 351. — Paris, 22 juin 1843; S. 43. 2. 316.

(3) Cass., 16 juin 1840; S. 40. 1. 583. — La Cour de Paris, dans
son arrêt précité du 22 juin 1843; S. 43. 2. 316, a décidé que l'arbitrage ordonné dans une affaire pendante entre un Français et un
étranger, par un tribunal étranger et accepté seulement par le

l'arbitre nommé dans de semblables conditions, « ne « sera plus exclusivement choisi par les parties; il « sera le délégué de la puissance publique; la sen- « tence qu'il rendra ou à laquelle il prendra part, « sera un acte de juridiction (1). »

§ 5. — *Jugements des consuls de France; justices mixtes.*

Dans les pays chrétiens, les pouvoirs de juridiction de nos consuls sont des plus restreints. Nous en trouvons cependant quelques exemples dans notre Code de commerce. En matière de jet, l'état des pertes et dommages sera dressé par des experts nommés par le consul de France, si la décharge se fait dans un port étranger (art. 414, § 4, Co.). De même la répartition de ces pertes et dommages dans les ports étrangers sera rendue exécutoire par le consul français (art. 416, Co.). Enfin ces fonctionnaires seront appelés à constater l'innavigabilité des bâtiments (art. 234 et 237, Co.). Ce sont là, d'ailleurs, tous actes de juridiction gracieuse.

Au contraire, nos consuls jouissent d'une compétence fort étendue dans les pays soumis au régime des capitulations et dans plusieurs États d'extrême-

---

représentant du Français, constituait un arbitrage forcé et qu'il y avait lieu à revision au fond.
· (1) Fœlix, *op. cit.*, t. II, p. 464. — *Sic*, Bonfils, *op. cit.*, § 286. — Larombière, *loc. cit.* — Massé, *loc. cit.*

Orient (1). C'est l'ordonnance sur la marine de 1681 qui sert encore de base aujourd'hui au pouvoir judiciaire des consuls. L'art. 35 de cette ordonnance s'exprime ainsi : « Quant à la juridiction tant en « matière civile que commerciale, les consuls se « conformeront aux usages et aux capitulations « faites avec les souverains des lieux de leur établis- « sement. »

L'art. 1er de l'Edit de juin 1778 n'a fait que confirmer ces dispositions : « Nos consuls connaîtront en « première instance des contestations, de quelque « nature qu'elles soient, qui s'élèveront entre nos « sujets, négociants et autres, dans l'étendue de leurs « consulats (2). »

Comme on le voit, la juridiction de nos agents consulaires présente un caractère tout spécial. Ajoutons, qu'en raison de la profonde dérogation qu'elle apporte aux principes généraux du droit public, qui exigent que la justice soit rendue dans un pays au nom du souverain de ce pays, et par les fonctionnaires qu'il a institués à cet effet, cette juridiction ne peut s'exercer qu'en vertu de traités. Les conventions de ce genre conclues avec les Etats musulmans portent le nom de capitulations.

---

(1) Les consuls exercent la juridiction civile, commerciale et même criminelle dans les pays du Levant, en Barbarie, en Chine, au Japon et dans l'imanat de Mascate (V. Block, *Dictionnaire de l'administration française* au mot *consul*, n° 20-1°).

(2) V. sur cette question un article non signé dans le J. D. I. P. 1881, p. 508 et suiv.

Depuis la charte de 1535 intervenue entre François Ier et Suleyman Ier le Canoniste, le droit pour nos consuls de juger leurs nationaux fut successivement confirmé par les capitulations de 1569, 1581, 1597, 1604, 1614, 1635, 1640, 1649, 1675, 1740. Ce grand nombre de dates différentes tient à ce que les chartes personnelles au souverain qui les acceptait devaient être renouvelées à l'avénement de chaque Sultan. Cependant, la capitulation de 1740 fut déclarée définitive par Mahmoud Ier, en reconnaissance des services qui lui avaient été rendus par la France dans ses démêlés avec la Russie et le Saint-Siège (1).

Les jugements rendus par nos consuls sont-ils soumis à la nécessité de l'*exequatur* d'un tribunal de la métropole pour y produire effet? Evidemment non; les sentences consulaires sont directement exécutoires en France, par cette raison que ce sont des magistrats français, tenant leurs pouvoirs de la souveraineté française, qui les ont prononcées. Dès lors il est peu important que ces magistrats aient agi en tel ou tel endroit. Leurs jugements sont des jugements français, et ce qui le prouve de reste, c'est qu'ils sont susceptibles d'appel devant les Cours de France (2).

---

(1) Art. 85 de la Charte de 1740 écrite le 4 de la lune de Rebiul-ewel, l'an de l'Hégire 1153 (Timmermans, *La réforme judiciaire en Égypte et les capitulations*, p. 23 et la note 4).

(2) L'appel devra être porté devant la Cour d'Aix pour les sentences rendues dans les Echelles du Levant ou sur les côtes

Il est vrai que nos vieilles ordonnances parlaient d'un *parealis* à accorder aux décisions de nos consuls. Cela n'implique nullement qu'il faille aujourd'hui les revêtir de l'*exequatur* conformément à l'art. 2123 du Code civil. Nous avons vu, en effet, dans notre introduction historique que le *parealis* était exigé toutes les fois qu'il s'agissait d'exécuter l'arrêt d'un Parlement dans le ressort d'un autre Parlement. En proclamant la nécessité du *parealis* pour les jugements rendus par les consuls, on les traitait simplement comme ceux qui étaient prononcés sur le territoire de la métropole; on leur appliquait alors les règles du droit commun; nous devons en faire autant aujourd'hui.

En résumé, les sentences consulaires jouissent en France *de plano* de l'autorité de chose jugée et de la force exécutoire; elles emportent aussi hypothèque judiciaire.

En Tunisie, les Français étaient justiciables de la juridiction consulaire; l'établissement de notre protectorat en 1881 ne fit pas cesser cet état de choses, et pendant près de deux années (1) le régime des capitulations continua à subsister. Les sentences

---

d'Afrique; pour les sentences rendues ailleurs, devant la Cour d'appel la plus proche du lieu où la sentence aura été prononcée (J. D. I. P. 1881, p. 511).

(1) La convention de Kassar-Saïd a été conclue le 12 mai 1881 et la loi qui a organisé la juridiction française en Tunisie porte la date du 27 mars 1883.

rendues par les consuls de France, soumises aux
règles que nous venons d'exposer, étaient naturellement exécutoires de plein droit en France. Mais, les
consuls étrangers conservant leurs pouvoirs de juridiction à l'égard de leurs nationaux, il s'ensuivait
que, sur un sol protégé par notre gouvernement,
fonctionnait une organisation judiciaire telle, que
des magistrats étrangers pouvaient rendre des sentences dans un pays faisant pour ainsi dire partie
de la France. Ces jugements consulaires, bien
qu'exécutoires dans toute l'étendue de la Régence,
n'en constituaient pas moins des jugements étrangers pour les tribunaux français et restaient soumis
aux formalités de l'*exequatur*.

La loi du 27 mars 1883, en établissant en Tunisie
un tribunal français et six justices de paix remédia
à cet inconvénient et à tous ceux qui pouvaient résulter du maintien des capitulations. Désormais, tous
les Etats européens ayant adhéré aux propositions
qui leur avaient été faites à ce sujet (1), les capitulations peuvent être considérées comme abolies dans

---

(1) Nous croyons intéressant de rappeler à quelles dates les
diverses puissances ont renoncé à jouir du bénéfice des juridictions consulaires. Suède et Norvège (25 juillet 1883); Danemarck (25 septembre 1883); Angleterre (1er janvier 1884); Espagne
(17 janvier 1884); Allemagne (1er février 1884); Belgique (17 février
1884); Portugal (février 1884); Grèce (21 mars 1884); Autriche
(1er juillet 1884); Italie (1er août 1884); Russie (5 août 1884); Pays-
Bas (1er novembre 1884). — Nous devons ces renseignements à la
gracieuse obligeance de M. Georges Benoît, secrétaire d'ambassade
à Tunis.

la Régence de Tunis. Les jugements des juges de paix, et du tribunal de première instance, les appels de ces derniers pouvant être portés devant la Cour d'Alger, sont des jugements français, valables en France au même titre que ceux de nos tribunaux coloniaux (1).

Nous devons dire un mot des commissions mixtes instituées en 1820 à Constantinople. Aux termes d'un accord verbal intervenu entre la France, l'Angleterre, la Russie et l'Autriche, les contestations entre individus de nationalités différentes étaient portées devant un tribunal arbitral composé de trois membres. Le choix de deux de ces membres appartenait à la légation du défendeur, la nomination du troisième étant réservée à la légation du demandeur.

Quelle peut être la valeur en France de sentences rendues dans de semblables conditions? Il est incontestable qu'on ne saurait les assimiler à des jugements français, puisque les juges, appartenant à des nationalités différentes, n'ont reçu aucune investiture de notre gouvernement, et que cette juridiction a été établie non pas en vertu d'un traité international, mais par suite d'un simple accord diplomatique.

Les décisions des commissions mixtes ne peuvent

---

(1) V. dans l'*Annuaire de législation française* (3ᵉ année, p. 147 et suiv.) le texte de la loi du 27 mars 1883 et la notice de M. Jules Challamel. — Voir aussi un article publié sur cette question par M. R. Lenepveu de Lafont dans le *Journal de droit international privé*, 1883, p. 437 et suiv.

donc, à notre avis, être considérées que comme des sentences arbitrales. Les parties seront toujours libres de décliner la compétence de ces arbitres; car il ne s'agit pas ici d'un arbitrage volontaire, mais bien d'un arbitrage forcé, le soin de désigner les personnes qui devront statuer sur le litige appartenant à la légation et non au plaideur. C'est pour la même raison que nous croyons qu'il faudra appliquer à ces décisions les art. 2123 du Code civil et 546 du Code de procédure civile (1). Observons, du reste, que dans la pratique, la juridiction des commissions mixtes est tombée en désuétude (2).

Arrivons à l'Egypte, et aux jugements des tribunaux mixtes. En 1841, l'Egypte après avoir soutenu de nombreuses guerres contre la Turquie et servi durant bien des des années de véritable pomme de discorde aux puissances européennes, rôle qu'elle conservera probablement longtemps encore, devint un Etat mi-souverain héréditaire sous le sceptre de Méhémet-Ali, en vertu des firmans des 12 février et 1er juin 1841. Ce dernier acte, par lequel le Sultan donnait l'investiture définitive à son vassal, maintenait le régime des capitulations dans les pays soumis à l'autorité du vice-roi.

---

(1) Moreau, *op. cit.*, p. 82. — D'après la convention de 1820, les sentences des commissions mixtes étaient homologuées par le tribunal de la légation du défendeur, qui était chargé de pourvoir à leur exécution. — Féraud-Giraud, *Les justices mixtes dans les pays hors chrétienté*, p. 109.

(2) Despagnet, *op. cit.*, § 262, p. 268.

Le grand nombre de juridictions consulaires, il y en avait dix-sept en Egypte, loin de faciliter l'expédition des affaires ne faisait que les compliquer, et rendait les procès interminables. Aussi le besoin d'une réforme judiciaire ne tarda-t-il pas à se faire sentir. Cette réforme s'opéra très-lentement, la première note du gouvernement égyptien au gouvernement français fut transmise en 1867, et la commission chargée d'élaborer un projet d'organisation judiciaire ne se réunit au Caire que le 18 octobre 1869. Sept puissances, dont les Etats-Unis de l'Amérique du Nord, étaient représentées dans cette commission.

Il fallut encore cinq années de travaux préparatoires avant d'aboutir à l'institution des tribunaux mixtes qui fonctionnent actuellement en Egypte. Notre gouvernement n'adhéra à la réforme qu'en 1874 (18 septembre) en réservant toutefois l'approbation de l'Assemblée nationale. Contrairement aux conclusions de sa commission présentées par M. Rouvier, l'Assemblée adopta le projet qui lui était proposé et qui devint la loi du 17 décembre 1875 (1).

La nouvelle organisation comprend trois tribu-

(1) Nous avons emprunté ces détails à la brochure de M. Féraud-Giraud « *Les justices mixtes dans les pays hors chrétienté* », p. 34, note 4, qu'on pourra utilement consulter sur l'organisation des tribunaux mixtes en Égypte, ainsi, du reste, que la brochure déjà citée de M. Timmermans : « *La Réforme judiciaire en Égypte et les capitulations* ». — V. sur cette question une étude de M. Louis Renault, dans le *Bulletin de la Société de législation comparée*, t. IV, 1874-1875, p. 255 et suiv.

naux de première instance et une Cour d'appel sié-
geant à Alexandrie, composés ainsi que leur nom
l'indique, pour partie de magistrats musulmans, et
pour partie de juges européens, ces derniers l'emportant toujours en nombre sur les indigènes, mais
tous recevant directement l'investiture du khédive.
Quant aux Codes que les tribunaux mixtes doivent
appliquer, ils ont été calqués sur les Codes français.

La réforme de 1875 constitue-t-elle un progrès réel,
et présente-t-elle pour nos nationaux des garanties
plus précieuses que celles que leur assurait l'ancien
régime des capitulations, ou bien doit-on la considérer comme une innovation dangereuse dans l'établissement de laquelle notre pays a joué le rôle de dupe?
Faut-il dire, avec M. Féraud-Giraud, que la seule
énumération des diverses nationalités des magistrats
qui font partie des tribunaux mixtes, « rappelle
« involontairement l'imbroglio de la tour de Ba-
« bel » et qu'il y a tout lieu de « suspecter la partia-
« lité qu'un sentiment national inspire, alors que
« c'est en raison même de cette nationalité qu'on
« a été choisi comme juge (1). »

Ces questions sont assurément fort graves, et mé-
riteraient, sans aucun doute, d'être sérieusement
approfondies; mais une semblable étude nous entraînerait en dehors des limites de notre sujet, et nous
croyons en avoir bien assez dit sur l'organisation et

---

(1) Féraud-Giraud, *op. cit.*, p. 42 et 43.

11

le fonctionnement des justices mixtes en Egypte pour arriver à la solution de la question qui nous intéresse véritablement : Quels effets les sentences des tribunaux égyptiens produiront-elles en France ?

On a prétendu que le jugement rendu par un tribunal mixte était dans une certaine mesure un jugement français : « Le pouvoir de juger en cette ma-
« tière a été conféré au tribunal mixte par une loi que
« le parlement français a votée le 17 décembre 1875,
« qui a été promulguée le 25 décembre, à laquelle
« étaient annexés un règlement d'organisation judi-
« ciaire et des codes qui ont été approuvés en même
« temps, et déclarés lois obligatoires pour les Fran-
« çais résidant en Egypte. C'est donc un jugement
« rendu conformément à des lois françaises par un
« tribunal auquel la France a donné la mission ex-
« presse et exclusive de juger. Le tribunal a rempli sa
« mission ; il y a donc chose jugée. Reviser le pro-
« cès, ce serait se substituer à la seule autorité ju-
« diciaire légalement constituée, ce serait commettre
« une forfaiture. Que faut-il donc faire ? En assurer
« l'exécution dans le ressort de la juridiction fran-
« çaise, et donner mandat aux officiers de justice
« de s'y conformer et d'y prêter mainforte (1). »

L'honorable directeur de l'école de droit du Caire nous semble avoir été beaucoup trop loin ; son argu-

---

(1) Vidal-Bey, *De l'exécution en Egypte des jugements rendus à l'étranger* (Extrait du bulletin de l'*Institut égyptien*, année 1885, p. 107), p. 11 de la brochure.

montation serait encore parfaitement contestable si
tous les membres des tribunaux mixtes étaient de
nationalité française, ce qui n'est pas le cas. Ce qu'il
importe surtout de remarquer c'est que les magistrats des tribunaux mixtes reçoivent l'investiture du
khédive, au nom duquel ils rendent la justice. Ce sont
donc des magistrats égyptiens, et leurs jugements
sont des jugements égyptiens. Par conséquent, nous
ne voyons pas pourquoi on ferait une faveur à ces
sentences, qui présentent tous les caractères de vrais
jugements étrangers, en les traitant plus libérale-
ment que les décisions d'une Cour anglaise, ou d'un
tribunal allemand.

Dans un article qu'il a publié dans le *Journal
de droit international privé* (1), M. Paul Fauchille, sans assimiler complétement les jugements
des tribunaux mixtes d'Egypte à des jugements
français, estime cependant que : « déclarer que les
« décisions de ces tribunaux ne doivent pas avoir
« plus de force en France que les jugements exclu-
« sivement étrangers, ce serait ne pas tenir compte
« de l'élément français qui entre dans la composi-
« tion des juridictions mixtes. »

La conclusion à laquelle arrive M. Fauchille, partisan de la revision au fond des sentences étrangères, se rapproche du reste beaucoup du système que

(1) Fauchille (Paul), *De l'exécution en France des jugements rendus
par les tribunaux mixtes d'Égypte*, J. D. I. P. 1880, p. 457 et suiv.

nous avons adopté, lorsque nous avons discuté la question générale de savoir quelle était la valeur en France des jugements prononcés par les tribunaux étrangers : « Nous croyons, dit-il, que les décisions « des tribunaux mixtes pourront être mises à exé- « cution en France, emporter hypothèque sur des « biens situés dans notre pays, et jouir en France de « l'autorité de la chose jugée, par cela seul qu'un « tribunal français aura déclaré qu'elles ne renfer- « ment aucune disposition contraire à l'ordre public, « et qu'elles ont été rendues par le tribunal compé- « tent, avec les solennités imposées par la loi pour « l'administration de la justice. »

Nous ne demandons pas que l'examen des juges français porte sur autre chose ; mais ce que nous ne saurions admettre, ce sont les motifs pour lesquels des défenseurs du système de la revision renoncent à leur doctrine quand il s'agit de sentences émanées des juridictions mixtes. Nous avons déjà dit ce que nous pensions de la présence dans les tribunaux égyptiens d'un magistrat français ; nous ne nions pas qu'il y ait là une sérieuse garantie pour nos nationaux ; mais nous croyons avoir suffisamment démontré que cela ne changeait en rien la nature de ces tribunaux. On ajoute que les Codes égyptiens ont été inspirés par les Codes français, et rédigés par un de nos compatriotes ; cela est parfaitement exact, mais ce n'est pas une raison pour faire une exception en faveur des jugements qui les interprètent.

Tout le monde sait qu'en Belgique, dans le Grand-Duché de Luxembourg, dans la Principauté de Monaco, on applique des Codes, qui, sauf quelques modifications, sont la reproduction des nôtres. Nous ne croyons pas cependant que personne se soit jamais avisé de prétendre qu'il fallait traiter les jugements belges, luxembourgeois ou monégasques, d'une façon différente de ceux qui ont été rendus par les juges des autres pays.

Pour être vraiment logique, on doit refuser l'autorité de la chose jugée aux décisions des tribunaux mixtes, lorsqu'on ne la reconnaît pas aux jugements étrangers en général, car, nous le répétons, ces décision ne sont pas autre chose que des jugements étrangers.

§ 6. — *Effets des jugements étrangers rendus en matière de faillite.*

Nous allons examiner dans ce chapitre les divers jugements qui peuvent intervenir au cours d'une faillite, et nous nous demanderons quelle sera leur force en pays étranger, si tant est qu'ils soient susceptibles de dépasser les frontières de l'État où ils ont été rendus.

Occupons-nous d'abord de la sentence qui sert pour ainsi dire de base à la faillite, du jugement déclaratif. Les auteurs, comme on va le voir, ne s'accordant pas sur la nature de cette décision, il n'y

a pas lieu de s'étonner que les opinions les plus di-
vergentes se soient produites relativement à ses
effets extraterritoriaux.

On a dit que la faillite constituait pour le failli un
état nouveau, le suivant partout, par cette raison
qu'il s'agit ici d'une question intéressant le statut
personnel d'un individu. S'il en était ainsi, s'il fallait
assimiler le jugement déclaratif de faillite à la sentence qui prononce l'interdiction d'un fou ou d'un
imbécile, ou à celle qui munit un prodigue d'un conseil judiciaire, notre travail serait bien simplifié;
nous n'aurions, en effet, qu'à renvoyer aux développements que nous avons présentés lorsque nous
avons parlé des jugements qui statuent sur l'état
et la capacité des personnes. Cette théorie a été
adoptée par Aubry et Rau qui y ont cependant apporté
un tempérament. D'après les commentateurs de
Zachariæ, le juge français devrait faire abstraction
du jugement étranger déclaratif de faillite dans le
cas où un Français aurait contracté avec le failli
dans l'ignorance de cette décision : « et alors même
« que le Français aurait eu connaissance de ce juge-
« ment, il serait toujours admis à contester soit la
« réalité des faits déclarés constants par le juge
« étranger, soit l'exactitude des conséquences légales
« qu'il en a déduites (1). » Cette restriction émanant

_____

(1) Aubry et Rau, *op. cit.*, t. I, § 31, II, et III-2°, d. et notes 36, 38
et 39.

de partisans de la distinction établie par l'Ordonnance de 1629 n'a d'ailleurs rien que de très naturel.

Nous ne croyons pas qu'on puisse soutenir que la faillite soit une question d'état. Qu'est-ce que l'état d'un individu, sinon l'ensemble des qualités qui constituent sa personnalité, et qu'est-ce qu'une question d'état, sinon une question qui concerne, nous ne dirons pas exclusivement, mais tout au moins principalement cette personnalité. « Or, tel n'est évidem-
« ment pas le caractère de la faillite. Sans doute, la
« faillite affecte la personne du débiteur par les dé-
« chéances et les incapacités dont elle le frappe, mais
« ce n'est certainement pas dans ces déchéances et
« ces incapacités que réside le but poursuivi. Ce que
« le législateur vise en effet, en matière de fail-
« lite, ce n'est pas la personne du débiteur, mais
« son patrimoine, gage commun de ses créan-
« ciers ; c'est vers la sauvegarde de ce gage et sa
« répartition proportionnelle entre les créanciers,
« que convergent tous les efforts de la loi sur les
« faillites (1). »

De ce que la faillite n'appartient pas au statut personnel et vise directement et essentiellement les biens du failli, faut-il tirer cette conséquence qu'elle fait partie du statut réel. M. César Norsa semble être de cet avis lorsqu'il écrit les lignes suivantes : « Il
« n'y a pas de moyen terme ; si c'est la personne

---

(1) Stellan (Thomas), *La faillite* (*Études de législation comparée et de droit international*), p. 140.

« que l'institution de la faillite a principalement en
« vue, le statut est personnel; dans le cas contraire
« il est réel (1). » Mais l'honorable avocat de Milan
recule devant les résultats logiques de son principe;
il ne veut pas renfermer dans les limites du territoire l'efficacité du jugement déclaratif; défenseur
du système de l'unité et de l'universalité de la faillite, il se voit obligé, pour expliquer la contradiction
dans laquelle il est tombé, d'invoquer l'intérêt des
nations, les exigences de la civilisation moderne et
le caractère cosmopolite du commerce, arguments
de sentiment, bien peu solides, bien peu juridiques,
et dont le moindre inconvénient est de se présenter
à nous comme de simples lieux communs.

Dans son ouvrage sur les faillites en droit comparé, M. Thaller (2) a très nettement montré
quelles doivent être les suites nécessaires de la
faillite déclarée en pays étranger lorsqu'on la fait
reposer sur une idée de statut réel ou plutôt sur
la saisie des biens du débiteur pour la satisfaction des créanciers. « L'unité du patrimoine, nous
« dit-il, se brise par la force même des choses;
« elle doit céder devant la pluralité des souve-
« rainetés. *Quot sunt bona territoriis obnoxia, to-*
« *tidem patrimonia intelliguntur.* Quand même,

---

(1) Norsa, *Revue de la jurisprudence italienne en matière de droit
international*, ch. VII, *De la faillite* (dans la *Revue de droit international*, t. VIII, 1876, p. 627).

(2) Thaller, *Des faillites en droit comparé.*

« en vertu d'une convention diplomatique, les juge-
« ments d'un État auraient de plein droit autorité et
« jusqu'à force exécutoire dans le ressort d'un second
« État, les décisions déclaratives de faillite ne péné-
« treraient pas pour autant dans le ressort de la
« puissance contractante, car elles n'ont pas.pour
« objectif les valeurs qui s'y trouvent (1). »

Quelques auteurs, dans le but très louable de
simplifier la liquidation de la situation du failli,
envisagent le jugement déclaratif comme un acte
de juridiction gracieuse, conférant aux syndics une
procuration qui leur permet de gérer les biens du
failli (2). Toutefois Fœlix reconnaît que l'affaire peut
dans certains cas passer dans le domaine de la juridiction contentieuse, lorsqu'on cesse d'invoquer le
jugement comme simple preuve de la qualité des
syndics et de leur droit d'agir dans l'intérêt de la
masse, et qu'on conteste, par exemple, l'existence
même de la faillite ou l'époque de son ouverture.

Massé (3) avait essayé d'établir une distinction entre
l'hypothèse dans laquelle le jugement déclaratif
aurait été rendu avec le consentement du failli, et
celle où il aurait été prononcé malgré son opposition.
Au premier cas, seulement, les syndics auraient eu
le droit d'opposer en France le jugement, sans *pa-*

---

(1) Thaller, *op. cit.*, t. II, n° 227, p. 355.
(2) Fœlix, *op. cit.*, t. II, n° 468 et Demangeat sur Fœlix, p. 206,
note a. — Bonfils, *op. cit.*, n°ˢ 213 et 216.
(3) Massé, *op. cit.*, t. II, n° 800, p. 78.

realis des juges locaux, aux débiteurs de la faillite pour les contraindre à payer entre leurs mains. Mais dans sa troisième édition l'éminent magistrat a abandonné cette distinction. « Je pense même, après un « plus mûr examen, écrit-il, qu'il en serait ainsi, « encore bien que la déclaration de faillite ait été « rendue par un tribunal étranger, malgré l'opposi- « tion du failli ou de ses représentants, parce qu'elle « constitue, même dans ce cas, moins une condam- « nation proprement dite, qu'un mandat donné par « le juge étranger aux syndics, mandat que les syn- « dics peuvent mettre à exécution en France, soit en « contraignant les débiteurs du failli à payer entre « leurs mains, soit en agissant en son nom (1). »

Nous ne saurions accepter aucune des opinions que nous venons d'exposer. Pour nous, le jugement déclaratif de faillite n'est pas un acte de juridiction gracieuse; « c'est un jugement véritable, proprement « dit, et rendu en matière contentieuse. Que ce juge- « ment intervienne à la requête du failli qui dépose « son bilan, ou à celle des créanciers qui provoquent « la mise en faillite, la vérité est que la déclaration « de faillite, en tant qu'elle a un caractère propre, « peut faire l'objet de graves débats entre le débiteur « et les créanciers (2). » Il importe peu, du reste, que le failli ait ou non formé opposition; il avait le

---

(1) Massé, *loc. cit.*
(2) Carle (G.), *La faillite dans le droit international*, § 20, p. 57.

droit de le faire, et s'il s'est abstenu nous ne voyons
pas pourquoi sa situation différerait de celle du
défendeur qui s'est laissé condamner. Et qu'on ne
nous parle pas d'un soit-disant mandat reçu par les
syndics. Les défenseurs de cette idée nous semblent
oublier « que la déclaration de cessation de paie-
« ments est souvent imposée au débiteur par la loi ;
« ils oublient surtout que les pouvoirs des syndics
« découlent dans chaque cas du jugement déclaratif
« de faillite, et que ce jugement a toujours le même
« caractère, qu'il soit rendu après procès ou sans
« procès (1). »

Si la nomination des syndics était le seul ou même
le principal effet du jugement déclaratif, la doctrine
du mandat serait peut-être soutenable. Mais il n'en
est rien. La sentence qui consacre l'état de faillite a des
conséquences bien autrement importantes, quant à la
personne et quant aux biens du failli. Elle frappe le
commerçant qui a suspendu ses paiements de certaines incapacités, elle entraîne l'annulation de certains actes, elle suspend les poursuites individuelles
des créanciers ; voilà les véritables effets de la déclaration de faillite, « dont la nomination des syndics,
« comme représentants de la masse, est simplement
« une conséquence (2). »

On serait presque en droit de conclure de tout ce

(1) Asser, *Éléments de droit international privé ou conflit des
lois*, (traduction Rivier), n° 122, p. 231.
(2) Carle, *loc. cit.*

que nous venons de dire, que nous sommes partisans de la thèse si séduisante, à première vue, de
l'unité et de l'universalité de la faillite. Sans doute, il
serait d'une utilité incontestable pour le failli, et surtout pour les créanciers de la maison de commerce
qui a fait de mauvaises affaires, de se trouver en
présence d'une seule masse représentée par un syndic concentrant dans ses mains tous les pouvoirs
d'administration. Cette masse comprendrait les
meubles et immeubles appartenant au débiteur, et
ce gage commun serait équitablement réparti entre
tous les créanciers. Cette doctrine, qui a été chaude-
ment préconisée en Italie par Carlo et par Norsa, a
trouvé en France un sérieux défenseur dans la personne du regretté professeur Ernest Dubois.

Quels que soient les avantages du système qui
fait rayonner la faillite au dehors sans aucune restriction, il nous est impossible de nous y rallier. Le
principe en lui-même est discutable, car on peut se
demander si l'individu qui a contracté avec un commerçant dans un pays, a eu en vue comme gage
futur de sa créance les biens que ce commerçant possède ou possédera dans un autre pays (1). En outre,
à quelles complications la théorie unitaire ne con-
duit-elle pas lorsque le failli se trouve avoir des
établissements de commerce indépendants les uns
des autres, et situés, par exemple, le premier en

(1) Bard (Alphonse), *Précis de droit international*, § 234, p. 338.

France, le second en Allemagne. La faillite de celui-ci devra-t-elle nécessairement entraîner la mise en liquidation de celui-là, et les syndics nommés en Allemagne pourront-ils venir se mêler des affaires de la maison française ? Cela paraît inadmissible, et cependant ce serait la conséquence logique de la faillite unique (1).

Tout ce qu'il est permis de souhaiter, c'est que les États civilisés arrivent le plus tôt possible à conclure des traités contenant les dispositions les plus larges sur la matière qui nous occupe. Jusque-là nous demeurerons persuadés qu'il n'y a pas lieu d'accorder une faveur spéciale aux jugements déclaratifs de faillite, et nous continuerons à penser qu'il faut leur appliquer les mêmes règles qu'aux sentences ordinaires, c'est-à-dire leur reconnaître en tout pays l'autorité de la chose jugée (2), et d'admettre les syndics à faire tous les actes conservatoire sans *exequatur*; mais, dès l'instant qu'il s'agira de procéder à l'exécution des dispositions que contient le jugement, nous exigerons qu'il ait été au préalable déclaré exécutoire (3).

_____

(1) V. sur ce dernier point : Massé, *op. cit.*, t. II, § 810.

(2) Dubois sur Carle, note 92, IV.

(3) Humblet (L.), *De la vente des immeubles dépendant d'une faillite, déclarée en pays étranger ;* J. D. I. P. 1883, p. 471.— Lemoine, *op. cit.* p. 232.—Simon (Albert), *La faillite d'après le droit international,* p. 71 et 72.— Thévenet, *op. cit.*, § 140. — Weiss (André), *op. cit.*, p. 601. — M. Stelian admet comme nous que le jugement déclaratif de faillite est un véritable jugement, mais il arrive à une conclusion différente. Partisan du système qui exige la revision au fond des sentences étrangères par les tribunaux français, il considère le jugement déclaratif

La jurisprudence française, en ce qui concerne les effets internationaux des faillites déclarées à l'étranger, présente un tel ensemble de contradictions, ou plutôt d'irrésolutions, qu'il est bien difficile, pour ne pas dire impossible, de déterminer exactement dans quel sens elle s'est définitivement fixée. Le 31 janvier 1873 (1) la Cour de Paris décidait que le jugement étranger constituant un commerçant en état de faillite, ne pouvait autoriser le syndic étranger à pratiquer une saisie-arrêt en France, tant que ledit jugement n'y aurait pas été rendu exécutoire.

Par contre, il a été jugé que le jugement déclaratif de faillite n'avait pas besoin d'être revêtu de l'*exequatur* des tribunaux français pour faire foi des faits qu'il contenait, de l'existence de la faillite et de l'époque de son ouverture (2). Il a été décidé, aussi, que les syndics d'une faillite étrangère pouvaient exercer leurs pouvoirs en France avant l'*exequatur*, et y intenter, en vertu du mandat qu'ils avaient reçu, toutes les actions qui auraient appartenu au failli lui-même (3). De même, le cession-

comme entièrement dénué d'effet tant qu'il n'a pas été revêtu de la formule exécutoire par les magistrats français (*op. cit.*, p. 217 et 218).

(1) Paris, 31 janvier 1873; S. 74. 2. 33 et J. D. I. P. 1874, p. 242. — V., dans le sens de la nécessité de l'*exequatur*, un jugement du tribunal de la Seine du 21 décembre 1877; J. D. I P. 1878, p. 370.

(2) Bordeaux, 10 février 1824; S. 24. 2. 110. — Aix, 8 juillet 1840; S. 41. 2. 263. — Bordeaux, 21 décembre 1847; S. 48. 2. 228. — Paris, 28 mars 1873; J. D. I. P. 1873, p. 18.

(3) Paris, 22 février 1872; S. 72. 2. 90 et J. D. I. P. 1874, p. 32. —

naire des droits d'une faillite sera recevable à agir
en invoquant le jugement déclaratif étranger; les
curateurs auraient pu le faire, et celui à qui ils ont
cédé leurs créances (1) ne saurait avoir des droits
inférieurs aux leurs. Telle est du moins la thèse adoptée par la Cour de Paris dans son arrêt du 28 février
1881 (2) : « Considérant que vainement on objecte
« encore que le jugement du tribunal de commerce
« de Bruxelles n'a point été déclaré exécutoire par
« un tribunal français; qu'en effet, cette objection re-
« pose sur une notion inexacte de la nature du juge-
« gement déclaratif de la faillite et de l'autorité qui
« lui appartient, qu'il n'emporte ni attribution de
« droits, ni condamnation, et n'a d'autre objet que de
« constater judiciairement la réalité certaine d'un état
« de choses particulières, qui consiste dans l'impos-
« sibilité, pour un commerçant, de faire face à ses
« engagements, et d'un fait, qui est celui de la sus-
« pension de ses paiements; que les syndics dési-
« gnés par un jugement de ce genre, agissent en
« vertu de pouvoirs déterminés par la loi, non pour

Paris, 28 mars 1873 (précité). — Paris, 14 décembre 1875; J. D. I. P.
1877, p. 144. — Toulouse, 17 avril 1883; J. D. I. P. 1883, p. 161.

(1) Il s'agissait, dans l'espèce à laquelle nous faisons allusion, d'une
faillite déclarée en Belgique, et l'on sait que dans ce pays l'administration de la faillite appartient à des curateurs nommés par le tribunal.

(2) Paris, 28 février 1881; J. D. I. P. 1881, p. 263 et suiv.—(V. sur cet
arrêt la note de M. Louis Renault (*Examen doctrinal, Droit international*, dans la *Revue critique de législation et de jurisprudence*,
1882, p. 711).

« l'exécution de ce jugement, mais pour l'exercice
« de droits antérieurs, et appartenant soit à la masse
« active, soit à la masse passive..... —; qu'il n'y
« avait par conséquent pas lieu à provoquer l'*exequa-*
« *tur* du jugement du 25 mars 1870. »

La faillite une fois déclarée, il reste à savoir de
quelle manière sera liquidée la situation du commerçant donc les affaires ont périclité. Laissera-t-on les
choses suivre leur cours régulier, et poursuivra-t-on
avec la plus extrême rigueur un homme qui n'est
bien souvent coupable que d'imprudence et de légè-
reté, s'il n'est victime de la fatalité; ou bien, lui
permettra-t-on de se relever, lui laissera-t-on les
moyens nécessaires pour arriver un jour à désintéres-
ser intégralement ses créanciers, comme on en a vu
des exemples malheureusement trop rares, et à obtenir par un jugement de réhabilitation non-seulement
l'estime et la considération générales, mais aussi la
confiance des clients qui assurera la prospérité du
nouvel établissement commercial qu'il aura fondé ?

D'ordinaire les créanciers bien avisés, toutes les
fois que le failli présente quelques garanties, préfè-
rent ne pas user de rigueur et la faillite est clôturée
par un concordat. On peut définir le concordat : un
traité intervenu entre un débiteur failli et ses créanciers, traité qui permet au failli de se remettre à
la tête de ses affaires, soit qu'un délai lui ait été
accordé pour se libérer, ou qu'il ait obtenu la remise
d'une partie de sa dette, soit que ses créanciers aient

renoncé à toute poursuite contre lui, moyennant l'abandon de tout ou partie de ses biens (1). Notre Code de commerce exige, pour l'établissement de ce traité, le concours d'un nombre de créanciers formant la majorité, et représentant, en outre, les trois quarts de la totalité des créances vérifiées et affirmées, ou admises par provision. Le concordat, voté dans ces conditions, est obligatoire pour tous les créanciers, mais il ne produira effet qu'autant qu'il aura été homologué par le tribunal de commerce. On comprendra facilement que nous ne puissions, sous peine de sortir des limites de notre sujet, nous livrer à l'examen des diverses législations étrangères, et rechercher celles qui admettent et celles qui repoussent l'institution dont nous nous occupons.

Nous supposerons donc un concordat intervenu et homologué dans le pays où la faillite a été déclarée. Quelle sera son efficacité en France ? Y sera-t-il absolument dénué de force, ou bien ses effets y seront-ils reconnus, et dans ce cas le jugement qui l'aura homologué devra-t-il être soumis à la formalité préalable de l'*exequatur* ? Divers systèmes ont été proposés pour résoudre ces difficultés.

D'après MM. Bonfils et Massé (2), pour qu'un concordat, obtenu en pays étranger, puisse être opposé en France aux créanciers français, il faut que ces

---

(1) Co. art. 507.
(2) Bonfils, *op. cit.*, n° 247, p. 212. — Massé, *op. cit.*, t. II, n° 811, p. 82.

12

derniers y aient adhéré. « Les conventions ne lient
« que les parties contractantes. Le concordat, mode
« particulier de libération créé par la loi étran-
« gère, ne peut être opposé qu'aux individus soumis
« à cette loi par leur nationalité, les créanciers fran-
« çais ne peuvent être régis par la loi étrangère qui
« oblige la minorité des créanciers à subir la situa-
« tion acceptée par la majorité; ils ne sont point pla-
« cés sous son empire. S'ils n'adhèrent pas volontai-
« rement à la convention, celle-ci est pour eux inexis-
« tante(1).» Massé va plus loin, et refuse aux tribunaux
français le pouvoir d'homologuer le concordat fait
par un Français en pays étranger. « L'homologation
« d'un concordat, fait-il observer, est un acte judiciai-
« re de la compétence du juge de la faillite, qui en a
« suivi et surveillé les opérations et auquel il appar-
« tient de la clore en connaissance de cause (2). »

Il est évident que les partisans de l'unité et de
l'universalité de la faillite doivent inévitablement
être conduits à adopter une théorie tout-à-fait différente de celle que nous venons d'exposer. Pour
eux, le jugement qui a homologué le concordat, aussi
bien que le jugement déclaratif de faillite, a des
effets généraux qui rayonnent partout, et il ne
saurait être question d'exiger un *exequatur*, du
moins, tant qu'il ne s'agit d'opposer le concordat que

---

(1) Bonfils, *loc. cit.*
(2) Massé, *loc. cit.*

par voie d'exception. M. Carle est de cet avis, mais les motifs, qu'il donne à l'appui de sa thèse, sont loin de nous satisfaire. « A première vue, dit-il, il « semble inadmissible qu'une homologation étran- « gère puisse obliger les créanciers d'un autre Etat « qui n'ont pas consenti au concordat. Toutefois, si « l'on considère que les créanciers étrangers eux- « mêmes doivent subir la juridiction du failli, que « seul, le tribunal de la faillite surveille les opéra- « tions par l'intermédiaire du juge-commissaire, « qu'il est ainsi le seul dans le cas de juger si l'ho- « mologation doit être accordée ou refusée, qu'enfin « le créancier étranger peut, devant ce tribunal, faire « opposition au concordat et en demander la résolu- « tion ou l'annulation, on pourra conclure, avec « raison, qu'une fois le jugement déclaratif de fail- « lite rendu exécutoire dans les Etats où il s'agit de « procéder à quelqu'acte d'exécution, tous les juge- « ments postérieurs qui ne font autre chose que cer- « tifier les résultats des opérations de la faillite, et « parmi eux celui qui homologue le concordat, n'ont « plus besoin d'être rendus exécutoires..... Le « concordat, nonobstant son caractère spécial, est « une véritable convention (1). »

Avec beaucoup de justice et de raison, M. Ernest Dubois (2) a combattu ces idées. Tout d'abord, si l'on soutient que le concordat est une véritable con-

(1) Carle, op. cit., n° 82, p. 108 et 109.
(2) Dubois sur Carle, note 116.

vention, pourquoi demander que le jugement déclaratif de la faillite qu'il clôture ait été rendu exécutoire ? Il nous paraît, en outre, bien difficile de ne voir
dans le concordât qu'une simple convention intervenue entre le failli et ses créanciers. Cela peut être
vrai pour ceux d'entre ces derniers qui y ont adhéré;
mais pour les autres une pareille assimilation est
absolument inadmissible.

Nous pensons, pour notre part, avec Fœlix (1), que
les jugements homologatifs de concordats doivent
être régis par les mêmes règles que les jugements
étrangers ordinaires. Nous les traiterons donc de la
même manière que les jugements déclaratifs de
faillite, et nous leur reconnaîtrons l'autorité de la
chose jugée avant tout *exequatur*; mais il deviendra
indispensable de recourir à cette formalité dès qu'on
voudra procéder à des actes d'exécution tels que
saisie ou vente de biens (2).

---

(1) Fœlix, *op. cit.*, t. II, § 368, p. 111. — V. dans ce sens : Hanquet (G.), *De la faillite dans les rapports internationaux* (thèse),
p. 159.

(2) V. dans le sens de la distinction que nous venons d'établir :
Despagnet, *op. cit.*, § 646, p. 620. — Dubois sur Carle, note 110 déjà
citée. — Lemoine, *op. cit.*, p. 236 et suiv. — Simon (Albert), *op. cit.*,
p. 91. — Les auteurs qui reconnaissent en principe aux tribunaux
français le droit de reviser au fond les sentences étrangères doivent
refuser effet au concordat intervenu en pays étranger tant que le
jugement qui l'a homologué n'a pas été déclaré exécutoire en
France. *Sic*, Brocher (Ch.), *Cours de droit international privé*,
t. III, § 47, p. 210 et suiv. — Stelian (Th.), *op. cit.*, p. 222 et 223. —
M. Thaller, qui limite les effets de la faillite aux biens situés sur le
territoire où elle a été déclarée, estime que la remise concordataire

Certaines législations (1) autorisent les tribunaux à accorder aux commerçants qui se trouvent momentanément au-dessous de leurs affaires des sursis de paiement, c'est-à-dire que pendant un laps de temps déterminé les créanciers devront cesser toute poursuite contre leur débiteur; ce répit permettra à celui-ci, du moins on l'espère, de satisfaire à tous ses engagements.

D'après la plupart des auteurs, le sursis de paiement n'a aucune valeur en dehors du pays où il a été obtenu. « Il constitue une exception autorisée par
« la loi, à la règle que tout débiteur est obligé d'exé-
« cuter l'obligation dans le temps voulu. Evidem-
« ment cette exception ne peut avoir de valeur que
« dans le territoire soumis à la loi qui l'autorise;
« partout ailleurs, le droit créé par l'obligation doit

---

est faite aux valeurs séquestrées et non à celles situées dans un pays différent (*op. cit.*, § 235).

(1) V. pour la Belgique, la loi de 1851 (art. 503 à 614); pour l'Italie le Code de commerce de 1882 (art. 810 à 820); pour les Pays-Bas, le Code de commerce néerlandais (art. 900 à 923). — Nous assimilerons aux jugements homologatifs de concordats et aux sentences qui accordent des sursis au commerçant au-dessous de ses affaires, l'*order of discharge* établi par la loi anglaise. Toutefois, nous ferons observer avec MM. Ch. Lyon-Caen et Renault (*Précis de droit commercial*, t. II, p. 785, note 5), que cette institution diffère essentiellement du concordat anglais, « dans l'*order of dis-
« charge* la libération du failli dérivant exclusivement de la déci-
« sion de la Cour, tandis que dans le concordat elle résulte du vote
« de la majorité des créanciers approuvé par le tribunal. » (V. dans l'*Annuaire de législation étrangère*, 13e année, p. 77 et suiv., l'analyse par M. Ch. Lyon-Caen, de la loi du 25 avril 1883, modifiant et codifiant la législation relative à la faillite en Angleterre).

« être respecté (1). » Telle est l'opinion de Fœlix qui
n'admet pas que le sursis accordé par des juges
étrangers à une maison de commerce également
étrangère puisse empêcher qu'une saisie-arrêt soit
pratiquée en France au préjudice de cette maison de
commerce (2).

Il semblerait que les défenseurs convaincus du
principe de l'universalité de la faillite dussent admettre sans difficulté en France les sursis accordés à
des commerçants par les autorités judiciaires étrangères, ces sursis présentant la plus grande analogie
avec les délais que le failli peut obtenir en vertu
d'un concordat.

Cependant nous voyons un des premiers et non
des moins ardents apôtres de la théorie unitaire, M.P.
Fiore, soutenir dans son Traité de la faillite d'après
le droit international privé, que les sursis ne peuvent avoir aucune efficacité à l'étranger parce qu'ils
violent la foi publique et anéantissent la force juridique de l'obligation. M. Ernest Dubois, après avoir

---

(1) Asser, *op. cit.* (traduction Rivier), § 131, p. 245 et 246. — V.
dans le même sens ; Despagnet, *op. cit.*, § 617, p. 622. — Massé,
op. cit., t. II, § 812, p. 84 et 85.

(2) Fœlix, *op. cit.*, t. II, § 368, p. 100. — M. Demangeat (*eod. loc.*,
note a), repousse cette solution dans le cas où le créancier qui fait
saisir-arrêter est étranger et a été légalement mis en cause devant
le tribunal étranger. Nous ne sommes nullement étonnés de voir
M. Demangeat soutenir cette opinion, qui n'est en réalité qu'une
application logique du système d'après lequel l'art. 121 de l'Ordonnance de 1620 est encore en vigueur en France, et nous avons vu
que l'éminent professeur s'était rallié à ce système.

signalé l'opinion de M. Fiore, propose une solution qui, pour être moins nette que celle donnée par le professeur italien, témoigne, malgré la légitime autorité qui s'attache d'ordinaire au nom de son auteur, d'une inconséquence vraiment regrettable. « Selon nous, écrit M. Dubois, c'est dans certains « cas seulement, et par exception, que des sursis « légalement obtenus dans un pays doivent être « tenus pour inefficaces dans les autres pays. Nous « comprenons qu'il en soit ainsi lorsque la loi qui « les accorde est manifestement injuste, comme aussi « lorsqu'ils sont obtenus par faveur ou caprice, sans « conditions qui garantissent un examen sérieux et « impartial de la part de celui qui les concède. Mais, « lorsqu'ils sont accordés par un jugement vraiment « digne de ce nom, ou par une loi dont les disposi- « tions sont raisonnables, il nous semble que ce ju- « ment ou cette loi doivent produire à l'étranger « les effets que peuvent y produire en général les « jugements et les lois (1). » Nous serions très heureux de savoir d'après quelles règles il faudra déterminer, en matière de sursis, les lois manifeste- ment injustes, et les jugements indignes de ce nom?

Nous pensons qu'il est préférable de rester fidèle à la doctrine que nous avons toujours soutenue relati- vement aux effets extraterritoriaux des jugements; aussi, n'hésiterons-nous pas à déclarer que la déci-

---

(1) Dubois sur Carle, note 121.

sion étrangère qui accorde un sursis à un débiteur doit jouir en France de l'autorité de la chose jugée sans *exequatur* (1).

Il nous reste à dire un mot, en terminant, du jugement qui réhabilite le failli et le relève des incapacités qu'il a pu encourir par suite de la déclaration de faillite. Sur ce point, l'accord est presque unanime. Pourvu que le jugement de réhabilitation émane du tribunal compétent, c'est-à-dire selon nous, de celui qui a déclaré l'état de faillite, ce jugement n'aura pas besoin d'*exequatur* pour avoir pleine efficacité en dehors du territoire où il aura été prononcé. En effet, pourquoi serait-il nécessaire de rendre e ?utoire une décision qui n'entraîne aucune condamnation, qui se borne à constater un simple fait, et qui ne peut jamais aboutir à des actes d'exécution (2). D'ailleurs la réhabilitation ne s'obtenant, d'ordinaire, qu'après que le failli a acquitté toutes ses dettes (3), il nous semble qu'un créancier, si récalcitrant qu'il puisse être, serait mal venu à se plaindre après avoir été complétement désintéressé.

---

(1) D'après M. Stelian, *op. cit.*, p. 227, le jugement étranger qui accorde un sursis est dépourvu de toute autorité en France tant qu'il n'y a pas été déclaré exécutoire; mais une fois revêtu de l'*exequatur*, il doit avoir en France pleine efficacité. — *Sic*, Bordeaux, 2 juin 1874; J. D. I. P. 1875, p. 269.

(2) Carle, *op. cit.*, § 72, p. 115. — Hanquet, *op. cit.*, p. 169. — Lemoine, *op. cit.*, p. 240. — Massé, *op. cit.*, t. II, § 813, p. 85.

(3) Code de com. français, art. 604.

CHAPITRE VII.

QUEL EST LE TRIBUNAL COMPÉTENT POUR STATUER EN FRANCE SUR UNE DEMANDE D'EXEQUATUR?

Nos Codes sont muets sur le point de savoir à quel tribunal il faut s'adresser pour obtenir l'*exequatur* d'une sentence étrangère. Nous devons nous demander, d'abord, quel est le tribunal compétent *ratione materiæ?* Nous rechercherons ensuite si l'affaire peut être directement portée, *omisso medio*, devant une juridiction supérieure, enfin il nous faudra établir quel est, parmi les tribunaux français, celui qui est compétent en raison de sa situation. Nous allons examiner successivement ces diverses questions dans trois paragraphes.

§ 1er. — *Compétence ratione materiæ.*

Lorsqu'il s'agit d'accorder l'*exequatur* en France à un jugement étranger rendu en matière civile, il n'est pas douteux que le tribunal français compétent soit un tribunal civil. Mais la question devient très-délicate lorsqu'on se trouve en présence d'une décision émanée d'une juridiction consulaire.

Pour ceux qui reconnaissent, avec nous, aux sentences étrangères l'autorité de la chose jugée et ne considèrent l'*exequatur* que comme une formalité protectrice du principe de l'indépendance des États, la compétence exclusive des tribunaux civils est certaine. Ces tribunaux, en effet, à moins d'une disposition formelle de la loi, sont appelés à connaître de toutes les affaires quelles qu'elles soient. De plus, dans notre système, les juges français ne revisant pas au fond n'ont à statuer que sur l'exécution du jugement étranger, et l'on sait qu'aux termes de l'article 442 du Code de procédure civile, les tribunaux de commerce ne connaissent point de l'exécution de leurs propres jugements; à plus forte raison ne pourront-ils être appelés à prononcer sur l'exécution d'une décision rendue par des magistrats consulaires étrangers (1).

Il semblerait que les partisans du système de l'ordonnance de 1629, dans le cas où le jugement étranger a été rendu au préjudice d'un Français, et les défenseurs de la doctrine de la revision dussent arriver à une solution diamétralement opposée à celle que nous venons d'adopter, car, dès l'instant qu'on regarde le jugement étranger comme non-avenu, et qu'on parle de le reviser au fond dans le but de sauvegarder les intérêts purement privés des parties, c'est en réalité un nouveau procès qui va se débattre, et il serait assez rationnel, à notre avis, de soumettre aux tribunaux civils les affaires civiles, et aux

(1) Lemoine, *op. cit.*, p. 210. — Massé, *op. cit.*, § 806, p. 77. — Thévenet, *op. cit.*, § 77, p. 68. — Vareilles-Sommières, *L'hypothèque judiciaire*, p. 142. — Weiss (André), *op. cit.*, p. 969.

tribunaux de commerce les contestations commerciales. Il n'en est rien cependant, et nous voyons la plupart des auteurs qui ont adopté l'un ou l'autre de ces deux systèmes, décider que les tribunaux civils sont, dans les tous cas, seuls compétents pour statuer sur les demandes à fin d'*exequatur*. Malgré quelques divergences la jurisprudence a une tendance très marquée à se fixer dans le même sens (1).

Voici les principaux arguments qui ont été invoqués en faveur de la thèse que la jurisprudence a pour ainsi dire consacrée. On s'est d'abord attaché à démontrer que l'art. 442 du Code de procédure civile devait recevoir son application en notre matière, qu'il ne s'agissait que d'une difficulté sur l'exécution du jugement étranger, et que, par conséquent, les tribunaux de commerce n'étaient pas compétents pour en connaître.

A cela nous répondrons avec M. Demangeat : « que « l'art 442 suppose que l'existence du *judicatum* « n'est pas mise en question, tandis que dans le cas

(1) Aubry et Rau, *op. cit.*, t. VIII, p. 410. — Brocher (Ch.), *op. cit.*, t. III, p. 118. — Demolombe, *op. cit.*, t. I, § 263, p. 423. — Fœlix, *op. cit.*, t. II, § 359, p. 99. — Valette, *Mélanges*, t. I, p. 352. — Bordeaux, 25 février 1830 ; S. 48. 2. 153. — Bordeaux, 22 janvier 1840 ; D. A. au mot *Droit civil*, n° 460. — Douai, 9 décembre 1843 ; S. 44. 2. 568. — Bordeaux, 6 août 1847 ; D. P. 48. 2. 66. — Douai, 24 août 1849 ; D. P. 1850. 2. 101. — Paris, 16 avril 1855 ; S. 55. 2. 366. — Metz, 11 novembre 1850 ; S. 57. 2. 7. — Colmar, 10 février 1864 ; S. 64. 2. 122. — Bordeaux, 16 décembre 1867 ; S. 68. 2. 117. — Chambéry, 12 février 1869 ; S. 70. 2. 0. — Dijon, 17 novembre 1874 (Recueil des arrêts de la Cour de Dijon, 0e année, p. 332 et s.). — Rennes, 26 décembre 1879 ; S. 81. 2. 81.

« qui nous occupe la jurisprudence admet la partie,
« qui a succombé en pays étranger, à débattre ses
« droits comme entiers par devant le tribunal fran-
« çais; il faut par conséquent reconnaître qu'il n'y a
« aucune analogie entre les deux cas, et que la déci-
« sion donnée pour l'un par le Code de procédure,
« ne doit pas être étendue à l'autre (1). »

On a dit aussi que la procédure d'*exequatur* pouvait donner naissance à des questions de droit international et d'ordre public que nos magistrats consulaires seraient très-empêchés de résoudre; que
d'ailleurs les tribunaux de commerce constituaient
une juridiction d'exception ne pouvant connaître des
matières à l'égard desquelles la loi ne lui attribuait
pas expressément compétence. L'arrêt de la Cour de
Paris du 16 avril 1855 le laisse entendre très-clairement, et la Cour de Dijon est bien plus formelle
encore dans les considérants de son arrêt du 17 novembre 1874 : « Considérant qu'en effet la demande
« d'*exequatur* peut soulever des questions de l'ordre
« le plus élevé, et rendre nécessaire la solution de
« questions qui intéressent, soit le droit interna-
« tional, soit le droit constitutionnel, soit l'ordre
« public, soit même les principes du droit privé qui
« s'y rattachent intimement, comme ceux relatifs
« aux questions d'état; qu'on est donc forcé d'ad-
« mettre qu'à raison des questions dont elle nécessite

---

(1) Demangeat sur Fœlix, t. II, p. 99, note a.

« l'examen et la solution, l'instance tendant à faire
« déclarer exécutoire en France le jugement rendu
« par un tribunal étranger, constitue, en quelque
« matière que ce soit, un genre de litige tout-à-fait
« spécial, et qui échappe à la compétence de la juri-
« diction consulaire par cela seul que la loi ne le lui
« a pas expressément déféré. »

Il est vraiment peu sérieux de prétendre repousser
la compétence des tribunaux de commerce par ce
motif qu'au cours de l'instance en *exequatur* il pourrait être nécessaire de trancher des questions de
droit international ou d'ordre public, car, ainsi que
le fait très exactement observer M. Bonfils, les tribunaux de commerce sont appelés journellement à statuer sur des points de droit international (1). Quant
à l'argument tiré de la généralité de compétence
des tribunaux civils et de la qualité de juridictions
d'exceptions des tribunaux de commerce, il peut
avoir une certaine force lorsqu'on adopte notre théorie; mais il perd toute sa valeur quand on considère
le jugement étranger comme inexistant et qu'on
admet les parties à renouveler le litige.

En résumé, nous estimons que les auteurs qui dé-
fendent le système de la revision au fond, et ceux qui
prétendent que l'art. 121 de l'ordonnance de 1629 est
encore en vigueur, doivent, pour être conséquents
avec eux-mêmes, décider que la demande en *exequa-*

---

(1) Bonfils, *op. cit.*, § 277, p. 285.

tur sera portée devant le tribunal de commerce toutes les fois qu'il s'agira d'une matière commerciale (1).

§ 2. — *Compétence quant au degré du tribunal appelé à prononcer.*

Nous venons de voir que, d'après la majorité des auteurs et la presque unanimité de la jurisprudence, les jugements étrangers de quelque nature qu'ils fussent devaient être soumis à l'*exequatur* d'un tribunal civil. A quel degré de la hiérarchie judiciaire ce tribunal devra-t-il-appartenir, et pour rendre exécutoire en France une décision d'une Cour souveraine étrangère suffira-t-il de s'adresser à un tribunal d'arrondissement, ou bien faudra-t-il porter l'affaire devant une Cour de même ordre?

Dans l'état actuel de notre législation et, en l'absence de traités internationaux, il nous semble qu'il est impossible d'hésiter un seul instant. Le silence même de la loi nous fait un devoir d'appliquer ici les règles ordinaires de la procédure, et de déférer

---

(1) M. Despagnet, partisan de la doctrine de la revision, reconnaît la compétence des juges consulaires, lorsque le procès a porté sur une contestation commerciale (*op. cit.*, p. 255). — M. Demangeat (*loc. cit.*), pour qui l'ordonnance de 1629 n'est pas abrogée, donne la même solution dans le cas où un Français a succombé devant le tribunal étranger. — V. dans le sens de la compétence des tribunaux de commerce, Colmar, 13 janvier 1815 ; D. C. 5. 2. 6 et D. A. au mot *Droit civil*, n° 459. — Montpellier, 8 mars 1822; D. C. 7. 2. 39. — Paris, 5 mai 1846: *Gazette des tribunaux* du 6 mai 1846. — Colmar, 17 juin 1847; S. 48. 2. 270.

toutes les demandes en *exequatur* aux juges de droit commun, c'est-à-dire aux tribunaux civils d'arrondissement. Les dispositions spéciales insérées dans plusieurs traités corroborent d'ailleurs cette opinion; on peut dire, en effet, qu'il aurait été inutile de proclamer dans un instrument diplomatique la compétence des Cours françaises pour rendre exécutoires les sentences des Cours étrangères, si cette compétence avait été la règle générale (1).

Dans un arrêt récent, mais qui semble devoir rester isolé, la Cour de Nancy s'est prononcée pour la solution contraire (2). « Attendu que de hautes « convenances internationales s'opposent à ce que « les arrêts d'une Cour souveraine étrangère soient « soumis, en France, à la censure des tribunaux in- « férieurs; que plusieurs des traités passés par la « France avec des pays étrangers ont consacré cette « règle qui est entièrement conforme à la nature des

---

(1) Le traité franco-badois du 16 avril 1846, étendu à l'Alsace-Lorraine par l'art. 18-3ᵉ de la convention du 11 décembre 1871, additionnelle au traité de Francfort, porte (art. 3) « que le jugement sera « déclaré exécutoire soit par la Cour d'appel, soit par le tribunal de « première instance du lieu du domicile du débiteur ou de la « situation des biens, suivant que la décision émanera du premier « ou du second degré de juridiction. » — D'après le traité franco-sarde du 24 mars 1860, art. 22, § 3, et la déclaration interprétative du 11 septembre 1860, les Cours françaises connaissent de l'exécution non seulement des arrêts des Cours italiennes, mais encore des jugements des tribunaux de première instance.

(2) Nancy, 5 juillet 1877; D. P. 1878. 2. 220 et J. D. I. P. 1877, p. 234. — *Contrà :* Aix, 8 juillet 1840; S. 41. 2. 263. — Lyon, 19 mars 1880; J. D. I. P. 1881, p. 255.

« choses. » La Cour ajoute qu'en agissant autrement on troublerait l'ordre des juridictions, sous prétexte de le respecter; que devant la justice française la contestation ne se présente plus dans son entier; « qu'il ne s'agit plus d'accorder ou de refuser l'*exe*-« *quatur* aux condamnations prononcées, en sorte « que, si par suite du rejet d'une partie des de-« mandes, l'arrêt de la Cour étrangère ne prononçait « qu'une somme au-dessous de l'appel, la décision « de cette Cour suprême se trouverait soumise en « France à l'appréciation en dernier ressort d'un « tribunal de première instance ou même de justice « de paix. » Les magistrats de Nancy terminent en invoquant la bonne administration de la justice. Se-lon eux, en portant directement l'arrêt de la Cour étrangère devant une Cour française, on évite des procédures et des frais inutiles, en même temps qu'on assure une plus grande célérité de décision.

Nous ne craignons pas de le dire, les raisons de hautes convenances internationales dont parle l'ar-rêt que nous venons d'analyser nous touchent fort peu; il faudrait d'abord déterminer exactement en quoi consistent ces convenances internationales, et ensuite, chose à laquelle la Cour de Nancy nous pa-raît n'avoir pas songé, établir une sorte de parallèle permanent entre la hiérarchie judiciaire des divers pays; cette dernière opération ne serait peut-être pas toujours très facile. Enfin, si susceptible que soit un peuple, il est bien improbable qu'il voie une offense directe portée à son honneur national, dans le fait de soumettre la décision d'une de ses Cours souveraines à l'*exequatur* d'un simple tribunal de première instance.

Nous avons déjà répondu plus haut, à l'argument tiré de l'existence de traités passés par la France avec le Grand-Duché de Bade et le Royaume de Sardaigne. Nous avons fait observer que c'était précisément parce que la compétence des Cours françaises n'était pas conforme à la nature des choses, que ces traités avaient consacré expressément une dérogation aux règles du droit commun. Quant à la mission spéciale dont sont chargés les tribunaux qui accordent l'*exequatur*, nous ne voyons pas bien pourquoi on ferait fléchir en sa faveur les principes généraux établis en matière de compétence.

Il est certain que la Cour de Nancy est dans le vrai, lorsqu'elle dit qu'il y aurait économie de temps et d'argent à déférer les arrêts des Cours étrangères aux Cours supérieures de notre pays; mais il est fort douteux que les plaideurs s'accommodent de ce raisonnement qui, sous prétexte d'un léger avantage pécuniaire, leur enlève la sérieuse garantie d'un second degré de juridiction, et qui ne tend à rien moins qu'à combattre l'institution même de l'appel.

Pour conclure, nous répéterons ce que nous avons déjà dit, au commencement de ce paragraphe, à savoir que, dans l'état actuel de la loi, les demandes tendant à faire rendre exécutoires, en France, les ar-

13

rôts des Cours souveraines étrangères, devront toujours être portées devant les tribunaux de première instance.

§ 3. — *Quel tribunal d'arrondissement est compétent?*

Il vous sera facile, en appliquant les mêmes principes qui nous ont servi à déterminer le degré de la juridiction appelée à prononcer dans une instance en *exequatur*, de décider devant quel tribunal d'arrondissement cette instance devra être introduite.

Nous n'avons pas non plus ici de textes qui puissent nous guider, et nous sommes forcés de nous en référer au droit commun. Si donc, le défendeur à l'*exequatur* est domicilié ou réside en France, il faudra s'adresser au tribunal de son domicile ou de sa résidence en vertu de la maxime « *actor sequitur* « *forum rei.* » S'il n'a ni domicile ni résidence en France, le tribunal compétent sera celui de la situation des biens sur lesquels on poursuit l'exécution. Enfin, dans le cas sans doute assez rare, mais cependant possible où le défendeur n'aurait sur notre territoire ni domicile, ni résidence, ni biens, le demandeur aura la ressource de saisir n'importe quel tribunal français de son action en *exequatur*.

CHAPITRE VIII.

PROCÉDURE D'EXEQUATUR.

La demande en *exequatur* d'une décision d'un tribunal étranger doit-elle être introduite par voie d'assignation ou simplement par voie de requête ?

Il semblerait, à première vue, que la solution de cette question dépendît du parti que l'on adopte relativement aux effets généraux des jugements étrangers en France.

Si l'on dénie toute autorité sur notre sol à ces sentences, et si l'on reconnaît à nos tribunaux le droit de les reviser au fond, il est bien certain qu'il faudra recourir à l'assignation ; c'est, en effet, le procès tout entier qui va se débattre à nouveau, et il est essentiel que la partie qui a succombé à l'étranger soit mise à même de présenter tous ses moyens de défense (1). Au contraire, pour les auteurs qui adoptent le système de non-revision il suffira d'agir par voie de requête, puisqu'il n'y a pas de contestation nouvelle sur le fond ; il en sera de même pour ceux qui font revivre l'ordonnance de 1629, toutes les fois

---

(1) Constant, *De l'exécution des jugements étrangers dans les divers pays*, p. 8. — Demolombe, *op. cit.*, § 263, p. 426. — Despagnet, *op. cit.*, § 246, p. 254. — Moreau, *Effets internationaux des jugements*, § 136. — Douai, 17 juin 1863, S. 63. 2. 255. — Cass. 30 janvier 1867; S. 67. 1. 117 et D. P. 67. 1. 80. — Trib. Havre, 8 janvier 1875; J. D. I. P. 1876, p. 103.

que le jugement étranger aura été rendu en faveur d'un Français (1).

Bien qu'elle ait été soutenue par d'éminents juris-consultes, nous ne pensons pas que cette dernière opinion soit acceptable, et nous demeurons persuadés que, dans tous les cas, l'assignation sera nécessaire. Des raisons très-sérieuses militent du reste en notre faveur.

Nous ferons d'abord observer avec la Cour de Nancy (2) : « qu'en France les Cours et les tribunaux « ne peuvent être saisis par voie de requête qu'au-« tant que la décision à intervenir n'a rien de con-« tentieux et n'est pas de nature à affecter les biens « ou la personne d'un tiers ; cette manière de pro-« céder, rapide, sommaire, restrictive des droits de « la défense, constitue une exception à la règle géné-« rale et ne doit être permise que dans les cas spé-« cialement prévus par la loi. » Nous ne connais-sons aucun texte permettant de comprendre les décisions qui accordent l'*exequatur* aux jugements étrangers parmi les matières susceptibles d'être sou-mises à cette procédure exceptionnelle.

On serait peut-être tenté de penser, que l'arrêt dont nous venons de parler s'applique uniquement au cas

---

(1) V. dans ce sens : Debelleyme, *Ordonnances sur requêtes et sur référés*, (3e édition), t. I, p. 514. — Valette, *Mélanges*, t. I, p. 353.— Vareilles-Sommières, *op. cit.*, p. 140. — M. Demangeat sur Fœlix, t. II, p. 77, note a, nous paraît se ranger à cette opinion.

(2) Nancy, 7 décembre 1872 ; S. 73. 2. 33 et J. D. I. P. 1874, p. 242.

où le tribunal français, conformément à la doctrine consacrée par la jurisprudence, revise intégralement la sentence étrangère. Nullement, car il s'agissait dans l'espèce d'un arrêt d'une Cour d'Alsace-Lorraine, arrêt assimilé à ceux des Cours badoises, et nous verrons que le traité du 16 avril 1846, entre la France et le Grand-Duché de Bade, a limité le pouvoir d'examen de la juridiction française saisie de la demande d'*exequatur*, aux questions de procédure et de compétence.

En décidant qu'il convenait d'appeler en cause, par voie d'assignation, la personne contre laquelle on poursuit l'exécution d'un jugement étranger, alors même qu'aux termes d'un traité diplomatique passé entre la France et le pays où le jugement a été rendu, les tribunaux français seraient tenus d'examiner seulement le mérite extrinsèque de ce jugement, sans critiquer sa valeur au fond, il n'est pas douteux que la Cour de Nancy a voulu dire que l'assignation était nécessaire dans toutes les hypothèses, que l'on reconnaisse ou non aux tribunaux français le droit de reviser les sentences étrangères.

D'ailleurs, il est bon de ne pas oublier que, même dans le système de non-revision, l'instance en *exequatur* ne manque pas d'un certain caractère contentieux. Nous savons, en effet, que le tribunal français n'a pas pour mission de donner un simple visa à la sentence étrangère ; il doit rechercher si elle a été rendue par une juridiction compétente, les par-

ties dûment appelées et légalement représentées ou
défaillantes, si elle est régulière dans la forme, enfin si elle ne contient rien de col..raire à l'ordre public. Sur tous ces points nul ne sera plus à même
d'éclairer nos magistrats que les parties intéressées ;
la présence du défendeur à l'audience pourra donc
être de la plus grande utilité. Nous irons plus loin,
et nous dirons qu'il serait souverainement injuste de
ne pas le mettre en demeure de présenter les exceptions qu'il aurait à opposer à la demande d'*exequatur*. Voilà pourquoi nous croyons qu'il faut toujours
exiger l'assignation (1).

Cependant il sera possible, dans certaines hypothèses, d'agir exceptionnellement par voie de requête ;
c'est ainsi que le jugement étranger, qui aurait été
valablement rendu en France sur simple requête,
pourra y être déclaré exécutoire sans que l'instance
soit soumise à la nécessité de l'ajournement (2). Nous
pensons même que la Cour de Nancy a parfaitement
jugé, lorsqu'elle a décidé que la fin de non-recevoir
tirée du défaut d'assignation devait être opposée *in
limine litis*, conformément aux dispositions de l'article 173 du Code de procédure civile, et que la nullité

---

(1) Bonfils, *op. cit.*, p. 257. — Lemoine, *op. cit.*, p. 218 et 219. —
Massé, *op. cit.*, t. II, p. 807. — Thévenet, *op. cit.*, § 88, p. 77. —
Weiss (André), *op. cit.*, p. 970. — V. dans ce sens : Aubry et Rau,
op. cit., t. VIII, § 769 *ter*, p. 119 et la note 14. — Fœlix, *op. cit.*,
t. II, § 351.

(2) Douai, 14 août 1845 ; S. 46. 2. 303. — Colmar, 10 février 1864 ;
S. 64. 2. 122.

qui en résultait, n'étant pas d'ordre public, pouvait être couverte par la comparation effective de la partie adverse (1).

Il pourra arriver aussi que le jugement étranger soit invoqué comme moyen de défense au cours d'une instance déjà engagée devant nos tribunaux. Dans ce cas, si l'on ne reconnait pas *de plano* aux sentences étrangères l'autorité de la chose jugée, l'*exequatur* sera valablement obtenu sur des conclusions incidentes. A quoi bon, en effet, une demande principale, lorsque la personne à laquelle on oppose la décision des magistrats étrangers est elle-même demanderesse et assiste aux débats du procès (2).

Nous n'avons rien de particulier à dire relativement à la marche de l'instance en *exequatur*, qui restera soumise aux règles générales établies par le Code de procédure civile. Rappelons seulement, que la matière qui nous occupe étant contentieuse, le jugement qui déclare exécutoire en France une décision d'un tribunal étranger devra être rendu en audience publique (3).

---

(1) Arrêt précité de Nancy du 7 décembre 1872. — V. un arrêt de la Cour d'Aix du 20 novembre 1877 (J. D. I. P. 1879, p. 65 et 66), portant que : « l'omission de l'assignation ne peut avoir d'autre « conséquence que de permettre à la partie qui s'en plaint de se « pourvoir en cassation ou de faire opposition à l'arrêt qui n'a pas « été rendu contradictoirement avec elle. »

(2) Paris, 15 mai 1869; S. 70. 2. 10.

(3) Cass., 30 janvier 1867; D. P. 67. 1. 80. — Nancy, 7 décembre 1872 (précité); J. D. I. P. 1874, p. 242. — Trib. Havre, 8 janvier 1875; J. D. I. P. 1876, p. 103.

L'étranger qui veut obtenir l'*exequatur* d'un jugement étranger sera-t-il tenu de fournir la caution
judicatum solvi? Evidemment oui. « La demande
« d'*exequatur* présente tous les caractères d'une de-
« mande ordinaire, et en différât-elle un peu par
« son objet, cette différence ne doit pas s'opposer à
« l'application des art. 16, C. civ. 166 et 167, C. pr. civ.,
« pour peu que l'on prenne garde que le premier de
« ces articles, par la généralité de ses termes, s'appli-
« que à toutes matières; l'art. 16 n'excepte, en effet,
« que les matières de commerce et l'hypothèse où
« le demandeur possède en France des immeubles
« d'une valeur suffisante pour assurer le paiement
« des frais et dommages-intérêts résultant du pro-
« cès (1). »

Toutefois, nous appliquerons strictement l'art. 16
du Code civil, et nous déciderons, avec le tribunal de
la Seine, que l'étranger demandeur, qui réclame des
tribunaux français l'*exequatur* d'un jugement rendu
en pays étranger contre un Français, n'est pas obligé
de fournir la caution *judicatum solvi*, bien que procédant devant la juridiction civile, lorsqu'il s'agit de
matière commerciale (2).

Dès lors que nous reconnaissons à la sentence, qui
rend exécutoire en France la décision d'un tribunal

---

(1) Nancy. 16 juin 1877; J. D. I. P. 1878, p. 159.
(2) Trib. Seine, 18 mars 1875; J. D. I. P. 1876, p. 179. — Trib.
Seine, 3 juillet 1880; J. D. I. P. 1882, p. 615.

étranger, tous les caractères d'un véritable jugement, il nous faudra admettre contre elle toutes les voies de recours. Les parties qui n'auront pas été appelées ou représentées pourront donc faire tierce-opposition au jugement d'*exequatur*, conformément à l'article 474 du Code de procédure civile (1). C'est ce qui arrivera presque toujours dans les cas exceptionnels où l'*exequatur* aura été obtenu sur simple requête (2).

Pour l'appel la question est plus délicate; cette voie de recours sera-t-elle ouverte dans tous les cas, quel que soit le montant de la condamnation prononcée en pays étranger, ou bien faudra-t-il tenir compte de la valeur du litige? La jurisprudence, pensant sans doute faire une rigoureuse application du système de la revision, s'est prononcée dans ce sens. « Considérant que l'ordre des juridictions inté-
« resse l'ordre public, et que ce principe ne souffre
« d'exception en aucune matière; qu'il suit de là que
« le tribunal de première instance saisi de la con-
« naissance d'une demande à fin d'exécution du
« jugement du tribunal étranger y statue, soit en
« premier, soit en dernier ressort, suivant le taux et
« la nature de la demande (3). »

Nous croyons que dans l'espèce la Cour de Paris

<hr />

(1) Trib. Bayonne, 17 mars 1874; J. D. I. P. 1875, p. 271 et suiv. — Cass., 27 juillet 1874; J. D. I. P. 1875, p. 354.

(2) Aix, 25 novembre 1858; S. 59. 2. 605. — Douai, 17 juin 1863; S. 63. 2. 255. — Chambéry, 20 janvier 1873; S. 73. 2. 200.

(3) Paris, 7 février 1880, J. D. I. P. 1880, p. 585. — *Sic*, Cass. req., 21 août 1882; J. D. I. P. 1882, p. 625.

a commis une grave erreur. Elle semble, en effet, n'avoir considéré la demande d'*exequatur* que comme un accessoire d'une demande principale, tandis qu'il s'agit en réalité d'une nouvelle instance nécessitant l'examen de points tout spéciaux, tels que la compétence du tribunal étranger et le respect des principes d'ordre public; nous nous trouvons donc en présence d'une demande non-susceptible d'évaluation, qui n'est pas appréciable au point de vue pécuniaire et qui par conséquent ne peut être jugée qu'en premier ressort (1).

Qu'il nous soit permis, d'ailleurs, de présenter contre le système adopté par la jurisprudence un argument qui, dans la pratique, ne manquera pas d'une certaine force. D'après quelle loi déterminerez-vous le montant de la demande principale, pour savoir si elle sera ou non susceptible d'appel, lorsque, devant nos tribunaux, elle se transformera en une action à fin d'*exequatur*? Suivrez-vous les règles établies par la loi française, et ferez-vous juger en dernier ressort par des juges de première instance toutes les demandes d'*exequatur* d'une sentence emportant une condamnation qui n'excédera pas 1500 francs? Rechercherez-vous, au contraire, dans quels cas l'appel est admis dans le pays dont émane le jugement qu'il s'agit de rendre exécutoire?

_____

(1) V. dans ce sens : Despagnet, *op. cit.*, p. 255. — Lemoine, *op. cit.*, p. 222. — Moreau, *op. cit.*, p. 152.

Ce second procédé serait évidemment le seul équitable, car en appliquant la loi française, on s'exposerait à priver de l'appel des décisions contre lesquelles cette voie de recours aurait été ouverte dans le pays où elles ont été prononcées, et à rendre susceptibles d'appel des jugements qui ne l'auraient pas été à l'étranger. Mais alors il faudrait exiger de tous les tribunaux français une connaissance approfondie de toutes les législations étrangères, ce qui nous paraît bien difficile.

Par qui seront supportés les frais qu'entraînera nécessairement la procédure d'*exequatur?* Le tribunal du Havre (1) a décidé qu'ils devaient incomber au demandeur, parce que : « c'est à la personne qui « se prévaut d'un jugement étranger à faire les diligences nécessaires pour valider son titre en France. « La nécessité de recourir à la justice française provenant du fait du créancier et d'une situation légale qui lui est personnelle, c'est à lui de supporter les dépens de la procédure. »

Selon nous, cette décision est mauvaise et injustifiable. Ce serait vraiment une singulière chose que de forcer un créancier qui a un droit général de gage sur tous les biens de son débiteur, qu'ils soient situés en France ou à l'étranger, à supporter les dépens d'un procès que ce dernier était en mesure d'éviter s'il avait consenti à s'exécuter de son plein

---

(1) Trib. Havre, 8 janvier 1875; J. D. I. P. 1876, p. 103.

gré. Il n'y a pas de motifs pour déroger ici à l'article 130 du Code de procédure civile. Si le défendeur à l'*exequatur* obtient gain de cause, que ce soit le demandeur qui ait la charge de tous les frais, rien de mieux; mais, dans l'hypothèse contraire, nous ne comprenons pas bien pour quelle raison le créancier paierait des frais qu'il ne doit pas, et qui n'ont été occasionnés que par le mauvais vouloir de son adversaire. Le strict bon sens veut qu'on applique en pareil cas les règles du droit commun.

TROISIÈME PARTIE

LOIS POLITIQUES ET TRAITÉS INTERNATIONAUX CONCLUS PAR
LA FRANCE

CHAPITRE IX.

GÉNÉRALITÉS.

L'art. 2123 du Code civil porte qu'il pourra être dérogé aux principes généraux qu'il établi', par des lois politiques et par des traités. Nous avons été très étonnés, en consultant l'ouvrage de M. de Vareilles-Sommières, d'y lire qu'il ne connaissait aucune loi apportant quelque restriction à l'art. 2123 (1). Personne n'ignore, en effet, qu'une convention, renouvelée en 1868, est intervenue entre les États riverains du Rhin, créant des tribunaux spéciaux chargés de trancher les difficultés qui pourraient se présenter

---

(1) Vareilles-Sommières, *L'hypothèque judiciaire*, p. 113. Sans vouloir nier aucunement le mérite de la monographie en question, nous nous bornerons à constater que le mémoire de M. de Vareilles-Sommières a été couronné en 1869 par la faculté de droit de Poitiers et en 1870 dans le concours ouvert entre toutes les facultés de droit de France. Les douloureux événements de 1870-1871 ne nous avaient pas encore fait perdre l'Alsace, et la France était toujours riveraine du Rhin. Pourquoi donc avoir omis la convention de Mayence et la loi du 21 avril 1832?

relativement à la navigation de ce fleuve. Aux termes
de l'art. 5 de la loi du 21 avril 1832 : « les juge-
« ments prononcés par les juges des droits de la
« navigation du Rhin, résidant sur un territoire
« étranger, seront exécutoires sur le territoire fran-
« çais sans nouvelle instruction, et, à cet effet, ils
« seront rendus exécutoires par le tribunal civil de
« Strasbourg. » Le traité de Francfort, en démem-
brant notre pays et en lui enlevant la frontière rhénane, a transformé la loi de 1832 en un simple sou-
venir historique.

Quant aux traités conclus par la France, ils sont
peu nombreux. Nous n'en connaissons que quatre, et
encore est-il juste de faire observer que l'un d'eux
s'applique à une matière toute spéciale, et ne vise
que les jugements relatifs à des questions de successions. Ces quatre conventions diplomatiques règlent
les rapports de la France avec le Grand-Duché de
Bade, l'Alsace-Lorraine, l'Italie, la Suisse et la
Russie.

Au mois de mai 1870, sous le ministère Ollivier, il
s'en fallut de peu qu'un traité, réglant la jouissance
des droits civils et l'exécution réciproque des jugements, n'intervint entre la France et l'Espagne; grâce
à l'opposition du Sénat impérial, qui voyait dans ce
traité une atteinte à la dignité de notre pays, les
pourparlers furent suspendus et la guerre franco-
allemande leur porta le dernier coup. Des négociations avaient aussi été entamées avec le gouverne-

ment belge; commencées en 1850, abandonnées, puis reprises, elles n'eurent pas plus de succès, et depuis 1883 il n'en a plus été question.

Avant d'étudier en détail les dispositions des traités actuellement en vigueur, il ne sera pas inutile de présenter quelques observations générales. Si précis et si clairs que soient les termes des conventions qui nous occupent en ce moment, il n'en est pas moins certain que ces conventions envisagent uniquement les jugements étrangers au point de vue de l'autorité de la chose jugée et laissent subsister la nécessité de l'*exequatur* toutes les fois qu'il s'agit de procéder à des actes d'exécution. Le respect de la souveraineté des Etats exige qu'il en soit ainsi (1).

On nous demandera peut-être, à nous qui ne reconnaissons pas aux tribunaux français le droit de reviser au fond les décisions étrangères dont on leur demande l'*exequatur*, quels avantages et quelle utilité pratique nous pourrons trouver dans la multiplication et même dans la simple existence de traités internationaux, qui ne font, après tout, que sanctionner un état de choses que nous nous sommes plus à considérer comme la stricte application des principes du droit commun. L'objection serait jusqu'à un certain point fondée, si tout le monde inter-

---

(1) Paris, 31 janvier 1873; S. 74. 2. 33. — V. aussi un arrêt de la Cour de Nancy du 3 août 1877 (S. 78. 2. 17), reconnaissant aux tribunaux français le droit de revision au fond, sauf les hypothèses limitativement déterminées par les traités.

prêtait, ainsi que nous l'avons fait, les art. 2123, C. C.
et 546, C. Pr. Mais, comme il n'en est rien, et qu'au
contraire ces deux textes ont donné lieu en doctrine
aux discussions les plus vives et que la jurisprudence s'est presque toujours prononcée dans le sens
de la revision au fond, nous croyons qu'un traité, qui
détermine exactement les points sur lesquels doit
porter l'examen des juges français, doit être considéré comme une précieuse garantie pour les parties intéressées. D'ailleurs, ce traité n'eût-il d'autre
résultat que d'indiquer d'une façon précise à nos
magistrats quels sont les tribunaux étrangers compétents dans telle ou telle hypothèse, qu'il serait
déjà d'une grande utilité; mais il y a plus. Une loi,
n'est qu'un acte unilatéral, soumis aux fluctuations
de la politique intérieure et extérieure d'un État; il
suffira d'un caprice d'un parlement pour la modifier
ou pour l'abroger. Un traité au contraire, est un contrat synallagmatique, passé entre deux pays, et qu'on
ne saurait déchirer impunément; pour y apporter
quelque changement il faudra nécessairement un
nouvel accord des parties contractantes.

Les jugements étrangers ne pouvant être exécutés
en France sans *exequatur*, même en présence de
traités, il est évident que les tribunaux français
devront refuser cet *exequatur* à toutes les décisions
qui seraient contraires à l'ordre public (1), ou qui

(1) Paris, 20 novembre 1848; S. 49. 2. 11. — Cass., 14 juillet 1825;
S. 26. 1. 378. — Aix, 25 novembre 1858; S. 59. 2. 603. — Aix,

auraient été rendues par des juges incompétents (1).
La Cour de cassation a été jusqu'à considérer comme
d'ordre public la compétence exceptionnelle établie
par l'art. 14 de notre Code civil (2).

Les traités dérogeant aux règles du droit commun,
il n'est pas permis d'en étendre les termes; ils
doivent être strictement interprétés, et appliqués
seulement dans les hypothèses qu'ils auront spécialement prévues. C'est ainsi que les conditions requises pour qu'un jugement étranger puisse être exécuté en France, ne seront nullement modifiées par
des dispositions semblables à celles que nous rencontrons dans l'art. 3 du traité franco-péruvien du
9 mars 1861 portant que : « les sujets et citoyens des
« deux hautes parties contractantes auront libre et
« facile accès auprès des tribunaux de justice pour
« la poursuite de leurs droits en toute instance et à
« tous les degrés de juridiction établis par la loi. »
Nous en dirons autant du § 2 de l'art. 2 de la convention consulaire conclue entre la France et l'Espagne le 7 janvier 1862, conçu dans les mêmes
termes. On peut voir dans ces textes une dispense
pour l'étranger demandeur de fournir la caution _ju-_

---

8 décembre 1858; S. 59. 2. 605. — Cass. req., 18 juillet 1859; S. 59.
1. 822.

(1) Cass., 27 avril 1870; S. 71. 1. 91. — Aix, 13 mai 1874; J. D. I.
P. 1875, p. 188. — Paris, 28 mai 1884; J. D. I. P. 1884, p. 622. —
Aix, 24 mars 1885; J. D. I. P. 1885, p. 286.

(2) Cass., 17 mars 1830; S. 30. 1. 95. — Colmar, 11 décembre
1861; S. 62. 2. 205.

dicatum solvi, mais ils ne sauraient soustraire en aucune façon les décisions des tribunaux étrangers à l'examen des juges français (1).

Un point qui n'est pas douteux, c'est qu'il ne suffirait pas d'une réciprocité de fait, en l'absence de tout traité, pour faire admettre en France *de plano* les sentences étrangères. Sinon, comme l'observe très-justement M. Bonfils : « un petit État serait le maître « de procurer, en France, à ses nationaux tels avan-« tages qu'il lui plairait, en les conférant lui-même « aux Français. La France cesserait d'être souveraine « dans son territoire, si elle était tenue d'accorder « aux sujets d'un autre État tout ce que le souverain « de cet État accorde aux Français (2). »

Les traités conclus par la France, relativement à l'exécution des jugements étrangers, peuvent-ils être invoqués indifféremment par toute personne, quelle que soit d'ailleurs sa nationalité, qui aura plaidé dans l'un des pays contractants, ou bien leur bénéfice est-il exclusivement réservé aux nationaux des deux États entre lesquels la convention est intervenue ? On a essayé d'appuyer cette dernière solution sur la maxime « *res inter alios acta* (3). » Lorsque deux particuliers contractent, eux seuls ont le droit

(1) Trib. Seine, 15 janvier 1878; J. D. I. P. 1878, p. 370.
(2) Bonfils, *op. cit.*, § 273, p. 230. — Aubry et Rau, *op. cit.*, t. VIII, p. 422. — Fœlix, *op. cit.*, t. II, § 370, p. 124. — Lemoine, *op. cit.*, p. 243. — Moreau, *op. cit.*, § 152, p. 160.
(3) V. un jugement du trib. de com. du Havre du 6 mars 1878; J. D. I. P. 1878, p. 382.

de se prévaloir des stipulations du contrat; pourquoi en serait-il autrement quand ce sont deux États qui ont été parties à l'acte. Nous croyons, pour notre part, qu'il importe peu de rechercher la nationalité de l'individu qui a fait juger un procès par les tribunaux d'un pays lié à la France par un traité. En effet : « la « raison d'être du traité, ce n'est pas la qualité des « personnes en cause, mais la confiance réciproque « accordée par les États contractants à leurs tribu- « naux respectifs (1). »

Il nous reste à dire un mot d'une question que nous aurons, d'ailleurs, l'occasion d'examiner plus en détail lorsque nous nous occuperons de la convention franco-sarde du 24 mars 1760. Quel est l'effet, sur les traités, d'une guerre éclatant entre les deux pays qui les ont conclus ? On a soutenu que par le seul fait de la guerre les traités étaient anéantis d'une façon absolue. Il y a là une exagération évidente. Qu'on dise que les conventions politiques disparaissent lorsque les États entre lesquels elles sont intervenues se trouvent en état d'hostilités, nous le voulons bien; mais pour les traités d'ordre privé, réglant les relations d'individu à individu plutôt que les rapports de nation à nation il n'en est plus ainsi. Cette distinction a été très-nettement établie par la Cour d'Aix, dans son arrêt du 8 décembre 1858 : « Considérant qu'il faut distinguer les traités géné-

(1) Thévenet, *op. cit.*, p. 110.

« raux et politiques réglant les conditions de paix et
« d'alliance entre deux ou plusieurs nations, des
« traités particuliers d'hospitalité, de commerce, etc.,
« qui touchent plus particulièrement aux intérêts
« privés des deux États; que si la guerre anéantit
« les premiers, elle suspend seulement les seconds,
« lesquels reprennent de plein droit leur empire
« quand la paix est rétablie, par application du prin-
« cipe général: « *cessante causâ tollitur effectus* (1). »

Ces principes généraux posés, nous allons étudier
successivement, par ordre de dates, les traités que la
France a conclus avec le Grand-Duché de Bade,
l'Italie, la Suisse et la Russie.

---

(1) Aix, 8 décembre 1858; S. 59. 2. 605. — *Sic*, Poitiers, 2 juin
1824; S. 25. 2. 59. — Cass. req., 9 janvier 1823; S. 26. 1. 402. — Aix,
23 novembre 1858; S. 59. 2. 605.

CHAPITRE X.

TRAITÉ FRANCO-BADOIS DU 16 AVRIL 1846.

Le traité conclu entre la France et le Grand-Duché de Bade, le 16 avril 1846, a été maintenu par l'art. 18 de la convention du 11 décembre 1871 additionnelle au traité de Francfort (1). La mise en vigueur de ce traité a été formellement reconnue par un arrêt de la Chambre d'appel de Mannheim et par une décision du tribunal supérieur grand-ducal en date du 25 septembre 1873 (2). « Considérant, dit l'arrêt de « Mannheim, que ce traité passé avant la dernière « guerre a été remis en vigueur du consentement « du Grand-Duché de Bade, en vertu de l'art. 18 de « la convention du 11 décembre 1871 additionnelle « au traité de paix du 10 mai 1871, passé entre la « France et l'Allemagne, et de l'échange des ratifica-« tions, qui n'a pu avoir lieu que du consentement « des gouvernements intéressés. » Nous avons déjà vu que ce même art. 18 de la convention de 1871 avait étendu à l'Alsace-Lorraine les dispositions de

---

(1) V. le texte du traité conclu entre la France et le Grand-Duché de Bade à Carlsruhe le 16 avril 1846, dans de Clercq, *Recueil des traités de la France*, t. V, p. 448, et dans Martens, *Nouveau recueil gén.*, t. IX, p. 126. — Pour la convention additionnelle au traité de Francfort du 11 décembre 1871, V. Martens, *Nouveau recueil général*, t. XX, p. 847.

(2) J. D. I. P. 1875, p. 118 et 119.

la convention franco-badoise de 1846 sur l'exécution des jugements.

L'art. 1ᵉʳ du traité dont nous nous occupons en ce moment est ainsi conçu : « Les jugements ou arrêts « rendus en matière civile et commerciale par les « tribunaux compétents de l'un des deux pays con- « tractants emporteront hypothèque judiciaire dans « l'autre : en outre, ils seront exécutoires lorsqu'ils « auront acquis l'autorité de la chose jugée, pourvu « toutefois que les parties intéressées se conforment « aux dispositions de l'art. 3 ci-après.»

Pour qu'un jugement rendu par un tribunal ba- dois ou d'Alsace-Lorraine puisse être déclaré exécu- toire en France, il faut donc qu'il émane d'une ju- ridiction compétente et qu'il soit passé en force de chose jugée ; nous verrons tout-à-l'heure que la par- tie qui veut s'en prévaloir est, en outre, tenue de remplir certaines formalités. Il est presque superflu d'ajouter que la décision dont on demande l'*exe- quatur* ne doit renfermer aucune disposition con- traire à l'ordre public (1).

La compétence respective des tribunaux des deux pays est déterminée par l'art. 2 du traité de 1846. Sera réputé compétent : le tribunal dans l'arrondissement duquel le défendeur a son domicile ou sa résidence ; en matière réelle, celui dans l'arrondissement duquel est situé l'objet litigieux ; en matière de société, quand

---

(1) Trib. Seine, 4 août 1882 ; J. D. I. P. 1883, p. 301 et 302.

il s'agit de contestations entre associés, ou de plaintes portées par des tiers contre la société, le tribunal dans l'arrondissement duquel elle est établie; le tribunal dans l'arrondissement duquel les parties ont élu domicile pour l'exécution d'un acte.

Cette énumération étant limitative (1), il appartient au juge français de vérifier si le tribunal badois qui a statué était compétent conformément au texte même de la convention (2). Pour la même raison, nous pensons qu'il sera juste d'écarter la compétence exceptionnelle de l'art. 14 de notre Code civil. La compétence du tribunal qui a prononcé le jugement qu'il s'agit de rendre exécutoire, doit en effet être fixée, non pas d'après la loi du pays auquel appartient ce tribunal, mais bien d'après les règles établies par le traité.

Aux termes de l'art. 3 de la convention, la partie en faveur de laquelle un jugement aura été rendu dans l'un des deux États, et qui voudra s'en servir dans l'autre État, devra produire à cet effet une expédition dûment légalisée du jugement, la preuve de

(1) Nancy, 3 août 1877; S. 78. 2. 17 et J. D. I. P. 1878, p. 42.

(2) Nancy, 7 décembre 1872; S. 73. 2. 33 et J. D. I. P. 1874, p. 239. — Trib. Seine, 13 avril 1874; J. D. I. P. 1876, p. 182. — Trib. Seine, 5 février 1884; J. D. I. P. 1884, p. 505 et suiv. — Il a cependant été jugé par le tribunal de la Seine (J. D. I. P. 1876, p. 300), que l'art. 2 du traité franco-badois, qui énumère les différents cas de compétence des deux pays, n'empêche pas le créancier dans une contestation commerciale de citer, en vertu de l'art. 420-3°, C. pr., devant son propre tribunal le débiteur en retard, si ce tribunal est celui du lieu où le paiement a été stipulé.

de la signification et un certificat du greffier constatant la signification (1).

Pour obtenir l'*exequatur* d'un jugement badois
ou alsacien-lorrain, il faudra s'adresser soit à la Cour
royale ou d'appel, soit au tribunal de première instance du lieu du domicile du débiteur ou de la situation des biens, suivant que la décision émanera du
premier ou du second degré de juridiction.

Rappelons en terminant que, d'après l'art. 7, le
traité franco-badois a été conclu pour cinq années
avec tacite reconduction. Celle des parties contractantes qui voudrait le dénoncer devrait notifier son
intention à l'autre partie, six mois avant l'expiration
de chaque terme.

---

(1) Un jugement du tribunal de la Seine du 5 février 1881 (J. D.
I. P. 1881, p 503 et suiv. précité), a décidé que la production des
trois documents énumérés dans l'art. 3 était nécessaire pour
obtenir l'exécution d'une décision rendue par un tribunal badois
ou alsacien-lorrain.

CHAPITRE XI.

TRAITÉ FRANCO-SARDE DU 24 MARS 1760 ET DÉCLARATION
INTERPRÉTATIVE DU 11 SEPTEMBRE 1860.

Les rapports entre la France et l'Italie, en ce qui
concerne l'exécution réciproque des jugements rendus dans les deux pays, sont régis par l'art. 22 du
traité de limites et de juridiction du 24 mars 1760, et
par la déclaration du 11 septembre 1860 portant interprétation de cet article.

Le § 3 de l'art. 22 du traité de 1760 est ainsi conçu : « Pour favoriser l'exécution réciproque des dé-
« crets et jugements, les Cours suprêmes défèreront
« de part et d'autre à la forme du droit, aux réqui-
« sitions qui leur seront adressées à ces fins même
« sous le nom desdites Cours (1). »

Voici maintenant le texte de la déclaration de 1860:
« Désirant écarter à l'avenir toute espèce de doutes
« ou de difficultés dans l'application que les Cours
« des deux pays sont appelées à en faire (il s'agit de
« l'application du § 3 de l'art. 22 du traité de 1760),
« les gouvernements de France et de Sardaigne, à la
« suite d'explications mutuellement échangées, sont
« convenus qu'il doit être interprété de la manière
« suivante : il est expressément entendu que les

_____

(1) De Clercq, *Recueil des traités de la France*, t. I, p. 80.

« Cours, en déférant à la forme du droit aux deman-
« des d'exécution des jugements rendus dans cha-
« cun des deux États ne devront faire porter leur
« examen que sur les trois points suivants, savoir :
« 1° Si la décision émane d'une juridiction compé-
« tente : 2° Si elle a été rendue, les parties dûment
« citées et légalement représentées ou défaillantes :
« 3° Si les règles du droit public ou les intérêts de
« l'ordre public du pays où l'exécution est deman-
« dée ne s'opposent pas à ce que la décision du tri-
« bunal étranger ait son exécution (1). »

A première vue ces textes semblent fort clairs;
cependant leur application a soulevé, principalement
en Italie, de nombreuses difficultés. On s'est demandé d'abord, si les guerres soutenues à plusieurs
reprises par la France contre la Sardaigne, et surtout si l'annexion de ce dernier pays au nôtre en 1708,
n'avaient pas eu pour effet de faire disparaître le
traité de 1760. La jurisprudence française a longtemps hésité. M. Féraud-Giraud, dans son intéressante étude sur la législation franco-sarde (2), rapporte un arrêt de la Cour de Riom du 19 août 1818
qui semble faire abstraction complète du traité de
1760 et même en ignorer l'existence. « La Cour, vu
« l'art. 546 du Code de Procédure civile, vu aussi
« l'art. 2123 du Code civil et attendu que, du rappro-

(1) De Clercq, *op. cit.*, t. VIII, p. 118. — Martens, *Nouveau recueil général*, t. XVII, 2ᵉ partie, p. 49.
(2) Féraud-Giraud, *France et Sardaigne*, p. 320.

« chement et de la combinaison des deux articles
« ci-dessus, il résulte que les jugements rendus en
« pays étranger ne sont susceptibles d'exécution en
« France qu'autant qu'ils ont été déclarés exécutoires
« par un tribunal français, renvoie les parties à se
« pourvoir ainsi que de droit à la manière ordi-
« naire. »

Quelques pages plus loin, le même auteur reproduit intégralement un arrêt de la Cour de Grenoble en date du 3 janvier 1829 (1). La Cour ne recherche pas si le traité de 1760 est ou n'est pas actuellement en vigueur, mais elle fait observer que cette convention, ayant principalement pour but la délimitation des territoires, ne saurait être étendue, et qu'on ne peut, en présence d'un texte aussi peu clair, priver les Français du droit qui leur est assuré par l'ordonnance de 1629. On voit que les magistrats dauphinois, s'ils avaient des doutes sur l'existence et sur l'interprétation du traité du 24 mars 1760, n'éprouvaient plus les mêmes scrupules lorsqu'il s'agissait de faire revivre l'œuvre du chancelier Michel de Marillac.

Si maintenant nous passons à l'examen des derniers monuments de la jurisprudence française, nous les trouverons tous favorables à la doctrine qui soutient que le traité franco-sarde de 1760 est encore

---

(1) Grenoble, 3 janvier 1829; S. 20. 2. 176. — Féraud-Giraud, *op. cit.*, p. 333 et suiv. — La Cour de Grenoble avait déjà refusé l'*exequatur* à un jugement savoisien, le 9 janvier 1826; S. 27. 2. 56.

applicable aujourd'hui. Nous avons déjà signalé, plus haut (1), deux arrêts de la Cour d'Aix des 25 novembre et 8 décembre 1858. Plus récemment encore la Cour de Paris a très nettement décidé, par un arrêt du 1er décembre 1879 (2), que les traités de Vienne de 1814 et de 1815, en rétablissant l'ancien royaume de Sardaigne, avaient virtuellement rendu force et vigueur au traité du 24 mars 1760.

En Italie, M. Fiore a soutenu (3) qu'on ne pouvait affirmer d'une façon certaine que le traité de 1760 fût encore en vigueur. Il reconnaît, il est vrai, que les traités d'amitié et de commerce sont seulement suspendus pendant la guerre, mais il ajoute qu'il n'en est pas de même des traités de délimitation, et il fait remarquer que le traité franco-sarde de 1760 rentre précisément dans cette dernière catégorie. L'éminent professeur de Naples n'admet pas non plus, qu'une convention internationale puisse être renouvelée tacitement. « En effet, écrit-il, on ne « doit pas donner facilement comme fondement à « l'existence d'une nouvelle obligation internationa- « le, une simple présomption et de simples conjec-

---

(1) V. *Suprà*, p. 216. — Dans le même sens : Cass., 27 avril 1870; S. 71. 1. 91. — Cass., 5 février 1872; S. 72. 1. 100. — Paris, 0 janvier 1875; J. D. I. P. 1875, p. 354. — Trib. Seine, 21 février 1870; J. D. I. P. 1870, p. 278.

(2) Paris, 1er décembre 1879; S. 81. 2. 145 et J. D. I. P. 1879, p. 545. — V. sur cet arrêt une note de M. Louis Renault dans la *Revue critique* (année 1881, p. 473 et suiv.).

(3) Fiore, *De l'exécution des actes et des jugements étrangers en Italie*; J. D. I. P. 1878, p. 235 et suiv. (trad. Ch. Antoine).

« tures. N'est-il pas, en effet, évident que lorsque la
« convention principale est éteinte, avec elle le sont
« aussi les pactes accessoires (1). » Cependant M. Fiore constate lui-même que la plupart des Cours italiennes se sont prononcées dans le sens de l'existence du traité de 1760 (2).

Nous avons vu plus haut que le traité du 24 mars
1760 avait été expressément remis en vigueur et
interprété par la déclaration du 11 septembre 1860.
Malheureusement, pour des raisons de forme, la validité de cette déclaration n'est pas admise sans hési-
tation au delà des Alpes, et de plus il faut observer
que depuis 1860 l'Italie, ou pour parler plus exactement le royaume de Sardaigne avec lequel la France
a contracté en 1760 et en 1860, a reçu d'assez sérieuses modifications pour qu'on soit en droit de se demander si la convention intervenue entre MM. de
Talleyrand et de Cavour est applicable au royaume
d'Italie tel qu'il existe en 1887.

Deux raisons permettent de douter que la déclaration du 11 septembre 1860 soit régulière en ce qui
concerne l'Italie. On lui reproche, en premier lieu,
d'être le résultat d'un accord entre un ministre français et un ministre sarde ; or, l'art. 5 du statut fon-

---

(1) J. D. I. P. *eod. loc.*, p. 245.
(2) Casale, 21 mars 1863 ; *Monitore dei tribunali* (de Milan) ; 1863,
p. 590 et suiv. — Turin, 15 mai 1865 ; Florence, 20 juin 1870 ;
Turin, 20 mars 1876 ; J. D. I. P. *eod. loc.*, p. 214. — V. dans ce
sens : C. d'appel de Lucques, 19 février 1880 ; J. D. I. P. 1883, p. 88.

damental du royaume de Sardaigne du 4 mars 1848
porte que le Roi seul fait les traités quels qu'ils
soient, « en les portant à la connaissance des Cham-
« bres dans la mesure où l'intérêt et la sécurité de
« l'Etat le permettent (1). » Il importe donc fort peu,
dans l'espèce, que la convention de 1860 ait été ou
non présentée à la ratification des Chambres italiennes; ce qui est beaucoup plus grave, c'est que le
traité en question, au lieu d'avoir été conclu directement avec la France par le Roi Victor-Emmanuel,
soit simplement revêtu de la signature du comte de
Cavour.

Il faut en outre observer que la déclaration de 1860
n'a jamais été régulièrement promulguée en Italie :
« Cette déclaration, dit un arrêt de la Cour de Brescia
« en date du 14 septembre 1875 (2), n'est pas obliga-
« toire en Italie, parce qu'elle n'y a pas été publiée,
« ni insérée dans la collection officielle des lois et
« décrets du royaume. »

Par contre un arrêt de la Cour d'appel de Milan, en
date du 19 juillet 1875 (3), a décidé que la déclaration du 11 septembre 1860 devait être considérée
comme ayant force légale en Italie. La Cour d'appel

---

(1) Dareste, *Les constitutions modernes*, t. I, p. 850.
(2) Brescia, 14 septembre 1875; *Monitore dei tribunali*, 1875,
p. 1109... et J. D. I. P. 1879, p. 306. Le même arrêt reconnait comme
étant en vigueur le traité du 24 mars 1760, qui seul règlerait la matière de l'exécution réciproque des jugements en France et en Italie.
(3) Milan, 19 juillet 1875; *Monitore dei tribunali*, 1875, p. 834;
J. D. I. P. 1879, p. 305.

de Turin s'est prononcée dans le même sens le 20 mars
1870 (1). La même question avait déjà été soulevée
en 1867 devant la Cour de Lucques (2), qui n'admit
pas la validité de l'acte de 1860. Le 23 décembre de
la même année, la Cour de cassation de Florence
cassait l'arrêt de Lucques et renvoyait l'affaire devant
la Cour d'appel de Florence; cette dernière, le
7 avril 1869 (3), refusa l'*exequatur* au jugement
français qui lui était présenté, sous prétexte que la
déclaration de 1860 était dépourvue de toute force
en Italie pour les raisons que nous avons exposées
plus haut.

Ces hésitations de la jurisprudence italienne, que
nous ne faisons qu'indiquer, sans oser prendre parti
ni dans un sens ni dans l'autre, tant la question nous
semble délicate et difficile à trancher, sont de tous
points regrettables. Il est vrai que certaines personnes, notamment un honorable organe du ministère public français (4), n'ont pas hésité à soutenir
qu'il était d'un mince intérêt de discuter le plus ou

(1) Turin, 20 mars 1870; J. D. I. P. 1879, p. 307. — V. dans ce
sens, Cour de Lucques, 19 février 1880 (arrêt signalé par M. P.
Esperson dans le J. D. I. P. 1884, p. 369, note 3).

(2) V. sur l'affaire Charavel et Dussard représentés par Dubosc, c.
Sanna, une brochure publiée en 1883 par M. Dupuy: *Des relations
entre la France et l'Italie au point de vue judiciaire.* — L'arrêt de
la Cour de Lucques, du 26 avril 1867, est cité dans le J. D. I. P.
1879, p. 300 et 1884, p. 368 et dans le *Monitore dei tribunali*, 1808,
p. 871 en note.

(3) *Eod. loc.; Monitore dei tribunali*, 1875, p. 831, note 2.

(4) V. la note de M. Louis Renault sous l'arrêt de la Cour de
Paris du 1er décembre 1879, S. 81. 2. 145.

moins de validité de la convention de 1860, alors que l'art. 911 du Code de procédure civile italien établissait indistinctement pour toutes les nations un traitement aussi libéral que celui qui pouvait être exigé par nos compatriotes se prévalant des instruments diplomatiques de 1760 et de 1860.

Nous pensons que ce que nous avons dit un peu plus haut à ce sujet, est suffisant pour montrer quels sérieux avantages peuvent résulter d'un contrat bilatéral intervenu entre deux États, ce contrat n'étant pas exposé aux mêmes vicissitudes que des lois simplement votées par les parlements respectifs de ces deux États ; aussi nous abstiendrons-nous de revenir sur ce point.

Il nous reste à dire un mot d'une œuvre à la perfection de laquelle notre pays a puissamment contribué pendant la deuxième période du règne de Napoléon III ; nous voulons parler de l'unification du royaume d'Italie commencée en 1860 à Villafranca, et qui s'est terminée en 1870, lorsque les troupes italiennes occupèrent Rome que venait de quitter sa garnison française brusquement appelée à défendre notre sol national contre l'invasion allemande.

Quelles ont été les conséquences de cette unification relativement aux traités de 1760 et de 1860 qui ont été conclus par la France avec le seul Royaume de Sardaigne? Ces traités ont-ils cessé d'être applicables au Royaume d'Italie, État nouveau formé par la réunion successive à la Couronne de Sardaigne, de la Vénétie, de Naples, etc., enfin des États-Pontificaux, ou bien, au contraire est-ce la Sardaigne qui a subsisté, bien que sous un autre nom, et qui, englobant les pays qu'elle s'est annexés, souvent par une conquête violente, leur a transmis, en même temps que son Roi, l'obligation de satisfaire aux contrats passés par elle avec des puissances voisines?

La première opinion a été soutenue par Fiore (1). Cet auteur considère que les obligations internationales disparaissent quand un État vient à disparaître comme État : « Or, dit-il, au moment de la proclamation du Royaume d'Italie se réalisa la mort de tous les Etats qui ont servi à le former, y compris le Royaume de Sardaigne. » Cette thèse a été également défendue par M. Louis Renault (2); l'éminent professeur de droit international de la Faculté de Paris nous paraît s'attacher surtout à cette idée que le nom d'Italie, du moins en tant que puissance européenne, n'existait pas avant 1860, et que cette nouvelle dénomination implique nécessairement la création d'un nouvel État.

Pour nous, nous croyons que le Royaume de Sardaigne, s'il est mort en fait, n'a pas moins continué d'exister quoiqu'avec une autre désignation et qu'un changement d'étiquette ne saurait jamais entraîner

---

(1) J. D. I. P. 1878, p. 215.

(2) Note précitée dans le Sirey 1881. 2. 145. — V. l'article du même auteur dans la *Revue critique de législation et de jurisprudence* (1834), p. 473 et suiv.

la dénonciation tacite de traités, d'ailleurs d'ordre purement privé, et librement conclus entre deux nations dont l'une s'est ensuite accrue, non pas pacifiquement, car alors il po rrait peut-être y avoir quelque doute sur la question qui nous occupe, mais par la force et à main armée.

Qu'on ne l'oublie pas, du reste, la Sardaigne ne s'est pas bornée à léguer son Souverain à l'Italie ; en conservant le nom de Victor-Emmanuel II, tout en prenant le titre de roi d'Italie, le fils de Charles-Albert a très nettement indiqué, selon nous, qu'il ne faisait que continuer la dynastie des ducs de Savoie, rois de Sardaigne. Bien plus, l'Italie a adopté les anciennes couleurs sardes, et sur son drapeau tricolore elle a imprimé les armes de Savoie, de gueules à la croix d'argent.

Enfin, le gouvernement italien, lorsqu'il a publié en 1862 un recueil des traités conclus avec la Sardaigne, en vigueur à cette époque, a eu soin d'insérer dans le préambule la mention suivante : « Après la « constitution du Royaume d'Italie, les traités et les « conventions commerciales conclus par les anciens « gouvernements des différents États italiens ont « cessé d'avoir effet, et ont été remplacés sur tous les « points du Royaume par les stipulations des traités « conclus avec les puissances étrangères par la maison royale de Savoie, sous le sceptre de laquelle se « trouve actuellement réunie la nation italienne(1). »

_____

(1) *Raccolta dei trattati e delle convenzioni commerciali in vigo re*

La jurisprudence française s'est constamment prononcée dans le sens de l'extension des traités conclus par la Sardaigne, aux divers États dont la réunion a formé le Royaume d'Italie. Dès 1864 Cour la d'appel de Paris proclamait que : « l'annexion, quelle « que soit l'importance du territoire acquis, l'incor- « pore au pays annexant, lui fait perdre son ancienne « autonomie et le soumet aux lois publiques et géné- « rales du pays dont il fait désormais partie : par « suite de cette nouvelle situation, le territoire annexé « bénéficie des avantages, comme il est légalement « soumis aux obligations qui peuvent résulter des « traités existant entre le pays auquel il appartient « maintenant, et les pays étrangers. Le changement « du nom de Royaume de Sardaigne en celui de « Royaume d'Italie n'a pas eu pour effet de modifier « cette situation (1). » Nous retrouvons la même unanimité en ce sens, dans toutes les décisions

---

tra l'Italia e gli Stati stranieri publiée par les soins du ministre des affaires étrangères de S. M. le roi d'Italie; Turin, 1862, préambule. Ce recueil contient le texte du traité de limites et de juridiction conclu le 24 mars 1760 entre la France et la Sardaigne (p. 27 et suiv.), la déclaration de Turin du 11 septembre 1860 y a été également insérée (p. 873 et suiv.).

(1) Paris, 20 août 1864; S. 67. 1. 117. — *Sic*, Cass., 30 janvier 1867; S. 67. 1. 117. — Montpellier, 10 juillet 1872; S. 72. 2. 139. — Aix, 8 novembre 1875; S. 76. 2. 134. — Cass., 5 novembre 1878; S. 70. 1. 126. — Paris, 1er décembre 1879; S. 81. 2. 145. — Paris, 13 février 1883; J. D. I. P. 1883, p. 280. — Trib. Seine, 8 juin 1883; J. D. I. P. 1883, p. 500. — Trib. Havre, 8 janvier 1885; J. D. I. P. 1885, p. 293. — Trib. Tlemcen, 6 mars 1885; *Rev. alg. et tun. de législ. et de jurispr.*, 1re année, 2e partie, p. 243 et suiv.

italiennes qu'il nous a été donné d'examiner (1).

Lorsqu'on admet, avec la jurisprudence, que les actes diplomatiques de 1760 et de 1860 réglementent seuls l'exécution réciproque des jugements en France et en Italie, il faut encore se demander à quel ordre de tribunaux il conviendra de s'adresser pour faire revêtir de *l'exequatur* la sentence étrangère, quels seront les pouvoirs du tribunal devant lequel l'instance aura été portée, enfin, par quelle voie cette instance devra être introduite.

Nous ne croyons pas qu'en présence du texte formel des traités il puisse s'élever le moindre doute sur le point de savoir à quel degré de la hiérarchie judiciaire devra appartenir le tribunal chargé de rendre exécutoires les jugements français en Italie, et les jugements italiens en France. « Les *Cours* suprêmes défèreront de part et d'autre, etc... » dit l'art. 22 du traité de 1760, et nous lisons dans la déclaration interprétative de 1860 que : « Désirant écarter « à l'avenir toute espèce de doute ou de difficulté « dans l'application que les *Cours* des deux pays « sont appelées à en faire (du traité de 1760). » Il était difficile de consacrer plus nettement la compétence exclusive des Cours d'appel, qui seules, peuvent être

---

(1) Cass., Turin, 30 septembre 1875; J. D. I. P. 1876, p. 217. — Turin, 20 mars 1870; J. D. I. P. 1870, p. 307.—Catane, 22 mars 1870; *Circolo giuridico* (de Palerme), 1880, 11e année (*Décisions en matière civile*, p. 22). — V. aussi, dans le même sens, les arrêts précités de Casale, 21 mars 1863 et de Brescia, 14 septembre 1875.

appelées à revêtir de l'*exequatur* la sentence qu'il s'agit de faire exécuter (1).

Quelle est la mission de la Cour à laquelle on demande l'*exequatur* d'une décision italienne en France et *vice versà?* Il est bien certain qu'il ne saurait être question ici de revision au fond, même pour ceux qui accordent d'une façon générale aux tribunaux français les pouvoirs les plus larges. Avant 1860, lorsque la matière était uniquement régie par les termes quelque peu ambigus de l'art. 22 du traité du 24 mars 1760, on admettait déjà que la Cour ne pouvait recourir à de nouveaux moyens d'instruction, et devait se borner à l'examen sommaire du jugement qui lui était présenté, afin de rechercher s'il avait été rendu par des juges compétents, s'il ne portait pas atteinte à l'ordre public, enfin s'il ne violait pas les lois de France ou de Savoie (2). « Aller plus loin, écrivait « en 1859 M. Féraud-Giraud, ce serait annuler le « traité qui ne serait plus qu'une lettre morte; ne « pas admettre ce droit d'examen sommaire, ce « serait soumettre les Cours à un rôle passif, in- « digne du caractère de ces corps, et autoriser « en France des exécutions qui violeraient les lois

---

(1) Trib. Seine, 27 mai 1875; J. D. I. P. 1876, p. 359 au mot *exequatur.* — Trib. Tlemcen, 6 mars 1885, (précité). — L'*exequatur* d'un arrêt d'une Cour de cass. italienne ne doit pas être demandé à la Cour de cass. française, mais bien à la Cour d'appel compétente. Paris, 3 juin 1881; J. D. I. P. 1883, p. 52.

(2) Fœlix, *Traité du droit international privé*, t. II, p. 68.

« d'ordre public, ce que personne n'admettra (1). »

Aujourd'hui, toutes les difficultés nous semblent avoir été aplanies par la déclaration interprétative de Turin qui, en énumérant les points sur lesquels devra porter l'examen de la Cour française ou italienne saisie d'une instance à fin d'*exequatur*, a, par là même, écarté l'idée d'une revision au fond (2).

Ces points, nous l'avons déjà vu, sont au nombre de trois. La Cour aura à rechercher si la sentence qui lui est présentée, émane d'une juridiction compétente, si elle a été rendue les parties dûment citées et légalement représentées ou défaillantes, enfin si les règles du droit public ou les intérêts de l'ordre public du pays où l'exécution est demandée ne s'opposent pas à ce que la décision du tribunal étranger ait son exécution.

Il est très regrettable que la déclaration du 11 septembre 1860 n'ait pas, comme le traité de Carlsruhe, précisé ce qu'il fallait entendre par juridiction compétente. Il y a là une lacune d'autant plus fâcheuse qu'elle ne donne pas seulement lieu à des contro-

---

(1) Féraud-Giraud, *France et Sardaigne*, p. 353.
(2) V. dans ce sens : Paris, 9 janvier 1875; J. D. I. P. 1875, p. 354. — Bordeaux, 31 décembre 1877; J. D. I. P. 1878, p. 272. — Paris, 23 août 1880; S. 81. 2. 147 et J. D. I. P. 1880, p. 583. — Paris, 5 février 1883; J. D. I. P. 1883, p. 209 au mot *tierce-opposition*. — Paris, 13 février 1883; J. D. I. P. 1883, p. 286. — Lyon, 25 février 1882; J. D. I. P. 1884, p. 65. — Turin, 2 décembre 1851; *Monitore dei tribunali*, 1872, p. 1227, note. — Milan, 10 juillet 1875 (précité). — Ancône (Section de Pérouse), 2 août 1877; J. D. I. P. 1877, p. 518. — Lucques, 19 février 1880; J. D. I. P. 1883, p. 88,

verses théoriques, mais qu'elle peut encore amener
dans la pratique de sérieuses complications. Nous ap-
pelons de tous nos vœux une revision intégrale des
traités franco-italiens. Cette revision, qu'on nous fait
espérer depuis longtemps, aurait d'abord l'immense
avantage de faire cesser les hésitations qui se sont
produites relativement à la validité même de la déclaration de Turin ; elle permettrait, en outre, de fixer
les règles de compétence qu'on ne saurait déterminer
trop exactement dans un traité international.

En France, nos Cours se montrent très larges, et
accordent d'ordinaire assez facilement l'*exequatur*
aux jugements italiens, sans toutefois abdiquer le
droit qu'elles ont de rechercher si les magistrats qui
ont rendu jugement, étaient régulièrement compétents (1). C'est ainsi que la 1re chambre de la Cour de
Paris a, le 28 mai 1884, débouté de sa demande
le sieur Bionne qui poursuivait contre sa femme, ci-
devant Hortense Schneider, l'exécution d'une ordonnance du président du tribunal de Florence condamnant cette dernière à lui payer une pension alimen-
taire de 300 fr. par mois, pendant la durée de l'instance en séparation de corps alors pendante. La Cour,
dans un arrêt fortement motivé, a refusé l'*exequatur* à l'ordonnance du juge italien, parce que, d'après
elle, les tribunaux français, sont seuls compétents

---

(1) Cass. req. rej., 28 avril 1870; S. 71. 1. 91. — Aix, 13 mai 1874;
J. D. I. P. 1875, p. 188.

pour connaître d'une demande en séparation de corps entre deux Français, et que, conformément à la loi italienne elle-même, Bionne, bien que né à Naples, n'avait jamais cessé d'être français (1).

En Italie nous trouvons une résistance très marquée de la part des Cours d'appel à déclarer exécutoires les décisions françaises rendues en vertu de l'art. 14 de notre Code civil. C'est en vain que la Cour de Paris, dans un arrêt que nous avons eu l'occasion de rappeler plusieurs fois, a décidé : « qu'aux « termes de l'art. 14, C. civ., une société française « dont le siège est à Paris, ayant le droit de citer « devant les tribunaux français une société italienne « en exécution des engagements qu'elle avait con - « tractés envers elle, réciproquement (art. 105, C. « pr. civ. ital.) cette société a pu être assignée devant « les tribunaux italiens (2). » Cette compétence par voie de rétorsion ne satisfait pas nos voisins, qui continuent à considérer, non sans raison, la compé-

---

(1) Paris, 28 mai 1884; J. D. I. P. 1884, p. 622. — V. dans le même sens : Paris, 21 mai 1884; J. D. I. P. 1884, p. 624. — Il a été jugé par la Cour d'Aix, le 24 mars 1883, qu'un tribunal italien était incompétent pour apprécier la conduite d'un capitaine français qui s'est abordé en pleine mer avec un navire italien; J. D. I. P. 1883, p. 280 au mot *chose jugée.* Cet arrêt a été le prélude de la retentissante affaire du *Solunto* (V. l'arrêt de la Cour d'Aix du 3 août 1883 dans le J. D. I. P. 1883, p. 554 au mot *navire*) qui fut sur le point d'amener des complications internationales, et qui eut encore un écho l'année dernière devant le tribunal de Marseille.

(2) Paris, 1er décembre 1870; J. D. I. P. 1870, p. 543. — *Contrà,* Rennes, 26 décembre 1870; S. 81. 2. 81.

tence attribuée par l'art. 14 aux juges français, comme exorbitante et contraire à la règle de procédure *actor sequitur forum rei*. Aussi refusent-ils l'*exequatur* aux jugements français prononcés dans de semblables conditions. Il y a violation de l'ordre public et des principes fondamentaux du droit (1).

Nous ne nous arrêterons pas à la seconde condition exigée par la déclaration du 11 septembre 1860 qui veut que le jugement ait été rendu, les parties dûment citées et légalement présentées ou défaillantes. Il y a là une simple question de fait qui doit être laissée à l'appréciation du juge appelé à revêtir la sentence étrangère de la formule exécutoire.

Il faut, en dernier lieu, que les règles du droit public ou les intérêts de l'ordre public du pays où l'exécution est demandée ne s'opposent pas à ce que la décision du tribunal étranger ait son exécution (2). Nous venons de voir que c'est l'un des motifs que les

(1) Lucques, 26 avril 1867 ; *Monitore dei tribunali*, 1868, p. 871, note. — Brescia, 14 septembre 1878 ; *Monitore*, 1878, p. 1100 et J. D. I. P. 1879, p. 211 et 806. — Catane, 22 mars 1879 ; *Circolo giuridico* (de Palerme) 1880, *Décisions civiles*, p. 22 et J. D. I. P. 1881, p. 842. — Messine, 8 septembre 1881 ; *Circolo*, 1881, *Décisions civiles*, p. 408. — Naples, 30 décembre 1883 ; *Rassegna di diritto commerciale*, année 1, p. 100 et J. D. I. P. 1885, p. 401. — V. sur ce point : Norsa, *De la faculté d'actionner les Français devant les tribunaux d'Italie dans ses rapports avec la faculté pour les Français d'actionner les Italiens devant les tribunaux de France* ; J. D. I. P. 1874, p. 174 et suiv. — V. aussi la revue de la jurisprudence italienne par le même auteur dans la *Revue de droit international*, t. VIII, p. 656 et suiv.

(2) Aix, 25 novembre 1858 et 8 décembre 1858 ; S. 59. 2. 603. — Cass., 18 juillet 1859 ; S. 59. 1. 822.

Cours italiennes invoquent pour refuser de reconnaître la compétence de l'art. 14 de notre Code civil. La Cour de Paris a décidé qu'il serait contraire à l'ordre public de déclarer exécutoire en France un jugement italien rendu postérieurement à un jugement français entre les mêmes parties, sur la même contestation, et qui avait débouté de ses prétentions la partie demanderesse à l'*exequatur* (1).

Il nous reste à parler d'une question qui a soulevé de vives controverses. Est-il nécessaire que le jugement français ou italien, qu'on présente à l'*exequatur* d'une Cour de l'un ou de l'autre pays, soit accompagné de lettres rogatoires adressées à cette Cour.

Rappelons d'abord le texte du § 3 de l'art. 22 du traité du 24 mars 1760 : « Les Cours suprêmes déféreront de part et d'autre, à la forme du droit aux réquisitions qui leur seront adressées à ces fins même sous le nom desdites Cours. » Il semble que ce texte justifie amplement l'usage très généralement suivi dans la pratique d'exiger des lettres rogatoires, et hâtons nous d'ajouter que ce n'est pas la déclaration de 1860 qui a pu modifier, en quoi que ce soit, les dispositions du traité de Turin, puisqu'elle n'a eu pour but que de les interpréter.

Néanmoins, malgré la jurisprudence qui a presque constamment condamné leur doctrine (2), cer-

---

(1) Paris, 1er février 1884; J. D. I. P. 1884, p. 394. — V. sur cet arrêt la note de M. L. Renault dans la *Revue critique*, 1885, p. 597.
(2) Cass. req., 14 juillet 1823; S. 20. 1. 378. — Paris, 24 novembre

tains jurisconsultes ont persisté à nier la nécessité
des lettres rogatoires. Le premier qui ait traité ce
sujet est M. Francisque de Lachenal, professeur de
droit, avocat à la Cour d'appel de Chambéry.

Dans une dissertation pleine d'érudition (1), M. de
Lachenal s'est efforcé de démontrer que l'usage des
lettres rogatoires était suranné, que « ce n'était plus
« un acte digne de la magistrature », qu'enfin cet
usage a été abrogé, aussi bien par les lois françaises
que par les lois sardes. Sur le premier point nous
partageons la manière de voir de l'honorable avocat
savoisien et nous sommes persuadés, comme le dit
M. Poignent dans son adhésion motivée à la consultation de son confrère, que la dispense du réquisitoire serait plus avantageuse, sous le double rapport
de l'abréviation du temps et des formes et de la di-
minution de la dépense, que le maintien de cette
institution. Mais, de ce que la critique d'une disposition légale est justement fondée, il n'est pas possible

---

1873; J. D. I. P. 1873, p. 19 au mot : *Honoraires d'avocat*. —
Paris, 9 janvier 1875; J. D. I. P. 1875, p. 334.—Paris, 23 août 1880;
S. 81. 2. 147 et J. D. I. P. 1880, p. 585. — Trib. Tlemcen, 6 mars
1885 (précité). — Casale, 21 mars 1863, *Monitore des trib.*, 1863,
p. 680. — V. cependant en sens contraire : Trib. Havre, 8 janvier
1885; J. D. I. P. 1885, p. 203. — On pourra consulter utilement sur
cette question les articles publiés dans le J. D. I. P. 1878, p. 7
et 112.

(1) *De l'inutilité des lettres rogatoires pour l'exécution dans les
États Sardes des jugements rendus à l'étranger: Revue pratique de
droit français*, t. VII, 1859, p. 383. — V. à la suite l'adhésion de
M. Poignent. — V. aussi l'article de M. Emile Quétand dans la *Revue
critique de législation et de jurisprudence*, t. XXXV, 1860, p. 251.

de conclure que cette disposition n'est plus en vigueur. Il y a, dans l'arsenal de nos Codes, un assez grand nombre de règles qui, de l'avis de tous, augmentent singulièrement la longueur et les frais des procès; cependant il n'est encore venu à l'idée de personne de dire qu'elles avaient cessé d'exister. On peut les blâmer, les regretter, mais c'est là que s'arrêtent les droits des interprètes de la loi.

M. de Lachenal nous fait ensuite observer que si les royales constitutions de 1729 et de 1770 consacrèrent la nécessité des lettres rogatoires, il n'est plus question de cette formalité dans le Code Sarde, qui leur a été en quelque sorte substitué; ajoutons, nous qui écrivons bien après 1859, que le même silence se retrouve dans les art. 941 et suiv. du Code de procédure civile italien. Le Code de procédure civile français de 1806 est également muet sur ce sujet. Donc les réquisitoires de Cour à Cour ont été tacitement abrogés.

Le raisonnement de l'avocat de Chambéry nous paraît démontrer simplement que, lorsqu'en l'absence de traités, il s'agit de faire exécuter en France ou en Italie un jugement étranger, il est inutile de se munir de lettres rogatoires. Comme dans l'espèce qui nous occupe présentement il existe deux conventions, celle de 1760 qui a posé le principe de la nécessité des lettres rogatoires, et celle de 1860 qui a confirmé le traité international qui l'avait précédée d'un siècle, nous ne voyons pas quel intérêt il peut y avoir à invoquer des textes qui ont sans aucun doute modifié la législation intérieure de la France et de l'Italie, mais qui n'ont jamais eu le pouvoir de changer quoi que ce soit aux contrats synallagmatiques intervenus entre ces deux pays.

M. de Lachenal invoque à l'appui de sa thèse un argument qu'il a la prétention de tirer du texte du traité de 1760. Au lieu de lire, comme nous l'avons fait : « Les Cours déféreront de part et d'autre aux « réquisitions qui leur seront adressés à ces fins « même sous le nom desdites Cours », il ajoute une virgule à la suite du mot fins, et de la phrase ainsi orthographiée il déduit cette conclusion que les lettres rogatoires ne sont pas essentielles mais facultatives. Nous nous sommes reportés au *Recueil des traités de la France* publié par M. de Clercq, et nous y avons vainement cherché la virgule de M. de Lachenal.

Un autre jurisconsulte, M. Eyssautier (1), estime que si les lettres rogatoires peuvent être exigées par les Cours de France et d'Italie, dans leurs rapports réciproques, « il ne s'ensuit pas que les Cours à qui « elles doivent être adressées ne puissent renoncer « à les exiger; on peut toujours renoncer à son « droit. » Cela est très-vrai lorsqu'on est soi-même partie contractante. Or tel n'est pas le cas présent.

---

(1) Eyssautier, *Lettres rogatoires en France et dans les États Sardes. Revue historique de droit français et étranger*, t. VI, p. 443.

La France et la Sardaigne, lorsqu'elles ont conclu les traités de 1760 et de 1860 n'ont pas eu l'intention de conférer à leurs tribunaux respectifs un pouvoir d'appréciation qui ne leur convient nullement; les deux puissances ont seulement établi une sorte de loi commune que les juges français ou italiens doivent se borner à appliquer.

Toutefois nous ne croyons pas qu'il y ait lieu de refuser l'*exequatur* à un jugement français ou italien qui ne serait pas accompagné de lettres rogatoires. Mais alors ce jugement resterait soumis aux règles du droit commun, de telle sorte qu'une sentence française serait sans difficulté déclarée exécutoire en Italie, tandis que nos tribunaux, s'appuyant sur la jurisprudence de la Cour de cassation, pourraient reviser au fond les décisions italiennes qui leur seraient présentées (1).

(1) Trib. Bordeaux, 10 juin 1881 ; J. D. I. P. 1883, p. 103.

CHAPITRE XII.

TRAITÉ FRANCO-SUISSE DU 15 JUIN 1869.

Il y a fort longtemps que les rapports de bon voisinage entre la France et la Suisse sont réglés par des
traités. Nous ne remonterons pas jusqu'à la paix per-
pétuelle de 1516, et nous nous bornerons à rappeler
d'abord le traité d'Aarau du 1er juin 1658. Cette convention ne s'occupe, il est vrai, que très indirectement de l'exécution des jugements étrangers; cependant nous avons pensé qu'il ne serait pas sans intérêt de reproduire intégralement son art. 10 : « Et si,
« entre les sujects de nous Louis Roy et des ligues
« avenait querelle, prétention ou demande pour
« quelque chose que ce fust, les demandeurs seront
« tenus chercher les deffendeurs aux lieux et juris-
« diction où ils seront demourants et résidents, aux-
« quels sera fait bonne et briesve justice selon le con-
« tenu de la paix (1). » Ce traité fut renouvelé en 1715.

---

(1) *Traité signé à Araw (sic)*, le 1er juin 1658, entre la France et
les cantons protestants y compris leurs alliés. La France, c'est-à-dire
Louis XIV, était représentée par Jean de la Borde, chevallier, baron
de Marolles-sur-Seine. Elle contractait avec : « les Bourgmaistres,
« Avoyers, Landamans, Conseils et Communautés des villes, pais
« et seigneuries des anciennes ligues et Hautes-Allemagnes, ensemble
« leurs all és, amis et combourgeois à savoir Zürie, Berne, Glaris,
« Basle, Schaffouze, Appenzel des paroisses intérieures, ensemble
« les villes de Saint-Gall, Mulhouze et Bienne. » *Archives du ministère des affaires étrangères.*

Une nouvelle convention intervint en 1777 entre la France et la Suisse (1). Cette fois la question de l'exécution des jugements fut nettement tranchée par l'art. 12 du traité : « Par suite du même désir « qu'ont les parties contractantes d'entretenir entre « elles la plus parfaite correspondance et de la faire « servir au bien et à l'avantage des peuples des deux « dominations, elles sont convenues que les juge- « ments définitifs en matière civile, rendus par des « tribunaux souverains seront exécutoires récipro- « quement selon leur forme et teneur dans des États « de sa majesté et dans ceux du corps helvétique, « comme s'ils avaient été rendus dans le pays où se « trouvera après ledit jugement la partie condamnée; « et pour prévenir toute interprétation, ainsi que tout « ce qui pourrait affaiblir le contenu du présent arti- « cle, on s'engage de part et d'autre à s'en rapporter « à la simple déclaration qui sera faite par le Souve- « rain dans les Etats duquel le jugement aura été « rendu pour en expliquer la nature. » L'art. 11 ré- glait jusqu'à un certain point la compétence, en obli- geant le demandeur à poursuivre son action par devant les juges naturels du défendeur.

---

(1) *Traité d'alliance générale et défensive entre le roi et le louable corps helvétique* conclu à Soleure le 28 mai et juré le 25 août 1777; Louis XVI, roi de France était représenté par le président de Vergennes; *Archives du ministère des affaires étrangères.* On trouvera également le texte de ce traité dans le *Recueil des traités de l'Europe* de Martens (2ᵉ édition), t. II, p. 807.

Le 5 vendémiaire an XII (27 septembre 1803), fut
signé, à Fribourg (1), un traité d'alliance défensive
entre la France et la Suisse. Aux termes de l'art. 15,
les jugements définitifs en matière civile, rendus en
France et ayant force de chose jugée, seront exécutoires en Suisse et *vice-versâ*. Le traité de Zürich de
1828 n'a fait que reproduire dans son art. 1er les
dispositions de l'art. 15 du traité de 1803 (2).

Nous arrivons au traité du 15 juin 1869 (3), dont
les articles 15 à 19 constituent la législation actuellement en vigueur sur l'exécution réciproque des
jugements français et suisses. Ces cinq articles ont
une importance telle, que nous avons cru nécessaire
de les reproduires intégralement :

Art. 15. « Les jugements ou arrêts difinitifs en
« matière civile et commerciale, rendus soit par les
« tribunaux, soit par des arbitres dans l'un des deux
« Etats contractants, seront, lorsqu'ils auront acquis
« force de chose jugée, exécutoires dans l'autre, sui-
« vant les formes, et dans les conditions indiquées
« dans l'art. 16, ci-après. »

Art. 16. « La partie, en faveur de laquelle on pour-
« suivra dans l'un des deux Etats l'exécution d'un
« arrêt, devra produire au tribunal ou à l'autorité

---

(1) Martens, *Recueil des traités de l'Europe*, (2e édition), t. VIII,
p. 132.

(2) Martens, *Nouveau recueil des traités de l'Europe*, t. VII, 1re partie
p. 605.

(3) De Clercq, *Recueil des traités de la France*, t. X, p. 289.

« compétente du lieu ou de l'un des lieux où l'exé-
« cution doit avoir lieu :

« 1° L'expédition du jugement ou de l'arrêt, léga-
« lisée par les envoyés respectifs, ou, à leur défaut, par
« les autorités de chaque pays ;

« 2° L'original de l'exploit de signification dudit
« jugement ou arrêt, ou tout autre acte qui dans le
« pays tient lieu de signification ;

« 3° Un certificat délivré par le greffier du tri-
« bunal où le jugement a été rendu, constatant qu'il
« n'existe ni opposition, ni appel, ni autre acte de
« recours.

« Sur la présentation de ces pièces, il sera statué
« sur la demande d'exécution, savoir : en France,
« par le tribunal réuni en Chambre du conseil, sur
« le rapport d'un juge commis par le président, et
« les conclusions du ministère public, et en Suisse
« par l'autorité compétente dans la forme prescrite
« par la loi. Dans l'un et l'autre cas il ne sera statué
« qu'après qu'il aura été adressé à la partie contre
« laquelle l'exécution est poursuivie, une notification
« indiquant le jour et l'heure où il sera prononcé sur
« la demande.

Art. 17. « L'autorité saisie de la demande d'exécu-
« tion n'entrera point dans la discussion du fond de
« l'affaire. Elle ne pourra refuser l'*exequatur* que
« dans les cas suivants :

« 1° Si la décision émane d'une juridiction incom-
« pétente ;

« 2° Si elle a été rendue sans que les parties aient
« été dûment citées et légalement représentées ou dé-
« faillantes;

« 3° Si les règles du droit public, ou les intérêts
« de l'ordre public du pays où l'exécution est de-
« mandée, s'opposent à ce que la décision de la juri-
« diction étrangère y reçoive son exécution.

« La décision qui accorde l'exécution et celle qui
« la refuse ne seront point susceptibles d'opposition,
« mais elles pourront être l'objet d'un recours devant
« l'autorité compétente, dans les délais et suivant les
« formes déterminées par la loi du pays où elles
« auront été rendues. »

Art. 18. « Quand le jugement emportera con-
« trainte par corps, le tribunal ne pourra ordonner
« l'exécution en cette partie de la décision, si la légis-
« lation du pays ne l'admet pas dans le cas dont il
« s'agit au jugement.

« Cette mesure ne pourra, dans tous les cas, être
« exercée que dans les limites, et suivant les formes
« prescrites par la loi du pays où l'on poursuit son
« exécution;

Art. 19. « Les difficultés relatives à l'exécution
« des jugements et arrêts, ordonnée conformément
« aux art. 15, 16 et 17, seront portées devant
« l'autorité qui aura statué sur la demande d'exécu-
« tion. »

Un premier point, qu'il est bon de faire ressortir,
c'est que le traité de 1869 exige l'*exequatur*, soit qu'il

s'agisse d'un véritable jugement, soit qu'on veuille simplement mettre à exécution une sentence arbitrale. Le texte de l'art. 15 n'établissant aucune distinction entre l'arbitrage volontaire et l'arbitrage forcé, et d'autre part, les traités devant toujours être interprétés dans leur sens le plus étroit, nous n'hésiterons pas à reconnaître que les opinions que nous avons émises, lorsque nous avons traité d'une façon générale de l'exécution des décisions arbitrales (1), ne sont pas admissibles, en présence des termes formels de la convention franco-suisse.

En second lieu, nous remarquerons que le jugement devra être définitif et passé en force de chose jugée (2); s'il remplit cette double condition il sera rendu exécutoire sans revision (3), pourvu toutefois qu'il ne contrevienne pas aux dispositions des art. 16 et suiv. du traité (4).

D'après ces articles, le juge français ou suisse sera tenu de rechercher si le tribunal qui a rendu la sentence était compétent, si le défendeur a été

---

(1) V. *Suprà*, ch. VI, § 4.

(2) V. sur ce point : Brocher, *Commentaire du traité franco-suisse du 15 juin 1869*, p. 107.

(3) La jurisprudence française, sous l'empire des traités de 1803 et de 1828, écartait déjà la revision au fond pour les sentences prononcées par des tribunaux suisses : Cass. 28 décembre 1831; S. 32. 1. 627. — Cass 23 juillet 1832; S. 32. 1. 604. — Paris, 15 février 1845; D. P. 1850 au mot *Étranger*. — Dijon, 19 février 1869; *Recueil des arrêts de la Cour de Dijon* (3e année), p. 121.

(4) Tribunal fédéral, 2 juillet 1875; J. D. I. P. 1875, p. 464 et 1876, p. 226. — Tribunal fédéral, 24 juillet 1882; J. D. I. P. 1883, p. 544.

régulièrement cité, enfin si les principes de l'ordre
public n'ont pas été violés. Nous n'avons rien à dire,
les textes étant par eux-mêmes assez clairs, de la
citation, de la comparution ou de la défaillance des
parties, non plus que de la production de pièces
exigée par l'art. 16. Nous nous arrêterons seulement
à l'examen des questions de compétence et d'ordre
public.

Dans les cas où le traité (art. 1 et suiv.) aura lui-
même fixé les règles de la compétence, il est bien
évident qu'il suffira de s'y référer. Quant aux hypothèses qui n'auraient pas été prévues par la convention diplomatique de 1869, nous pensons qu'il faudra
les résoudre en déterminant la compétence d'après
la loi du pays où le jugement aura été rendu (1).
Pour ce qui est « du respect de l'ordre public », rien
n'est plus vague et plus élastique que cette formule
banale, à l'aide de laquelle il ne serait pas bien difficile de refuser l'*exequatur* à toutes les sentences
étrangères quelles qu'elles fussent. Cependant on ne
saurait désirer aux juges chargés de déclarer exécutoire un jugement étranger le droit d'examiner s'il
ne porte pas atteinte à cet ordre public international
qui, d'après M. Brocher, peut se manifester sous
cinq formes différentes (2).

---

(1) Brocher, *Cours de droit international privé*, t. III, p. 180. —
Brocher, *Commentaire du traité franco-suisse* du 15 juin 1869,
p. 100.

(2) Brocher, *Traité franco-suisse*, p. 110. — V. les décisions sui-

M. Alexandre Martin, et après lui M. Lehr(1), pensent qu'avec les deux exceptions tirées l'une de l'incompétence du tribunal qui a prononcé, l'autre de l'ordre public, chacun des États contractants peut trouver un moyen facile d'éluder les conséquences du traité. Il est évident en effet, que si les juges de l'un des deux pays se déclarent compétents et que les tribunaux de l'autre pays refusent d'exécuter la sentence qu'ils auront rendue, sous prétexte qu'elle émane d'une juridiction incompétente, il s'élèvera un conflit qu'il sera mal commode de trancher. Les deux jurisconsultes que nous venons de citer proposent de remédier aux inconvénients qui peuvent se présenter dans les hypothèses de cette nature, en instituant un tribunal arbitral, qui déciderait souverainement de ces sortes de difficultés. Il y a là, sans aucun doute, une heureuse idée qui mérite d'attirer l'attention de toutes les personnes qui pourraient être appelées à négocier de nouveaux traités internationaux.

Il nous reste à dire un mot des jugements qui statuent sur l'état et la capacité des personnes. Nous

vantes qui refusent l'*exequatur* pour violation de l'ordre public : Cass. 18 juillet 1859; S. 59. 1. 822. (Cet arrêt a été rendu en application du traité de 1828). — Trib. Seine, 21 novembre 1883; J. D. I. P. 1883, p. 620. — Cour de justice de Genève, 13 avril 1885; *Semaine judiciaire* (de Genève), 1885, p. 444.

(1) Martin (A.), *Rapport présenté à la Société suisse des juristes, dans sa réunion à Genève* (19 et 20 août 1878) p. 18. — Lehr (E.), *Le traité franco-suisse* du 15 juin 1869, p. 10.

croyons fermement que ces décisions n'ont besoin
d'*exequatur* ni en France ni en Suisse. « car, on n'or-
« donne pas l'exécution d'un principe, on le prend
« seulement en considération pour faire ressortir les
« conséquences qui en dérivent logiquement (1). » Il
est vrai que le traité de 1869 ne fait aucune distinction formelle; il parle seulement dans son art. 15
des arrêts et jugements rendus en matière civile et
commerciale, et il est bien certain que les sentences
portant sur des questions d'état rentrent dans le domaine du droit civil ou du droit commercial, soit
qu'on veuille faire usage d'un jugement déclaratif de
faillite, soit qu'on invoque un arrêt de divorce ou de
séparation de corps.

Néanmoins, la Cour de justice civile du canton de
Genève nous semble avoir fort bien jugé, lorsqu'elle
a décidé : « que, d'après les principes du droit com-
« mun, c'est la loi de la nationalité d'origine qui fixe
« et détermine le statut personnel de chaque citoyen
« ou les modifications qui peuvent y être apportées;
« que ce statut personnel, une fois défini, suit et
« règle les personnes, même en pays étranger; qu'il
« suit de là qu'il n'est aucunement besoin d'un *exe-*
« *quatur* pour que cette partie du jugement français
« soit reçue et acceptée par les tribunaux génevois;
« qu'il suffit de constater l'état et la capacité civile
« des époux, tels qu'ils résultent de la définition

_____

(1) Brocher, *Traité franco-suisse*, p. 115.

« donnée par l'autorité compétente de leur pays (1). »

Les art. 6, 7, 8 et 9 du traité s'occupent de la faillite des Français ayant un établissement de commerce en Suisse, et de celle des Suisses ayant un établissement de commerce en France. Cette faillite pourra être déclarée dans l'un et l'autre pays par le tribunal de la résidence du commerçant qui aura suspendu ses paiements. « La production du jugement de faillite dans l'autre pays, lisons-nous dans l'art. 6, « donnera au syndic ou représentant de la masse, « après toutefois que le jugement aura été déclaré « exécutoire, conformément aux règles établies en « l'art. 16 ci-après, le droit de réclamer l'application « de la faillite aux biens meubles et immeubles que « le failli possédera dans ce pays. »

M. Lemoine, dans une thèse de doctorat qu'il a soutenue en 1881 devant la faculté de droit de Nancy, thèse que nous avons citée à plusieurs reprises (2), estime qu'en prenant à la lettre le texte de l'art. 6 il faut refuser tout pouvoir aux syndics des faillites prononcées contre des Français en Suisse, et vice-versâ, tant que le jugement déclaratif n'a pas été revêtu de l'*exequatur*. Nous avons lu très-attentivement l'art. 6 du traité du 15 juin 1869, et il nous a semblé qu'il devait être interprété d'une tout autre manière. Evidemment le texte en question aurait gagné

---

(1) *Cour de justice civile de Genève*, 8 décembre 1881; *Semaine judiciaire*, 1885, p. 40.
(2) Lemoine, *Effets produits par les jugements étrangers*, p. 204.

à être rédigé avec plus de précision; il est même désirable que, lorsqu'un jour ou l'autre on procèdera à
la revision de la convention franco-suisse, on indique
nettement quels sont les pouvoirs des syndics et s'ils
sont obligés de faire rendre exécutoire le jugement déclaratif avant de procéder, par exemple, à une saisie-
arrêt, ou à tout autre acte purement conservatoire.

Néanmoins, il nous semble que l'énumération
dans les § 3 et suiv. de l'art. 6 des actes permis aux
syndics après l'obtention de l'*exequatur*, tels que le
recouvrement des créances dues au failli, la vente de
ses biens et la répartition aux créanciers de la faillite des sommes encaissées par suite de cette double
opération, actes d'exécution au premier chef, laisse
entendre que les rédacteurs du traité en parlant de
« l'application de la faillite aux biens meubles et im-
« meubles du failli, » n'ont pa eu en vue les simples
mesures conservatoires (1).

En France, l'*exequatur* sera toujours demandé à
l'autorité judiciaire, c'est-à-dire au tribunal civil
d'arrondissement; en Suisse il faudra s'adresser à
« l'autorité compétente », qui variera suivant les cantons, et qui sera tantôt le tribunal entier, tantôt son
président seul, et parfois même l'autorité exécutive.

---

(1) La Cour de Paris a jugé en sens contraire que le jugement
déclaratif de faillite prononcé en Suisse n'était susceptible d'aucun
effet en France tant qu'il n'y avait pas été déclaré exécutoire, et
qu'il ne pouvait, par conséquent, être opposé par le failli à titre
d'exception. Paris, 8 juillet 1880; J. D. I. P. 1880, p. 581.

Le jugement d'*exequatur* n'est pas susceptible d'opposition (1), mais il pourra être l'objet d'un recours, en France devant la Cour d'appel, en Suisse devant le Conseil fédéral, faisant office de Cour supérieure.

---

(1) Paris, 12 mai 1874; J. D. I. P. 1875, p. 189. — Trib. Lyon, 5 juin 1884; J. D. I. P. 1885, p. 85. — Trib. cant. de Vaud, 3 mai 1876; J. D. I. P. 1876, p. 230.

CHAPITRE XIII.

TRAITÉ FRANCO-RUSSE DES 20 MARS/1er AVRIL 1874.

En 1787 fut conclu entre la France et la Russie un traité de navigation et de commerce (1) dont l'art. 16 portait que « dans le cas où il s'élèverait des contes- « tations sur l'héritage d'un Russe mort en France, « les tribunaux du lieu où les biens du défunt se « trouveront, devront juger le procès suivant les lois « de la France. » Le traité admettait, d'ailleurs, la réciprocité pour les contestations relatives aux suc- cessions des Français décédés en Russie. La conven- tion était faite pour une durée de 12 années (art. 46).

Le traité franco-russe fut suspendu en 1793 par un édit de l'Impératrice de Russie en date du 8 fé- vrier, et par un décret de la Convention nationale du 1er mars suivant.

On s'est demandé à plusieurs reprises, si le traité de 1787 avait encore quelque valeur; la Cour de cas- sation s'est prononcée pour l'affirmative (2), et la Cour de Rouen a décidé que l'acte diplomatique passé ·

---

(1) *Traité de navigation et de commerce* entre S. M. le Roi de France et S. M. l'Impératrice de toutes les Russies, conclu à Saint-Pétersbourg les 31 décembre 1786/11 janvier 1787; — V. Martens, *Recueil de traités* (2e édition), t. IV, p. 196 et de Clercq, *Recueil des traités de la France*, t. I, p. 171.

(2) Cass., 15 juillet 1811 ; S. 11.1. 301.

entre la France et la Russie avait été remis en vigueur par le traité de paix du 6 octobre 1801 (1).

Le tribunal de la Seine a été bien plus loin, lorsque par son jugement du 28 décembre 1844, il a en quelque sorte déclaré que la convention de 1787 devait avoir désormais une durée indéterminée : « Attendu « que le traité de 1787 a été remis en vigueur par « l'art. 5 du traité de paix du 20 vendémiaire an X, « par l'art. 27 du traité de paix de Tilsitt du 7 juillet « 1807, et par les autres traités suivants des 30 mai « 1814 et 20 novembre 1815;

« Attendu que ces traités de paix ont eu non-seu- « lement pour effet de remettre en cours d'exécution « la convention de 1787, mais encore de la confir- « mer et d'en proroger la durée au-delà du terme « qu'elle déterminait (2). »

Aujourd'hui tout ce que nous venons d'écrire est tombé dans le domaine de l'histoire, depuis qu'une nouvelle convention est intervenue entre la France et la Russie en 1874 (3). L'art. 10 de ce traité est ainsi conçu : « La succession aux biens immobiliers sera « régie par les lois du pays dans lequel les immeu- « bles seront situés, et la connaissance de toute de- « mande en contestation concernant les successions

_____

(1) Rouen, 25 mai 1813; S. 13. 2. 233.
(2) Trib. Seine, 28 décembre 1844; *Gaz. des trib.* du 29.
(3) *Convention signée à Saint-Pétersbourg* les 20 mars/1er avril 1874 entre la France et la Russie pour le règlement des successions laissées dans l'un des deux États par les nationaux de l'autre pays : De Clercq, *Recueil des traités de la France*, t. XI, p. 184.

« immobilières appartiendra exclusivement aux tri-
« bunaux de ce pays. Les réclamations relatives au
« partage des successions mobilières, ainsi qu'aux
« droits de succession sur les effets mobiliers laissés
« dans l'un des deux pays par des sujets de l'autre
« pays, seront jugées par les tribunaux ou autorités
« compétentes de l'État auquel appartenait le défunt,
« et conformément aux lois de l'État, à moins qu'un
« sujet du pays, où la succession est ouverte, n'ait
« des droits à faire valoir à ladite succession.

« Dans ce dernier cas, et si la déclaration est pré-
« sentée avant l'expiration du délai fixé par l'art. 5
« (six mois), l'examen de cette déclaration sera déféré
« aux tribunaux ou autorités compétentes du pays
« où la succession est ouverte, qui statueront confor-
« mément à la législation de ce pays sur la validité
« des prétentions du réclamant, et s'il y a lieu sur
« la quote-part qui doit lui être attribuée. »

QUATRIÈME PARTIE.

LÉGISLATIONS ÉTRANGÈRES.

En abordant l'étude des législations étrangères, nous devons tout d'abord faire observer que nous n'avons pas l'intention d'examiner les lois de tous les pays du monde. On comprendra sans peine, que nous n'ayons pu nous procurer les documents nécessaires pour traiter convenablement la question de l'exécution des jugements étrangers dans certains États. C'est ainsi que nous avons dû laisser de côté la Turquie et le plus grand nombre des petites Républiques de l'Amérique centrale et méridionale.

On rencontrera aussi, dans cette dernière partie de notre travail, une certaine inégalité dans la part que nous avons accordée à chaque législation; ce manque d'équilibre provient d'une cause analogue. Dans certains cas nous nous sommes trouvés en présence de documents nombreux, faciles à consulter et écrits dans une langue que nous pouvions lire; de là résulte l'étendue de plusieurs de nos notices. Parfois au contraire, nous avons été forcés de nous restreindre, soit que les renseignements que nous possédions fussent incomplets, soit par suite de notre ignorance absolue de quelques langues étrangères. C'est ce qui nous est arrivé notamment pour l'Angleterre, les États-Unis de l'Amérique du Nord et la Russie.

Nous avons classé les vingt-neuf législations que nous allons examiner en cinq groupes. Nous sommes, d'ailleurs, les premiers à reconnaître que notre division est purement arbitraire; nous espérons cependant qu'elle facilitera les recherches de ceux qui voudront bien nous lire.

Un premier chapitre est consacré aux États qui refusent toute force aux jugements étrangers sur leur territoire, ou dont les lois exigent, tout au moins, la revision au fond.

Dans une seconde catégorie nous rangeons les pays dans lesquels l'*exequatur* est, en thèse générale, accordé aux sentences prononcées par les tribunaux d'un autre pays, sous condition de réciprocité. Les États qui se bornent à exiger des jugements étrangers qu'ils satisfassent à certaines conditions extrinsèques de validité formeront un troisième groupe.

Nous avons réservé un chapitre spécial à la Grèce, où la distinction établie par l'ordonnance française de 1629 est en vigueur.

Enfin nous avons réuni dans un dernier chapitre les législations de sept États différents ne possédant aucune règle spéciale sur la matière, ou bien dans lesquels le pouvoir exécutif peut seul permettre l'exécution des décisions étrangères, ou qu'il ne nous a pas été possible de faire rentrer dans l'une des quatre catégories précédentes.

CHAPITRE XIV.

ÉTATS DANS LESQUELS LE JUGEMENT ÉTRANGER N'A AUCUNE FORCE OU DOIT ÊTRE REVISÉ QUANT AU FOND.

§ 1er. — *Belgique.*

Au commencement du siècle, la Belgique faisait partie intégrante de la France ; elle se trouva donc tout naturellement soumise, en ce qui concerne l'exécution des jugements étrangers, aux règles établies par les nouvelles lois françaises, c'est-à-dire aux dispositions de l'art. 2123 de notre Code civil et de l'art. 546 de notre Code de procédure civile. En 1814, à la chute de Napoléon Ier, la Belgique, bien que rattachée au royaume des Pays-Bas, n'en continua pas moins à vivre sous l'empire de notre législation. Toutefois, une mesure de défiance fut édictée contre les jugements et les actes rendus ou passés en France, par le roi Guillaume Ier, prince souverain des provinces-unies des Pays-Bas. Le 9 septembre 1814 fut rendu l'arrêté-loi suivant : « Art. 1er. Les arrêts et jugements « rendus en France, et les contrats qui y auront été « passés n'auront aucune exécution dans la Belgi- « que. — Art. 2. Les contrats y tiendront lieu de sim- « ples promesses. — Art. 3. Nonobstant ces juge- « ments, les habitants de la Belgique pourront de « nouveau débattre leurs droits devant les tribunaux

17

« qui y sont établis, soit en demandant, soit en dé-
« fendant. »

On voit que ce sont à peu de chose près les
termes de l'art. 121 de l'ordonnance française de
1629. Quelle fut la cause première de cet arrêté vexa-
toire, uniquement dirigé contre notre pays? Faut-il
y voir, avec M. Asser (1), une manœuvre politique
destinée à compléter la séparation de deux États qui
avaient été réunis sous un même sceptre? Voulut-on
seulement agir par voie de représailles en opposant
à nos tribunaux, qui s'obstinaient à faire revivre l'ordonnance de Louis XIII, un système analogue à
celui qu'ils préconisaient? Il est très-vraisemblable
que ce sont ces deux motifs réunis qui ont amené la
promulgation de l'arrêté de 1814.

Les événements qui suivirent la révolution de
1830 auraient dû, semble-t-il, modifier cet état de
choses. La Belgique venait de se séparer brusquement de la Hollande, et cherchait à se rapprocher de
notre pays; les provinces wallonnes demandaient
même leur annexion pure et simple à la France. Bien
plus, le 7 février 1831, le Congrès choisissait comme
roi des Belges le propre fils de Louis-Philippe, le duc
de Nemours. A ces marques non équivoques de sym-
pathie le gouvernement français répondit en expul-
sant par la force de la citadelle d'Anvers, le 23 dé-

---

(1) Asser, *De l'effet ou de l'exécution des jugements rendus à l'é-
tranger en matière civile et commerciale; Revue de droit international,* t. I, p. 88.

cembre 1832, la garnison hollandaise qui l'occupait.

Cet échange de bons procédés entre les deux nations voisines, et d'autre part le revirement qui s'était opéré dans la jurisprudence de notre Cour de cassation qui, dans son célèbre arrêt du 19 avril 1819, avait abandonné la doctrine de l'ordonnance de 1629, pour se rallier au système de non-revision, condamnaient impitoyablement l'arrêté de 1814 comme instrument politique et comme mesure de rétorsion.

Aussi le 14 mai 1836, le ministre de la justice de Belgique, M. Ernst, proposait-il à la Chambre des représentants l'abrogation de l'arrêté-loi du 9 septembre 1814. « Les dispositions des art. 2123 et 2128 « du Code civil, et 546 du Code de procédure civile, « disait-il dans l'exposé des motifs du projet qu'il « venait de déposer, ont été modifiées à l'égard de la « France par l'arrêté de 1814, mais elles ont con- « servé leur application aux contrats passés et aux « décisions judiciaires portées dans d'autres pays. « Cependant, il n'existe aucun motif pour soumettre la « France à une législation exceptionnelle... Il a donc « paru juste d'abroger l'arrêté du 9 septembre 1814 « et de rétablir la réciprocité de législation qui n'au- « rait jamais dû être interrompue. » Le projet fut renvoyé à une commission qui mit dix années à préparer son rapport qu'elle déposa en 1846. La réforme en resta là, et l'arrêté de 1814 continua de subsister (1).

_____

(1) Nous empruntons ces derniers détails à Fœlix, *Traité de*

Lorsque la loi du 16 décembre 1851, sur le régime hypothécaire, eut abrogé les art. 2123 et 2128 du Code civil, l'exécution des actes et des jugements étrangers, autres que les actes et jugements français (1), ne fut plus réglementée que par l'art. 546 du Code de procédure civile. Il en fut ainsi jusqu'à la promulgation du Code de procédure de 1876. Mais avant d'examiner les dispositions de l'art. 10 de la loi du 25 mars 1876, nous devons dire un mot de la manière dont étaient interprétés en Belgique les textes du Code civil et de l'ancien Code de procédure.

La jurisprudence belge est loin de présenter les caractères d'une parfaite uniformité. D'après Fœlix (2), il semblerait que les tribunaux belges aient toujours suivi la doctrine qu'il enseigne, c'est-à-dire le système de l'ordonnance de 1629; c'est du moins ce qu'on peut comprendre à la lecture des § 380 et

----

droit international privé, t. II, p. 127, et au discours de M. de Paepe, (*De l'exécution des décisions rendues en matière civile ou commerciale*, p. 6). Nous tenons à remercier ici M. le conseiller de Paepe de la gracieuse obligeance avec laquelle il a bien voulu nous faire hommage de son intéressante étude qui nous a été d'un grand secours pour la rédaction de cette partie de notre travail.

(1) Nous rappellerons que l'arrêté-loi de 1814 vise uniquement l'hypothèse où un jugement a été rendu en France au préjudice d'un Belge. Bruxelles, 3 juin 1843; B. J. 1843. 1041 (Jamard, *Répert. gén. de la jurispr. belge* au mot *étranger*, n° 400). — Bruxelles, 3 août 1844; Pas. 1844. 2. 354. — Toutefois le Français *habitant* la Belgique doit être admis à replaider devant les tribunaux belges, nonobstant la chose jugée en France entre lui et l'un de ses compatriotes. Bruxelles, 21 janvier 1843; B. J. 1843. 276 (Jamard, au mot *étranger*, n° 401). — Bruxelles, 21 janvier 1844, Pas. 1844. 2. 357.

(2) Fœlix, *Droit international privé*, t. II, §§ 380 et 381.

381 de son Traité de droit international privé, dans lesquels il s'exprime avec un défaut de clarté vraiment regrettable (1).

Mais, si ce que dit Fœlix n'est pas exact, la solution donnée par M. Demangeat (2), qui prétend que la jurisprudence belge est établie sur la théorie de la non-revision des sentences étrangères, n'est pas beaucoup meilleure. Il est vrai que pendant assez longtemps, les tribunaux belges admirent que dans les jugements étrangers « il fallait distinguer le *judi-* « *catum*, la chose jugée, et l'*imperium* la force coër- « citive qui en assure l'exécution; que ces jugements « conservaient en Belgique l'autorité de la chose « jugée; que l'art. 2123 du Code civil et l'art. 546 du « Code de procédure civile prescrivaient seulement, « pour que l'exécution en devint possible en Belgi- « que, de les faire revêtir par les juges du pays de la « force exécutoire; qu'avant d'y apposer la formule « exécutoire les tribunaux belges ne devaient point « roviser le procès décidé entre les parties litigantes; « que leur mission se bornait à s'assurer que ces ju- « gements ne contenaient rien de contraire à l'or- « dre public, à la souveraineté nationale (3). »

Cette jurisprudence se maintint jusqu'en 1847. Le tribunal de Bruxelles avait accordé, sans nouveaux

---

(1) Asser, dans la *Revue de droit international*, t. I, p. 88.
(2) Demangeat, sur Fœlix, t. II, p. 130, note a.
(3) Paepe (de), *op. cit.*, p. 9. — Bruxelles, 3 août 1844; Pas. 1844. 2, 388.

débats, sans examen au fond, l'*exequatur* à un arrêt
de la Cour de la Haye (1). Sur l'appel qui fut interjeté devant elle, la Cour de Bruxelles, malgré les conclusions contraires de l'avocat-général, qui était
M. Faider, aujourd'hui procureur-général à la Cour
de cassation de Belgique, décida que l'instance en
exequatur devait aboutir à un véritable jugement
qui ne pouvait être rendu qu'après revision du fond
du litige par les juges du pays où se poursuivait
l'exécution (2). Un pourvoi formé contre cet arrêt
fut rejeté par la Cour de cassation le 19 juillet
1840 (3). Il est fâcheux que l'honorable M. Demangeat, qui écrivait ses notes sur Fœlix en 1866, ait
arrêté ses recherches de jurisprudence à l'année 1840.

Arrivons au nouveau Code de procédure dont
l'art. 10 s'exprime ainsi : « Ils (les tribunaux de pre-
« mière instance) connaissent enfin des décisions ren-
« dues par les juges étrangers en matière civile et en
« matière commerciale. S'il existe entre la Belgique
« et le pays où la décision a été rendue, un traité

(1) Chabot, c. Verheyden. V. Haus, *Du droit privé qui régit les étrangers en Belgique*, p. 381.

(2) Bruxelles, 17 mars 1847; Pas. 47, 2, 211.

(3) Cass. Belg. 10 juillet 1840 ; Pas. 1840, 1, 341. — V. dans ce sens : Anvers, 24 mars 1855; B. J. 1857, 423. — Courtrai, 2 juillet 1859, B. J. 1859, 1635 (Jamard, au mot *étranger*, n° 139). — Gand, 4 janvier 1860, B. J. 1860 p. 254 et suiv. (V. sur l'affaire Plotho contre Montblanc dans la *Belgique judiciaire*, loc. cit., p. 193 et suiv. les travaux de MM Keymolen, d'Elhoungne et de Linge. V. aussi Haus, op. cit., p. 360 et suiv. — Bruxelles, 12 juillet 1873; J. D. I. P. 1875, p. 218. — Anvers, 22 novembre 1873; B. J. 1875, 383 (Jamard, au mot *étranger*, n° 139). — Verviers, 9 juin 1875; Pas. 1876, 3, 80.

« conclu sur la base de la réciprocité, leur examen
« ne portera que sur les cinq points suivants : 1° Si
« la décision ne contient rien de contraire à l'ordre
« public ni aux principes du droit public belge:
« 2° Si d'après la loi du pays où la décision a été
« rendue, elle est passée en force de chose jugée;
« 3° Si d'après la même loi, l'expédition qui en est
« produite réunit les conditions nécessaires à son
« authenticité; 4° Si les droits de la défense ont
« été respectés; 5° Si le tribunal étranger n'est pas
« uniquement compétent à raison de la nationalité
« du demandeur. »

Le texte que nous venons de reproduire n'a pas
été adopté sans débats. La commission extra-parle-
mentaire chargée de préparer le nouveau Code de procédure civile belge, s'était inspirée du système établi
par le Code de procédure civile italien. L'art. 9 du
projet rédigé par elle soumettait les jugements étrangers à trois conditions seulement : 1° La décision ne
devait rien contenir de contraire à l'ordre public
ni aux principes du droit public belge; 2° Cette décision devait être passée en force de chose jugée dans
le pays où elle avait été rendue; 3° L'expédition qui
en était produite devait réunir toutes les conditions
nécessaires à son authenticité, d'après la loi étrangère.

« Le système de la jurisprudence, disait M. Allard
« rapporteur de la commission, n'est pas juridique;
« il confond la force exécutoire avec l'autorité de la

« chose jugée, l'*imperium* avec la *jurisdictio*. » Cette opinion ne fut pas admise par la commission spéciale nommée par la Chambre des représentants pour examiner le projet. Voici comment elle s'exprimait par l'organe de son rapporteur M. Thonissen (1) : « Il y a « aujourd'hui plusieurs pays, notamment l'Italie, où « les jugements rendus en pays étranger devien- « nent de droit exécutoires, après quelques vérifica- « tions concernant leur authenticité et le respect des « droits de la défense. C'est le système qui vous a « été présenté par la commission extra-parlemen- « taire sous le ministère de l'honorable M. Bara. Je « n'ai pas cru pouvoir admettre ce système sans y « ajouter des garanties nouvelles pour les justi- « ciables belges. J'ai dit qu'on pouvait adopter une « telle règle à l'égard des pays où la justice est régu- « lièrement rendue et où elle présente les garanties « désirables; mais je n'ai pas voulu forcer nos natio- « naux à s'incliner devant une sentence quelconque, « rendue par un mandarin chinois ou un cadi turc. « Telle a été l'origine de la rédaction actuelle de « l'art. 10 du projet de loi qui exige notamment la « conclusion d'un traité et la condition de la réci- « procité. »

L'art. 9 de la commission, devenu, après modifica- tions, l'art. 10 du texte définitif, fut adopté sans dis- cussion par le Sénat.

---

(1) J. D. I. P. 1874 (Chronique. Belgique), p. 341.

Ce texte mérite assurément plus d'une critique. Pourquoi nous parler de traités conclus sur la base de la réciprocité? A quoi bon énumérer avec autant de soin les points sur lesquels devra porter l'examen des juges belges lorsque de pareils traités existeront ? Est-ce que les États qui essaieront de conclure des conventions avec la Belgique pour l'exécution réciproque des jugements, se préoccuperont des dispositions qu'il aura plu aux législateurs de ce pays d'insérer dans leurs codes sur cette matière. Evidemment non. Le traité négocié, signé et dûment ratifié, entrera en vigueur, encore qu'il ne soit pas absolument conforme à l'art. 10 de la loi du 25 mars 1876. Comme l'a fort bien dit M. Splingard (1), la dernière partie de cet article « est du domaine de « l'utopie pure; il est regrettable que la loi, qui doit « toujours conserver un caractère sérieux, ait cru de- « voir enregistrer un *desideratum* mal conçu et mal « exprimé. »

Lorsqu'il n'y a pas de traité, et nous ne croyons pas que la Belgique en ait encore conclu, il faut accorder aux tribunaux le droit d'examiner le fond de la sentence étrangère. Cela résulte pour nous de la comparaison des deux parties de l'art. 10. En limitant dans un cas spécial les pouvoirs du juge chargé de donner l'*exequatur*, la pensée du législateur ne nous paraît

---

(1) Splingard (P.), *De l'exécution en Belgique des décisions judiciaires étrangères;* B. J. 1881, p. 115,

pas avoir été douteuse. Il est évident qu'il a voulu dire que dans toutes les autres hypothèses ce juge aurait un droit de vérification absolu, qu'il y aurait lieu à revision complète (1). « Ce n'est pas comme « juge d'appel, disait M. d'Anethan dans son rap- « port au Sénat, que les juges belges ont à connaître « de la contestation jugée par un tribunal étranger; « ils sont saisis de la décision par la partie qui leur « demande de la rendre exécutoire, et s'ils trouvent, « après examen et réouverture des débats s'il y a « lieu, que la décision a été bien rendue, ils la décla- « rent exécutoire; dans le cas contraire, ils la tien- « nent pour non-avenue et en prononcent une « autre (2). »

Le nouveau Code de procédure civile belge a-t-il abrogé l'arrêté-loi du 9 septembre 1814 ? On n'est pas d'accord sur ce point.

Nous devons toutefois remarquer que dès 1871, la Cour de cassation décidait que : « cet arrêté n'a pas « été pris pour placer les jugements français dans « une position exceptionnelle et, hors du droit com- « mun; que le texte comme le but politique de cet « arrêté démontrent que l'intention manifeste du lé- « gislateur a été d'assimiler uniquement les juge-

---

(1) Humblet (Léon), *De l'exécution des jugements étrangers en Belgique* dans le J. D. I. P. 1877, p. 310. — V. dans le sens de la revision au fond : Trib. Courtrai, 21 juin 1870; Pas. 1870, 3, 311 et J. D. I. P. 1881, p. 83. — Bruxelles, 3 janvier 1880; Pas. 1880, 2, 138.

(2) V. Bormans, *Code de procédure civile belge*, t. I, n° 303, p. 312.

« monts français à tous les jugements étrangers et de
« leur rendre, par suite, applicables les art. 2123 du
« Code civil et 546 du Code de procédure civile (1). »

L'arrêt, dont nous venons de reproduire une partie,
montre suffisamment dans quel discrédit était tombée près des tribunaux belges, et notamment près
de la Cour suprême, l'œuvre du roi Guillaume.

Nous ne saurions cependant admettre cette interprétation qui n'explique rien. En effet, si l'arrêté
n'avait eu pour but que de soumettre la France au
régime des art. 2123 du Code civil, et 546 du Code
de procédure civile, il aurait été d'une inutilité no-
toire, ce régime constituant le droit commun en Belgique. Il n'a donc pu être rendu que dans l'intention
de placer notre pays dans une situation exceptionnelle de défaveur, avec le désir de mettre en quelque
sorte hors la loi tout ce qui venait de France. Cette
opinion nous semble avoir été partagée par M. de
Paepe. « Ce n'est pas seulement, disait-il dans le
« discours de rentrée qu'il prononça en 1870 devant
« la Cour d'appel de Gand, l'autorité de la chose
« jugée, mais bien l'existence même qui est déniée
« aux jugements prononcés en France contre des
« habitants de la Belgique (2). »

L'art. 10 de la loi du 25 mars 1876 ne dit pas,
d'une façon expresse, que l'arrêté de 1814 ait cessé

---

(1) Cass. belg., 9 mars 1871; Pas. 1871. 1. 140.
(2) Paepe (de), op. cit., p. 9.

d'exister; mais de son silence n'est-il pas permis de conclure à l'abrogation de ce texte ? Nous n'hési- terons pas à répondre affirmativement.

Assurément, il eut été préférable que le législateur s'exprimât plus nettement. S'il n'a pas cru devoir le faire, c'est qu'il supposait, sans aucun doute, que ses intentions ne pouvaient être suspectées. « De- « puis longtemps nos relations amicales avec la « France réclamaient l'abrogation de l'arrêté du 9 « septembre 1814. C'était surtout pour les jugements « français qu'il était nécessaire de modifier la légis- « lation, afin d'en faciliter l'exécution en Belgique. « Et l'on n'aurait pas touché à cette législation su- « rannée de l'arrêté-loi du 9 septembre 1814 (1) ! » Et l'on n'aurait pas tenu compte de l'arrêt rendu en 1871 par la Cour suprême ! Qu'on se reporte d'ail- leurs, au rapport de M. d'Anethan, et l'on verra ce qu'il doit rester aujourd'hui de l'arrêté-loi de 1814. « Nous pensons, écrivait l'honorable sénateur, avec « les auteurs du projet, et avec la Chambre des re- « présentants que cette législation, qui a été l'objet

---

(1) Paepe (de), *op. cit.*, p. 37. — V. dans le sens de l'abrogation de l'arrêté de 1814 : Trib. Bruxelles, 23 mars 1878; B. J. 1878, p. 870 (Rapporté par M. de Paepe, *op. cit.*, p. 38).—Bruxelles, 22 jan- vier 1887; B. J. 1887, p. 630. — *Contrà*, Trib. Bruxelles, 20 déc. 1876; Pas. 1877. 3. 252. — Trib. Bruxelles, 10 février 1877; Pas. 1878. 3. 86. — Trib. Bruxelles, 21 avril 1877; Pas. 1878. 3. 88. — Bruxelles, 8 novembre 1877; Pas. 1878. 2. 90. Il est à remarquer que toutes ces décisions, sauf le jugement du tribunal de Bruxelles de 20 décembre 1876, ont interprété l'arrêté de 1814 de la même manière que la Cour de cassation l'avait fait en 1871.

« de nombreuses critiques, doit être modifiée. »

Les décisions étrangères statuant sur des questions d'état doivent-elles, pour pouvoir produire effet en Belgique, avoir été préalablement soumises à l'*exequatur* d'un juge belge, et avoir été revisées au fond. Nous avons donné les raisons théoriques pour lesquelles nous croyons cet *exequatur* inutile, lorsque nous avons traité de l'exécution des jugements étrangers en France; nous ne reviendrons donc pas sur ce point, et nous nous bornerons à jeter un rapide coup d'œil sur la jurisprudence belge en cette matière.

On peut dire que les tribunaux belges n'ont jamais varié et qu'ils ont toujours reconnu la force de chose jugée aux sentences étrangères réglant l'état et la capacité des nationaux du pays où elles avaient été rendues, alors même qu'il s'agissait de jugements français (1).

Cependant, si le jugement étranger contrevenait aux lois d'ordre public, il ne saurait recevoir exécution en Belgique, et dans ce cas le droit de revision reparaîtrait (2). Il en serait de même dans l'hypothèse où une décision, tout en constatant l'état d'une personne, ordonnerait des mesures d'exécution sur

---

(1) Bruxelles, 9 juin 1827; Pas. 1827. 2. 205. — Bruxelles, 9 nov. 1810; Pas. 1810. 2. 300.— Bruxelles, 23 mars 1861; Pas. 1862. 2. 180. — Liège, 10 avril 1867; Pas. 1867. 2. 230. — Trib. Bruxelles, 20 octobre 1872; Pas. 1872. 3. 338. — Trib. Bruxelles, 10 janvier 1880; Pas. 1880. 3. 130 et J. D. I. P. 1881, p. 99.

(2) Bruxelles, 18 juillet 1833; Pas. à cette date.

les biens; la première partie du jugement devrait alors être admise *de plano* et sans *exequatur*, tandis que la seconde resterait soumise à l'examen au fond. La Cour de Bruxelles a fait une remarquable application de cette idée dans son arrêt du 5 août 1880 (1). Voici dans quelles circonstances.

En 1861, Marie-Henriette-Valentine de Riquet, comtesse de Caraman-Chimay, fille du prince de Chimay et de Louise-Marie-Joséphine de Pellapra, épousait le prince de Bauffremont. Belge de naissance, elle devint française par le fait de ce mariage (C. C., art. 12), et son statut personnel se trouva désormais régi par la loi française.

Le 1er août 1874 (2), un arrêt de la Cour de Paris prononçait la séparation de corps au profit de Mme de Bauffremont, et lui confiait la garde des deux enfants issus de son mariage avec le prince de Bauffremont.

Le 3 mai 1875, la princesse, sans avoir obtenu ni l'autorisation maritale, ni même l'autorisation de justice se faisait naturaliser saxonne, à Altenbourg; au mois d'octobre suivant elle contractait à Berlin un nouveau mariage avec le roumain Georges Bibesco.

Un jugement du tribunal de la Seine du 10 mars 1876 (3), confirmé en appel le 17 juillet suivant (4), dé-

---

(1) Bruxelles, 5 août 1880 ; Pas. 1880. 2. 310 et J. D. I. P. 1880, p. 508.
(2) Paris, 1er août 1874; S. 74. 2. 205.
(3) Trib. Seine, 10 mars 1876; J. D. I. P. 1876, p. 350.
(4) Paris, 17 juillet 1876; S. 76. 2. 249 et J. D. I. P. 1876, p. 352. Le

clara nul le second mariage de madame de Bauffremont; d'autre part, des arrêts de la Cour de Paris du
7 août 1876 et du 13 février 1877 (1), confirmant
deux jugements du tribunal de la Seine du 13 janvier
1876 (2) et du 30 mars de la même année (3), lui enle-
vèrent la garde de ses enfants, et décidèrent que les
deux jeunes filles seraient, jusqu'à leur majorité,
élevées au couvent du Sacré-Cœur de Paris. Elles
devaient être remises aux mains de leur père, sous
peine de dommages-intérêts à payer à celui-ci par
chaque mois de retard.

Le prince de Bauffremont, ne pouvant obtenir que
ses enfants lui fussent rendus, et désirant poursuivre
en Belgique l'exécution des mesures pécuniaires ordonnées par la Cour de Paris, fit saisir-arrêter entre
les mains de son beau-père une somme d'environ
350,000 fr. que ce dernier restait devoir à sa fille,
comme reliquat de la succession de la princesse de Chimay. Dans le but de faire valider
les saisies-arrêts qu'il avait opérées, M. de Bauffremont s'adressa au tribunal de Charleroi, et lui de-

pourvoi formé contre cet arrêt a été rejeté par la Cour de cass.
le 18 mars 1878; S. 78, 1. 103 et J. D. I. P. 1878, p. 608.

(1) V. le texte de l'arrêt du 7 août 1876 dans la *Gazette des tribunaux* des 7 et 8 août 1876, et le texte de l'arrêt du 13 février 1877
dans la *Gazette* du 14 février 1877.

(2) V. la *Gazette des tribunaux* du 14 janvier 1876. — On trouvera
le texte complet de ce jugement dans le même recueil, n° du 31 juill.
1er août 1876.

(3) V. la *Gazette des tribunaux* du 31 mars 1876.

manda de rendre exécutoires en Belgique les deux arrêts de la Cour de Paris du 7 août 1876 et du 13 février 1877.

Le tribunal de Charleroi, dans son jugement du 3 janvier 1880 (1), commença par examiner la validité de l'union contractée par madame de Bauffremont avec le prince Bibesco. Il est vrai, comme le fait observer M. Louis Renault (2), qu'il lui était difficile d'agir autrement. M. Bibesco étant intervenu au procès pour autoriser madame de Bauffremont à ester en justice devant les tribunaux belges, il était assez naturel de rechercher s'il avait qualité pour donner cette autorisation. Les juges de Charleroi posent en principe qu'il « doit être admis qu'un ju-« gement modifiant l'état et la capacité d'une per-« sonne doit être respecté dans les pays étrangers, « sans qu'il soit besoin de recourir à l'*exequatur*, à « la condition que la décision ait été rendue par la « juridiction du pays de cette personne, et que la « procédure soit régulière. »

Nous n'avons certes rien à reprocher à cette proposition, mais l'application qu'en a faite le tribunal belge nous semble vraiment bien singulière.

Pour lui, la princesse de Bauffremont a cessé d'être française ; la naturalisation qui lui a été conférée dans le duché de Saxe-Altenbourg est un acte de l'au-

---

(1) Trib. Charleroi, 3 janvier 1880; J. D. I. P. 1880, p. 218.
(2) Renault (Louis), *L'affaire de Bauffremont devant la justice belge*; J. D. I. P. 1880, p. 178 et suiv.

torité souveraine de ce pays; aucun pouvoir, en dehors de cette autorité, ne peut en discuter la validité ou en modifier les effets. Evidemment, nous ne contesterons pas que Madame de Bauffremont puisse être considérée comme saxonne en Saxe-Altenbourg; mais cela fait-il que son statut peronnel ait cessé d'être réglé dans les autres pays par la loi française à laquelle elle a tacitement accepté de se soumettre, par le seul fait de son mariage avec le prince de Bauffremont. Nous ne le croyons pas.

Toujours est-il que le tribunal de Charleroi a reconnu comme valable le mariage célébré à Berlin' en 1875 et a déclaré « recevable l'intervention du prince « de Bibesco, lui donnant acte de ce qu'il autorise « la défenderesse son épouse à ester en justice. »

Rappelant, ensuite, ce qu'il aurait pu faire avantageusement dès le début de son jugement, que l'article 10 de la loi du 25 mars 1876 donne en toute matière aux juges belges le droit d'examiner d'une façon absolue les sentences étrangères dont on leur demande l'*exequatur*, le tribunal a décidé qu'il n'y avait pas lieu de déclarer exécutoire en Belgique les arrêts de la Cour de Paris du 7 août 1876 et du 13 février 1877 (1).

_____

(1) Le tribunal de Charleroi a du reste eu un précurseur en la personne de M. Daniel de Folleville; dans une brochure qu'il a publiée en 1876 sous ce litre : *Un mot sur le procès de M*ᵐᵉ *la princesse de Bauffremont*, l'ex-doyen de la Faculté de droit de Douai s'est efforcé de soutenir, avec plus de bonne volonté que de succès, que la femme française séparée de corps peut se faire naturaliser en pays

Le jugement du tribunal de Charleroi fut déféré à la Cour d'appel de Bruxelles qui le réforma par l'arrêt dont nous avons parlé tout-à-l'heure. La Cour fait d'abord observer que la nullité du second mariage de la princesse de Bauffremont a été prononcée par les tribunaux français, « que ces décisions, rendues par la juridiction française, seule compétente pour régler l'état et la capacité de la princesse de Bauffremont s'imposent en Belgique, ne peuvent y être l'objet d'aucune revision, et doivent en vertu des principes consacrés par l'art. 3 du Code civil, y être acceptées comme l'expression de la chose définitivement jugée. » La demande d'intervention du prince de Bibesco n'était donc pas recevable.

Passant à la demande d'*exequatur* des arrêts de Paris, la Cour de Bruxelles estime que ces décisions comprennent deux dispositions différentes, la première relative à la garde des deux jeunes filles, la seconde emportant condamnation pécuniaire de la princesse au profit du prince.

La question de la garde des enfants se rattachant au statut personnel, les juges belges n'ont point à en connaître; les sentences étrangères rendues sur ce point sont obligatoires en Belgique, sans devoir

---

étranger sans autorisation maritale ou de justice. On trouvera la réfutation des arguments présentés à l'appui de cette thèse dans une étude sur l'affaire de Bauffremont, par M. Albert Teichmann; Bâle, 1876.

faire au préalable l'objet d'une demande d'*exequatur*.

Pour ce qui est de la condamnation pécuniaire, on peut dire qu'elle constitue une véritable mesure d'exécution; les tribunaux belges ont donc le devoir de reviser au fond la partie de la décision étrangère qui l'a prononcée.

C'est ce que fit la Cour, qui jugea qu'il n'y avait pas lieu d'accorder l'*exequatur* que demandait le prince de Bauffremont. L'arrêt de la Cour de Bruxelles fut confirmé par la Cour de cassation de Belgique le 19 janvier 1882 (1).

Les règles que nous venons d'indiquer sont très-généralement appliquées par la jurisprudence belge en matière de faillites déclarées à l'étranger. Les jugements de cette nature statuent, d'après elle, sur de véritables questions d'état, et sont de plein droit exécutoires en Belgique, sans qu'il soit nécessaire de les soumettre à la formalité de l'*exequatur* (2). Le failli est donc dessaisi de l'administration de ses biens et, du jour de la déclaration de faillite, les actions ne doivent plus être intentées contre lui, mais bien contre son représentant légal (3). Les syndics

---

(1) Cass. belg. Pas. 1882. 1. 30. et J. D. I. P. 1882, p. 364.

(2) Bruxelles, 21 juin 1820; Pas. 1820. 162. — Bruxelles, 27 décembre 1820; Pas. 1820. 330. — Bruxelles, 12 janvier 1828; Pas. 1828. 14. — Liège, 20 mai 1818; Pas. 1818. 2. 211. — Anvers, 31 mai 1858; (Jamard, au mot *étranger*, n° 107). — Trib. com. Bruxelles, 1er décembre 1873; J. D. I. P. 1874, p. 137. — Gand, 6 mars 1883; Pas. 1883. 2. 101.

(3) Trib. Mons, 14 février 1874; Pas. 1875; 3. 136 et J. D. I. P. 1875, p. 417. — Arlon, 20 avril 1874; J. D. I. P. 1878, p. 516.

peuvent, par conséquent, agir en leur qualité devant les tribunaux belges (1).

Le tribunal compétent pour statuer sur la demande d'*exequatur* est le tribunal de 1re instance. Peu importe, d'ailleurs, que la décision étrangère émane d'une Cour d'appel, voire d'une Cour suprême, qu'elle ait été rendue par un tribunal consulaire ou par une juridiction civile. Le texte de l'art. 10 du nouveau Code de procédure ne nous laisse aucun doute sur ce point; il faudra, dans tous les cas, s'adresser au tribunal civil. C'est, du reste, dans ce sens que s'était fixée la jurisprudence belge avant 1876, sous l'empire des art. 2123 du Code civil et 546 du Code de procédure civile (2).

Le jugement qui accorde ou qui refuse l'*exequatur* à une décision étrangère est-il toujours susceptible d'appel, ou bien faut-il rechercher quel a été le montant de la demande principale, pour savoir s'il y a lieu ou non de recourir à la juridiction du degré supérieur. En 1869 (3) la Cour de Bruxelles s'est prononcée dans le premier sens; elle a décidé

---

(1) Bruxelles, 10 juillet 1823; Pas. 1823. 474. — Bruxelles, 12 août 1836; Pas. 1836. 2. 217. — Anvers, 10 mars 1830 et Dinant, 22 novembre 1851; (Jamard, au mot *étranger*, n° 175). — Cass., 6 août 1852; Pas. 1853. 1. 110. — Arlon, 20 février 1872 (Jamard, au n° précité).

(2) Bruxelles, 18 novembre 1816; Pas. 1816. 2. 342. — Bruxelles, 23 juillet 1850; Pas. 1851. 2. 218. — Bruxelles, 7 février 1865; Pas. 1865. 2. 338. — Bruxelles, 18 janvier 1869; Pas. 1869. 2. 60. — Bruxelles, 21 janvier 1869; Pas. 1869. 2. 118. — Bruxelles, 22 juillet 1873; Pas. 1873. 2. 317.

(3) Bruxelles, 21 janvier 1869 (précité).

que l'appel était recevable, quel que fut le montant des condamnations prononcées par le juge étranger.

M. de Paepe soutient l'opinion contraire (1). Nous pensons que c'est avec raison. Dès l'instant, en effet, qu'on accorde, comme en Belgique, un droit de revision absolu aux tribunaux, et qu'on leur permet de substituer, le cas échéant, un jugement nouveau au jugement étranger qui leur est soumis, il serait souverainement illogique de ne pas suivre, au point de vue de l'appel, les règles ordinaires de la procédure.

« L'*exequatur*, disait M. le procureur-général Faider, devant la Cour de cassation de Belgique le « 25 février 1886, est et reste un accessoire, un « moyen par rapport à un principal d'action qui « détermine le ressort pour le juge saisi légalement « et nécessairement en Belgique; nulle loi n'a rien « changé parmi nous à l'ordre des juridictions ou à « l'échelle des ressorts. » La Cour de cassation, dans les considérants de son arrêt du 25 février 1886 (2), semble s'être rapprochée à cette doctrine : « Attendu, « y lisons-nous, que les demandes d'*exequatur* de « jugements étrangers sont susceptibles d'évalua- « tion d'après les principes qui régissent toutes « les demandes formées devant les tribunaux belges, « et notamment selon l'article 21 de la loi du 25

---

(1) Paepe (de), *op. cit.*, p. 90. — *Sic*, Bruxelles, 29 juin 1871; Pas. 1871. 2. 304. — Liège, 5 mai 1871; Pas. 1871. 2. 441 :

(2) Cass. belg., 25 février 1886; B. J. 1886, p. 178. — V. pour les conclusions de M. Faider, *eod. loc.*, p. 471.

« mars 1876, d'après le montant de la demande sur
« laquelle le juge étranger a statué. »

L'art. 10 ne s'occupe que des décisions rendues
par des juges, en matière contentieuse. Les sentences
arbitrales prononcées en pays étranger n'ont donc
pas besoin de l'*exequatur* des tribunaux belges. Emanant de personnes privées, auxquelles les parties se
sont librement adressées, en leur demandant de
mettre fin à une contestation, elles ont partout autorité, pourvu qu'elles aient été déclarées exécutoires
par une ordonnance du Président du tribunal (1).

§ 2. — Chili.

Il n'existe dans les lois chiliennes aucun texte précis relatif à l'exécution des jugements étrangers.
Néanmoins, nous pensons qu'après la lecture des articles 15 et 16 du Code civil (2), on doit arriver à cette
conclusion que les décisions rendues en pays étranger ne jouissent d'aucune force au Chili. En effet, aux
termes de l'art. 15, les Chiliens, bien que résidant ou
domiciliés à l'étranger, restent soumis à leurs lois
nationales relatives aux obligations et aux droits ci-

---

(1) Bormans, *op. cit.*, t. 1, n° 307. — Paepe (de), *op. cit.*, p. 30. —
Le trib. d'Anvers a cependant jugé que c'était le tribunal entier et
non pas seulement son président qui avait compétence pour rendre
exécutoire une sentence arbitrale étrangère; Trib. Anvers, 30 nov.
1883; J. D. I. P. 1884, p. 71.

(2) Ce code, promulgué le 14 décembre 1885, n'est entré en vigueur
que le 1er janvier 1857.

vils : « 1° En ce qui touche à l'état des personnes
« et à leur capacité pour accomplir certains actes
« qui doivent produire leurs effets au Chili; 2° en ce
« qui touche aux obligations et droits qui naissent
« des liens de famille, mais seulement à l'égard de
« leurs conjoints et parents chiliens. »

Quant aux biens situés au Chili, ils sont régis par
les lois chiliennes, bien qu'appartenant à des étrangers qui ne résident pas sur le territoire de la République (art. 16) (1).

Il nous semble que des dispositions de ce genre ne
laissent pas beaucoup de place pour l'exécution des
sentences étrangères.

§ 3. — Danemark.

Les lois du Danemark ne renferment aucune disposition précise relative à l'effet des jugements
étrangers dans ce pays. En ce qui concerne leur
exécution il ne nous semble pas qu'il doive s'élever
de bien sérieuses difficultés; il paraît, en effet, qu'il
ne peut être procédé en Danemark à des actes d'exécution forcée qu'autant que la décision qui sert de
base à ces actes émane de juges danois. Le porteur
d'une sentence étrangère se trouvera donc néces-

---

(1) Les art. 15 et 16 du Code civil chilien ont été traduits par
M. Léonel Oudin dans le *Bulletin de la Société de législation comparée*, t. VII (1877-1878), p. 508. Cette traduction que nous avons
collationnée avec le texte nous a paru très-fidèle.

sairement obligé d'agir devant les tribunaux du pays, dans les formes ordinaires (1).

Cependant, on est en droit de se demander si le tribunal danois saisi de la demande d'exécution ne doit tenir aucun compte de la décision rendue par les juges étrangers. Sur ce point des opinions très-différentes se sont produites, les uns allant jusqu'à soutenir que le jugement étranger est dépourvu de toute valeur, tandis que d'autres prétendent que la mission des magistrats danois se réduit à une simple opération de forme.

Le système le plus généralement adopté serait le suivant (2) : le jugement étranger jouit de l'autorité de la chose jugée en Danemark. Toutefois, le défendeur pourra empêcher que le demandeur n'obtienne un jugement d'exécution, s'il prouve « que, d'après « les principes de la législation danoise, la partie « condamnée n'était pas, dans l'espèce, justiciable de « la juridiction de l'État étranger dont le tribunal a « rendu le jugement, » ou s'il démontre que, d'après la loi du pays étranger, le jugement n'est pas exécutoire ou est susceptible d'un recours, enfin si la sentence dont on poursuit l'exécution viole quelque principe du droit public ou de l'ordre public danois.

Sous ces réserves, le tribunal danois rend son juge-

---

(1) Goos, *De l'exécution des jugements étrangers en Danemark* dans le J. D. I. P. 1880, p. 368.

(2) Ces détails sont tirés de l'article précité de M. Goos.

ment d'*exequatur*, qui sera exécuté conformément aux dispositions des lois danoises.

Nous nous bornerons à rappeler la convention que le Danemark et la Suède ont conclue en 1861 pour l'exécution réciproque des sentences rendues dans l'un et l'autre pays (1).

§ 4. — *Haïti.*

L'art. 2123 du Code civil français, devenu l'art. 1890 du Code civil d'Haïti (2), a longtemps réglementé l'exécution des jugements étrangers dans ce pays. Aujourd'hui, il faut se référer à l'art. 470 du Code de procédure civile qui est ainsi conçu : « Les jugements rendus par les tribunaux étrangers et les actes reçus par les officiers étrangers ne sont point exécutoires en Haïti. Néanmoins, si des dispositions contraires à ce principe venaient à être établies soit dans des lois politiques, soit dans des traités, lesdits actes et jugements ne pourront être mis à exécution qu'après avoir été légalisés par le Grand juge de la République, et revêtus d'une ordonnance d'*exequatur* par le doyen du tribunal civil dans le ressort duquel l'exécution sera poursuivie (3). »

(1) V., *infrà*, p. 203.
(2) Code civil d'Haïti (in-8, Paris, 1826), loi 33.
(3) V. *Codes haïtiens*, annotés par Linstant-Pradine. L'art. 470 fait partie de la loi 4 (*Exécution des jugements*) qui porte la date du 9 juillet 1835. Cette loi, comme toutes celles qui composent le Code de procédure haïtien, a été remise en vigueur par une loi du 4 août 1848.

§ 5. — *Luxembourg (Grand-Duché de)*.

L'exécution des jugements étrangers dans le Grand-Duché de Luxembourg est régie par nos Codes, c'est-à-dire par l'art. 2123 du Code civil et par l'art. 546 du Code de procédure civile.

Il paraît que les tribunaux qui auraient à juger la cause, si le fond était en contestation, se reconnaissent compétents pour juger la demande en *exequatur*, de telle sorte que le *pareatis* pourrait être accordé à un jugement étranger par un tribunal de commerce, s'il s'agit d'un litige commercial (1). C'est d'ailleurs une conséquence assez logique du système de la revision au fond consacré par la jurisprudence luxembourgeoise : « Attendu, lisons-nous, dans un jugement « du tribunal de Luxembourg, en date du 30 mars « 1887, que les tribunaux luxembourgeois appelés à « rendre exécutoires les jugements des tribunaux « étrangers, n'ont pas seulement pour mission d'é- « mettre une sorte de « visa » ou « pareatis », mais « qu'ils ont le droit de la revision de la forme et du « fond dudit jugement (2). »

---

(1) Nous devons ces renseignements à l'obligeance de M. Simonis, avocat à Luxembourg, à qui nous adressons tous nos remerciements.

(2) Tribunal de Luxembourg, 30 mars 1887 ; ce jugement, qui nous avait été communiqué par M. Simonis, a depuis été publié dans la *Loi* du 27 avril 1887. — Le tribunal de Luxembourg s'était déjà prononcé dans ce sens le 15 janvier 1870 ; Pasicr. lux., t. I, p. 231. — La Cour supérieure de justice a cependant décidé, dans son arrêt du 2 août 1883, qu'on pouvait utilement invoquer, avant tout *exequatur*

§ 6. — *Pays-Bas.*

Les art. 430 et 431 du Code de procédure civile néerlandais sont ainsi conçus : Art. 430. « Les grosses « (expéditions) des jugements rendus dans les Pays-« Bas seront exécutoires dans tout le royaume. Elles « portent l'intitulé : Au nom du roi. Elles devront « être signifiées à personne ou domicile, de la ma-« nière prescrite par l'art. 4 de ce Code.

Art. 431. « Sauf les cas expressément prévus par « la loi, les jugements rendus par les juges ou tri-« bunaux étrangers ne seront pas exécutoires dans « le royaume. Les procès pourront être instruits de « nouveau devant le juge néerlandais et y être ter-« minés. Dans les cas ci-dessus exceptés, le jugement « des juges ou des tribunaux étrangers ne sera exé-« cuté dans le royaume, que si le tribunal de l'arron-« dissement, dans le ressort duquel le jugement doit « être exécuté, en autorise l'exécution sur requête, « dans la forme mentionnée à l'article précédent. « La cause elle-même n'est pas soumise à un nouvel « examen, lorsque la demande d'autorisation est « octroyée (1). »

---

les sentences étrangères devant les tribunaux luxembourgeois; l'*exequatur* n'est nécessaire que pour l'exécution forcée des sentences poursuivie conformément aux art. 548 et suiv. du Code de pr. civ.; Pasicr. lux., t. II, p. 220.

(1) Tripels, *Les Codes néerlandais* (traduits par), p. 817. — Nous devons un témoignage tout spécial de reconnaissance à M. Gustave Tripels. Notre confrère de Maëstricht a eu l'extrême obligeance de

Remarquons, d'abord, que l'art. 431 établit une exception pour les cas expressément prévus par la loi; mais cette disposition n'a reçu que de bien rares applications. Nous devons toutefois signaler l'art. 724, § dernier du Code de commerce, qui décide qu'en pays étranger l'avarie grosse sera répartie par l'autorité compétente du lieu. On peut voir également une dérogation à la règle de l'art. 431 dans l'art. 567 du même Code de commerce. Ce texte traite des contestations qui peuvent s'élever relativement au salaire dû aux sauveteurs, ou aux personnes qui ont prêté leur concours à un sauvetage (1).

En dehors de ces cas spéciaux, les jugements étrangers ne sont susceptibles d'aucune exécution dans le royaume des Pays Bas. Et qu'on y fasse bien attention, ce que la loi hollandaise exige, ce n'est pas seulement la révision du fond de la sentence étrangère, mais bien une action nouvelle qui devra être intentée devant les juges néerlandais.

---

nous faire parvenir une note relative à l'exécution des jugements étrangers en Hollande, et a bien voulu mettre à notre disposition la traduction française d'un certain nombre d'arrêts rendus en cette matière par les tribunaux néerlandais.

(1) Nous avons pensé qu'il ne serait pas sans intérêt de reproduire intégralement les § 2 et 3 de l'art. 567 du Code de commerce néerlandais : « § 2 : Si le navire est frété dans le royaume pour faire
« voyage à l'extérieur, la contestation sera portée devant le juge du
« lieu où le navire a pris les premières marchandises. ou duquel il
« est parti en lest, ou bien devant le juge du domicile du débiteur,
« au choix de celui qui intente l'action. § 3. Si le navire vient en ce
« pays, sans être destiné pour le royaume, devant le juge du lieu où
« le navire a échoué, ou a été conduit, ou bien, si le navire est
« perdu, devant le juge du lieu où les marchandises ont été sauvées. »

Cette rigueur absolue, en ce qui concerne les actes d'exécution, n'empêche pas cependant que les décisions prononcées par des juges étrangers ne produisent quelqu'effet en Hollande. D'après la note qui nous a été transmise par M. Tripels, ces décisions peuvent, paraît-il, servir comme preuve d'aveux judiciaires, de reconnaissances, et de filiation, sans qu'il soit nécessaire de les rendre exécutoires.

En matière de faillite, la question de savoir si le jugement déclaratif étranger jouit de quelqu'autorité en Néerlande, et si le syndic ou le curateur que ce jugement a nommé, peut opérer dans ce pays, a été vivement controversée et diversement résolue par la jurisprudence.

Six décisions du tribunal d'Amsterdam ont, soit directement, soit indirectement statué en ce sens que le jugement déclaratif de faillite ne pouvait avoir d'effet en Hollande. « Attendu, lisons-nous dans les « considérants d'un jugement d'Amsterdam du « 28 avril 1850, que la déclaration de la faillite a « été prononcée par le tribunal d'Oldenbourg, et « partant est un jugement étranger; attendu, qu'aux « termes de l'art. 431 du Code de procédure civile, « tels jugements ne peuvent être exécutés dans le « royaume en dehors des cas prévus expressément « par la loi; attendu que les jugements déclaratifs « de faillite et réglant les suites de la faillite ne ren- « trent pas dans ces exceptions (1). »

(1) Ce jugement a été confirmé par arrêt de la Cour provinciale de

Le même tribunal a cependant décidé (1), que le syndic d'une faillite déclarée en pays étranger (dans l'espèce à Lyon) conservait cette qualité en Hollande. Les juges d'Amsterdam ont estimé, non sans raison, qu'il ne pouvait être question d'*exequatur*, alors qu'on ne demandait pas à procéder à des actes d'exécution proprement dits, et qu'il s'agissait seulement de la constatation d'un état, établi par un tribunal étranger.

Plus récemment, la Haute-Cour (Cour de cassation), du royaume des Pays-Bas (2), a admis les syndics à exercer leurs droits sans qu'il soit donné exécution au jugement étranger qui les a nommés.

En 1867 un projet de réforme du Code de procédure civile des Pays-Bas a été mis à l'étude. Sauf les exceptions édictées par des lois spéciales ou des

la Hollande septentrionale du 23 février 1860. Ce dernier arrêt a été à son tour confirmé par la Haute-Cour (Cour de cassation), le 12 avril 1861. — V. dans le même sens : Trib. Amsterdam, 8 avril 1840. — Trib. Amsterdam, 11 mai 1842. — Trib. Amsterdam, 6 novembre 1863. — Trib. Amsterdam, 2 décembre 1863. — Un arrêt de la Cour de Bois-le-Duc, du 6 juin 1876, nous semble témoigner bien clairement du peu de valeur qui est accordé en Néerlande aux jugements étrangers. La Cour a décidé que lorsqu'on lui réclamait l'*exequatur* d'une sentence étrangère en matière commerciale, elle pouvait ordonner l'exécution par la voie de contrainte par corps, encore que ce mode de coërcition fut abrogé dans le pays où avait été rendu le jugement dont on poursuivait l'exécution.

(1) Trib. Amsterdam, 22 mars 1840. — Jugé que le curateur nommé par un jugement étranger, déclaratif de faillite, peut obtenir en Néerlande un jugement lorsque le défendeur ne conteste pas ce droit ; trib. Amsterdam, 26 juin 1863.

(2) Haute-Cour, 2 juin 1876 (*Journal du droit*, n° 3007).

traités, il décide que les jugements étrangers pourront être rendus exécutoires en Hollande après revision du procès, pourvu qu'ils soient passés en force de chose jugée dans le pays auquel appartiennent les tribunaux qui les ont prononcés. Lorsqu'une décision appartenant à la juridiction volontaire, ou statuant sur l'état et la capacité des personnes est présentée à l'*exequatur* des juges néerlandais, ceux-ci devront se borner à rechercher si elle émane d'un tribunal compétent, et si elle est passée en force de chose jugée (1). La réforme proposée en 1867 n'a pas abouti.

La question de l'exécution des jugements étrangers a été de nouveau soulevée, il y a quelques années, à la seconde chambre des États-généraux des Pays-Bas, le 5 décembre 1878 (2). Deux anciens ministres, MM. Godefroy et Wintgens, demandèrent que le gouvernement conclût des traités, basés sur le principe de la réciprocité, avec les États dont la législation présentait toutes les garanties nécessaires au point de vue du bon fonctionnement de la justice. Le ministre de la justice s'engagea à hâter la conclusion de semblables traités; mais jusqu'ici cette promesse est restée lettre morte.

Rappelons, en terminant, que la Hollande est un

(1) Asser, *De l'effet ou de l'exécution des jugements rendus à l'étranger en matière civile et commerciale;* dans la *Revue de droit international et de législation comparée,* t. I, p. 90.

(2) V., pour les détails de cette séance, la communication de M. Godefroi dans le J. D. I. P. 1879, p. 369 et suiv.

des États signataires de la convention relative à la navigation du Rhin.

§ 7. — *Suède et Norvège*.

A. — SUÈDE.

En Suède, le Code présentement en vigueur remonte à l'année 1794. Il ne contient aucune disposition relative à l'exécution des jugements étrangers.

Pour trouver quelque chose sur cette matière il faut s'adresser aux anciennes coutumes. Si nous en croyons un jurisconsulte suédois, auquel sa position de conseiller à la Cour suprême de Suède donne une autorité toute particulière, la loi de Vestrogothis, datant du XIIIe siècle, aurait établi en ces termes le principe de la réciprocité à l'égard des étrangers : « Le même droit que les étrangers nous accordent, « nous voulons le leur accorder (1). » Mais, une semblable réciprocité ne peut guère résulter que de conventions diplomatiques, et jusqu'à ce jour la Suède n'en a conclu qu'une seule, avec le Danemark. Nous en parlerons tout-à-l heure.

En l'absence de traités, la jurisprudence des tribunaux suédois ne reconnaît aux jugements étrangers, ni l'autorité de la chose jugée, ni, à plus forte raison, la force exécutoire. La décision des juges étrangers est donc considérée comme non-avenue, et les parties

(1) D'Olivecrona, *De l'exécution des jugements étrangers en Suède*, J. D. I. P. 1880, p. 83.

doivent intenter une action devant les magistrats suédois, et débattre à nouveau leur litige. Il en serait ainsi, alors même qu'il aurait été expressément stipulé que le contractant suédois entendait se soumettre aux lois et aux coutumes d'un pays étranger (1).

Il nous reste à dire un mot du traité qui est intervenu entre la Suède et le Danemark le 25 avril 1861, et qui est devenu, en Suède, la loi du 15 juin 1861.

Les jugements danois, pourvu qu'ils ne contiennent pas de condamnation pénale, sont exécutoires, en Suède, immédiatement s'ils émanent de la Cour suprême de Danemark ou des gouverneurs des provinces et du Grand-gouverneur de la ville de Copenhague. S'ils ont été rendus par d'autres autorités judiciaires, ils ne peuvent être exécutés que trois mois après qu'ils auront été communiqués aux débiteurs.

Les arrangements amiables conclus devant les tribunaux danois ou les commissions de conciliation danoises, ainsi que les décisions des gouverneurs de provinces et du Grand-gouverneur de la ville de Copenhague, concernant l'obligation de contribuer à l'entretien des femmes séparées par divorce, ou abandonnées, de même qu'à l'entretien et

_____

(1) On trouvera des détails sur le procès de la société d'assurance « Skandia, » auquel nous faisons allusion, dans l'article précité de M. d'Olivecrona. Il n'est pas sans intérêt de constater que les décisions prononcées par la Cour d'appel de Svea et par la Cour suprême de Suède (25 janvier 1871) n'ont été rendues qu'après de vifs débats, et qu'après l'opposition de plusieurs membres de ces Cours.

19

à l'éducation des enfants, jouissent de la même faveur.

L'acte qui sert de base à la procédure d'exécution, doit être revêtu de l'attestation du gouverneur de la province, ou du Grand-gouverneur de la ville de Copenhague, certifiant que les formes prescrites par la loi danoise ont été respectées, et que l'acte émane de l'autorité danoise compétente. L'exécution, ainsi que les frais qu'elle entraîne, sont régis par la loi suédoise (1).

On sait qu'en vertu d'une union personnelle la Suède et la Norvège sont soumises à un même sceptre. Mais, chacun de ces États a conservé son gouvernement propre, sa législation, son parlement et son ministère distincts. Par suite de cette indépendance relative, les jugements norvégiens sont traités en Suède comme de véritables jugements étrangers, c'est-à-dire qu'ils n'y ont aucune force exécutoire; le même sort est réservé en Norvège aux sentences des tribunaux suédois. En 1851, le gouvernement suédois, sur l'initiative du Rigsdag, provoqua la nomition d'une commission chargée de réglementer cette importante question. La commission était composée, en nombre égal, de représentants des deux nations. Le projet qu'elle élabora, fut adopté, après quelques modifications, par la diète suédoise, mais il échoua devant le mauvais vouloir du Storthing norvégien.

_____

(1) Nous reproduisons presque littéralement les termes de l'article de M. d'Olivecrona.

B. — NORVÈGE.

Nous avons bien peu de chose à dire en ce qui concerne l'exécution des décisions des tribunaux étrangers en Norvège.

Il n'existe, en effet, dans ce pays, aucune loi spéciale sur cette matière, et les sentence étrangères y sont considérées comme non-avenues. Il faut donc introduire une nouvelle instance dans laquelle le défendeur sera admis à produire tous les moyens qui auront échoué à l'étranger (1).

La défaveur avec laquelle a été accueilli le projet de convention présenté par le gouvernement suédois, nous permet de présager que la Norvège ne renoncera pas facilement au système d'exclusion absolue qu'elle a pratiqué jusqu'à ce jour.

---

(1) V. Fœlix, *Traité de droit international privé*, t. II, p. 143, n° 401. — Fusinato (G), *L'esecuzione delle sentenze straniere in materia civile e commerciale*, p. 17.

CHAPITRE XV.

ÉTATS QUI EXIGENT LA RÉCIPROCITÉ.

1er. — *Allemagne.*

Pendant longtemps l'exécution des jugements étrangers dans les divers États de l'Allemagne fut réglementée par la législation particulière de chacun d'eux (1). Jusqu'en 1869 les sentences des tribunaux allemands eux-mêmes n'avaient force que sur le territoire où elles avaient été rendues. Une loi du 21 juin 1869, relative à l'assistance réciproque que doivent se prêter les tribunaux (2), loi applicable seulement à la Confédération de l'Allemagne du Nord, décida que les jugements prononcés par les tribunaux de l'un des États seraient exécutoires dans toute l'étendue de la Confédération.

La constitution de l'Empire, du 16 avril 1871, prévit la question de l'exécution réciproque des jugements à l'intérieur de l'Allemagne. Son art. 4 § 11

---

(1) V. Fœlix, *Traité du droit international privé*, t. II : pour le Grand-Duché de Bade, n° 338; pour la Bavière, n° 334; pour la Bavière rhénane, n° 389; pour le Brunswick, n° 341; pour le Hanovre, n° 336; pour la Hesse-électorale, n° 333; pour la Hesse grand-ducale, n° 340; pour la Prusse, n° 338; pour la Prusse rhénane n° 389; pour le Royaume de Saxe n° 337; pour le Würtemberg, n° 335.

(2) Gesetz betreffend die Gewührung der Rechtshülfe vom 21 juni 1869; *Bundes Gesetzblatt des Norddeutschen Bundes*, 1869, p. 305.

porte que la législation de l'Empire s'appliquera aux « prescriptions sur l'exécution des décisions « en matière, civile et sur l'exécution des réquisi- « tions (1). »

C'est le Code d'organisation judiciaire du 27 jan- vier 1877 (2) qui a véritablement établi l'unité dans toute l'Allemagne, en décidant que les tribunaux devaient, au civil comme au criminel, se prêter mu- tuellement assistance (art. 157). Désormais leurs dé- cisions ont autorité dans l'Empire entier (3).

Quant à l'exécution des jugement étrangers pro- prement dits, elle est aujourd'hui réglée par les art. 660 et 661 du nouveau Code de procédure civile du 30 janvier 1877 (4), dont voici la traduction :

Art. 660. « Le jugement d'un tribunal étranger

---

(1) La Constitution impériale d'Allemagne, du 16 avril 1871, a été traduite en français par M. P. Jozon dans l'*Annuaire de législation étrangère*, 1re année, p. 231 et suiv. — V. aussi Dareste, les *Consti- tutions modernes*, t. I, p. 136.

(2) Le Code d'organisation judiciaire du 27 janvier 1877 n'est entré en vigueur que le 1er octobre 1879, en même temps que le Code de procédure civile du 30 janvier 1877, le Code de procédure pénale du 1er février 1877, et la loi sur la faillite et la déconfiture du 10 février 1877. — L'ensemble de ces quatre Codes est connu sous sous le nom de : *Nouvelles lois judiciaires* (Neuen Justizgesetze).

(3) V. *Code d'organisation judiciaire*, titre XIII (De l'assistance que doivent se prêter les tribunaux), art. 157 à 169. (Traduction de M. Léon Dubarle, 1885, § II, p. 95 et suiv).

(4) V. la note 2. — On trouvera d'intéressants détails historiques dans une étude sur le projet de Code de procédure civile allemand, publiée par M. Lederlin dans le *Bulletin de la Société de législation comparée*, t. IV, p. 185 et suiv., et dans la notice qui a été consacrée par le même auteur à ce Code dans l'*Annuaire de législation étran- gère*, 7e année, p. 83 et suiv.

« ne sera mis à exécution, qu'autant que cette exé-
« cution aura été déclarée admissible par un juge-
« ment d'exécution (*Vollstreckungsurtheil.*)

« La demande, tendant à l'obtention de ce juge-
« ment, sera portée devant le tribunal de bailliage
« (*Amtsgericht*)ou devant le tribunal régional (*Land-*
« *gericht*), dans le ressort duquel le débiteur aura
« son domicile judiciaire général, ou, à défaut de ce
« tribunal, devant le tribunal de bailliage ou le tri-
« bunal régional devant lequel le débiteur peut être
« actionné conformément à l'art. 24 (1). »

Art. 661. « Le jugement d'exécution sera rendu
« sans que le tribunal ait à examiner si la décision
« est conforme à la loi.

« Le jugement d'exécution ne sera pas rendu :

« 1° Lorsque le jugement du tribunal étranger,
« d'après le droit qui régit ce tribunal, n'aura pas
« encore acquis l'autorité de la chose jugée.

« 2° Lorsque l'exécution aurait pour effet de con-
« traindre à l'accomplissement d'un acte, à l'égard
« duquel la contrainte ne peut être exercée, d'après
« le droit qui régit le tribunal allemand appelé à
« statuer sur l'admissibilité de l'exécution forcée.

---

(1) D'après l'art. 24 du Code de procédure civile, les demandes
relatives à des intérêts matériels, dirigées contre une personne
n'ayant pas de domicile dans l'Empire, seront portées devant le tribunal de la situation des lieux ou de l'objet litigieux. S'il s'agit d'o-
bligations, le domicile du débiteur sera réputé être au lieu où se
trouvent les biens, et si une chose est affectée à la garantie de l'obligation, au lieu où se trouve cette chose.

« 3° Lorsque, d'après le droit qui régit le tribunal
« allemand appelé à statuer sur l'admissibilité de
« l'exécution forcée, les tribunaux de l'État auquel
« appartient le tribunal étranger n'étaient pas com-
« pétents.

« 4° Lorsque le débiteur condamné sera de natio-
« nalité allemande et ne se sera pas défendu devant
« la juridiction qui a prononcé, à moins que l'assi-
« gnation ou l'ordonnance introductive d'instance ne
« lui ait été signifiée personnellement dans l'État où
« siège le tribunal qui a été saisi de l'affaire, ou, à
« moins que la signification n'ait eu lieu, dans l'Em-
« pire d'Allemagne, par voie de commission roga-
« toire.

« 5° Lorsque la réciprocité ne sera pas garan-
« tie (1). »

Nous devons tout d'abord signaler, avec un jurisconsulte allemand (2), la largeur des termes em-
ployés par l'art. 661 du Code de procédure civile.
En effet, cet article ne s'applique pas seulement aux
sentences qualifiées de jugements (*Urtheile*), par la
loi du pays où elles ont été rendues, mais à toutes les
décisions (*Entscheidungen*) émanées des tribunaux
étrangers.

---

(1) Nous reproduisons littéralement la traduction des art. 660 et
661 du Code de procédure civile, telle qu'elle a été donnée par Fer-
nand Daguin dans le J. D. I. P 1882, p. 25.

(2) Kleiner (O.), *Kommentar zur Civilprozessordnung für das
deutsche Reich*, t. III, p. 30.

Le tribunal allemand n'a pas à reviser au fond la
sentence étrangère dont on lui demande l'*exequatur*.
Il ne lui appartient pas de connaître de la validité
de la décision du juge étranger ; il n'a pas à rechercher si des lois impératives ou prohibitives de
son État ont été violées (1). Mais il peut indubitablement refuser l'exécution d'un jugement qui ne
satisferait pas aux cinq conditions exigées par
l'art. 661.

Du paragraphe premier de cet article, qui veut que
la décision étrangère ait acquis l'autorité de la chose
jugée dans le pays où elle a été prononcée, en d'autres termes, qu'elle soit définitive, il résulte, selon
nous, que les jugements simplement exécutoires par
provision ne pourront obtenir l'*exequatur* en Allemagne (2).

La restriction édictée par le § 2 de l'art. 661 s'explique d'elle-même. « En effet, ce qui ne peut en
« aucune façon être exigé, ne saurait servir de fonde-
« ment à une contrainte, par cela seul que des prin-
« cipes différents admis à l'étranger auraient été
« appliqués par une décision judiciaire (3). »

Nous ne nous arrêterons pas non plus aux § 3

---

(1) Remelé, *Handbuch des deutschen Civilprocessrechts*, p. 370. —
Struckmann et Koch, *Die civilprozessordnung für das deutsche Reich*,
p. 541. note 2. Les auteurs que nous venons de citer ne font que
reproduire le texte de l'exposé des motifs.

(2) Keyssner, *De l'exécution des jugements étrangers dans l'empire
d'Allemagne* (traduction F. Daguin) ; J. D. I. P. 1882, p. 30.

(3) Keyssner, *loc. cit.*

et 4, et nous arriverons immédiatement au § 5 qui porte que l'*exequatur* pourra être refusé si la réciprocité n'est pas garantie. Cette disposition ne figurait pas dans le projet primitif du Gouvernement; elle a été ajoutée par la commission, qui a cru prudent de ne pas entrer dans la voie libérale qui lui était ouverte.

En quoi consiste cette réciprocité? D'après les jurisconsultes allemands dont nous avons les travaux sous les yeux, il ne s'agit ici ni d'une réciprocité diplomatique, ni d'une réciprocité législative, mais d'une simple réciprocité de fait (1). C'est dans ce sens que s'est prononcé le tribunal de 2e instance de Giessen, le 3 juillet 1876 (2). Nous devons toutefois constater que cette condition de réciprocité peut, dans la pratique, amener de sérieuses difficultés, surtout si le juge allemand n'est pas fixé d'une façon bien certaine sur la manière dont les jugements des tribunaux de l'Empire sont exécutés dans le pays d'où émane la sentence dont l'*exequatur* est demandé (3).

Nous croyons intéressant de mentionner un assez curieux arrêt prononcé par le tribunal d'Empire de

---

(1) Keyssner, *loc. cit.* — Puchelt, *Die Civilprozessordnung für das deutsche Reich*, t. II, p. 498. — Remelé, *op. cit.*, p. 372. — Struckmann et Koch, *op. cit.*, p. 543.

(2) Giessen, 3 juillet 1876; J. D. I. P. 1878, p. 616. — V. un jugement du tribunal régional de Berlin de 1883; J. D. I. P. 1883, p. 245.

(3) V. les articles de M. Beschorner traduits par M. Chambon dans le J. D. I. P. 1884, p. 43 et suiv., et 600 et suiv.

Leipzig au mois de janvier 1883(1), arrêt qui refuse d'admettre à titre d'exception de chose jugée une décision suédoise en se basant sur les articles 660 et 661, 5°, du Code de procédure civile. Le tribunal suprême estime que les conditions sous lesquelles un jugement étranger peut être invoqué en Allemagne, aussi bien par voie d'action que par voie d'exception, sont contenues dans ces deux articles. Or, il n'existe pas de réciprocité avec la Suède où l'on n'exécute pas les sentences étrangères. Donc il est impossible de se prévaloir devant les juges allemands, même à titre d'exception, d'un jugement suédois. Nous pensons, avec M. Beauchet, que la Cour de Leipzig a confondu l'autorité de la chose jugée avec l'exécution forcée des jugements, et qu'il n'y avait pas lieu, dans l'espèce, de se référer aux art. 660 et 661, puisqu'il n'était nullement question d'*exequatur* (2).

Bien que le tribunal allemand auquel on demande de rendre exécutoire un jugement étranger, n'ait pas à le reviser quant au fond, il pourra cependant baser son refus d'*exequatur* sur une cause non-prévue par l'art. 661. Il lui faudra, en effet, rechercher non-seulement si la sentence jouit de l'autorité de la

---

(1) Tribunal d'Empire de Leipzig 29 janvier 1883; *Entscheidungen des Reichsgerichts in Civilsachen*, t. VIII, p. 385 et suiv. -- C'est sans doute par erreur que M. Keyssner attribue à cet arrêt la date du 19 janvier 1883; J. D. I. P. 1883, p. 239.

(2) Note de M. Beauchet sur l'article de M. Keyssner dans le J. D. I. P. 1883, p. 242.

chose jugée, mais encore si l'exécution peut en être
accordée dans un cas particulier. « L'admissibilité
« de l'exécution forcée doit alors être appréciée, non-
« seulement au moment où le jugement acquiert
« l'autorité de la chose jugée, mais encore à celui
« où il s'agit d'accorder l'*exequatur*. A la demande
« d'*exequatur* le défendeur peut donc objecter, soit
« le défaut de qualité chez le demandeur parce que,
« par exemple, le prétendu débiteur ne serait pas la
« personne condamnée par le jugement, soit l'ex-
« tinction du droit reconnu par le jugement (1).

La personne qui poursuit l'exécution d'une décision étrangère doit adresser une requête au tribunal de bailliage si la condamnation est inférieure
à trois cents marks, au tribunal régional si le montant de la condamnation dépasse trois cents marks.
Le demandeur assignera le défendeur à la date
fixée par le juge, et l'instance suivra son cours conformément aux dispositions du Code de procédure
civile.

Le demandeur qui a échoué, et le défendeur
contre lequel l'exécution aura été ordonnée, pourront d'ailleurs attaquer le jugement d'*exequatur*
par les voies de recours ordinaires.

Quant aux sentences arbitrales étrangères, elles
sont assimilées aux sentences arbitrales allemandes.

---

(1) Tribunal d'Empire de Leipzig, 5 février 1885; J. D. I. P. 1886,
p. 601.

Elles ont donc la même valeur qu'une décision passée en force de chose jugée (art. 866, C. Pr.), mais elles ne peuvent être exécutées qu'après un jugement d'*exequatur* (art. 868, C. Pr.). Aux termes de l'article 867 du Code de procédure civile, ce jugement devra être refusé dans les cas suivants :

1° Lorsque la procédure n'était pas admissible dans l'espèce.

2° Si la sentence arbitrale condamne une partie à accomplir un fait illicite.

3° Si la partie n'était pas légalement représentée dans l'instance, à moins qu'elle n'ait expressément ou tacitement approuvé la procédure.

4° Si la partie n'a pas été entendue, comme elle en avait le droit.

5° Si la sentence arbitrale n'a pas été motivée.

6° Si dans un des cas prévus par l'art. 543, n°s 1 à 6, l'action en restitution peut être intentée (1).

§ 2. — *Autriche-Hongrie.*

A. — AUTRICHE.

Il n'existe pas en Autriche de loi spéciale relative à l'exécution des jugements étrangers (2). Cette ma-

---

(1) Nous empruntons ces derniers détails à l'article de M. Keyssner (trad. F. Daguin), *De l'exécution des jugements étrangers dans l'Empire d'Allemagne; J. D. I. P. 1882, p. 25 et suiv.

(2) V. sur la question de l'exécution des jugements étrangers en Autriche ; Püttlingen (Vesque von), *Handbuch des in Œsterreich-Ungarngeltenden internationalen Privatrechtes*, p. 473. — Starr (F.),

tière est réglementée par les *Hofdecrets* du 18 mai 1792, du 18 janvier 1799, et plus particulièrement, en ce qui concerne les jugements français, par le décret du 1er mars 1809. Nous avons pensé qu'il ne serait pas sans intérêt de donner la traduction intégrale de ces documents :

Décret du 18 mai 1792 (1). « *a.* L'*exequatur* sera « également accordé par les juridictions nationales, « sur la demande du tribunal étranger ou de la « partie intéressée et contre la partie condamnée, « aux décisions rendues par les juridictions étran-« gères contre un Autrichien : 1° Lorsque le tri-« bunal étranger était compétent pour prononcer « un jugement contre un Autrichien; 2° Lorsque « l'État étranger dont dépend le tribunal qui a « statué, accorde pareillement l'*exequatur* aux « jugements rendus par les tribunaux autrichiens « (réciprocité); *b.* Il y aura lieu aussi de tenir « compte de cette réciprocité, lorsqu'on aura à « statuer sur le recouvrement des droits dus aux « tribunaux étrangers; *c.* Le juge ne peut baser « son jugement sur d'autres lois que celles du « pays où il exerce ses fonctions, à moins qu'il

Die Rechtshülfe in Œsterreich gegenüber dem Auslande, p. 41. — Lombard, *De l'exécution des jugements étrangers en Autriche*, (d'après le docteur Porlitz, de Trieste); J. D. I. P. 1877, p. 210 et suiv.

(1) *Justizgesetzsammlung*, n° 16. Le texte allemand des trois décrets que nous reproduisons nous a été communiqué par M. Freidrich Frei, avocat à Vienne (Autriche), à qui nous adressons nos plus sincères remerciements.

« ne s'agisse de l'application de la réciprocité. »

Décret du 18 janvier 1799 (1). « Bien que, d'après
« les dispositions en vigueur et en vertu du décret
« du 18 mai 1792, les jugements étrangers doivent
« être rendus exécutoires par les tribunaux natio-
« naux, lorsqu'ils remplissent les conditions pres-
« crites, les tribunaux étrangers, non plus que les
« parties ne peuvent réclamer l'intervention des juri-
« dictions nationales que dans les termes où, suivant
« les dispositions du Code de procédure civile (2), le
« juge est autorisé à agir lorsqu'il s'agit de natio-
« naux. Par suite, les tribunaux ne peuvent prendre
« aucune disposition d'office, ni opérer la rentrée ou
« la transmission de ce qui est dû, mais la partie qui
« a obtenu gain de cause à l'étranger doit poursuivre
« l'exécution soit par elle-même, soit par l'entre-
« mise d'un mandataire, conformément au Code de
« procédure civile. Toutefois, lorsqu'il s'agira de
« reconnaître la valeur de jugements de ce genre et
« de leur accorder force exécutoire, on procédera
« conformément aux dispositions du Code de pro-
« cédure civile. »

L'instance en *exequatur* peut dont être intentée,
soit sur des lettres rogatoires du tribunal étranger qui
a rendu la sentence, soit à la requête de la partie intéressée s'adressant directement au juge autrichien.

---

(1) *Justizgesetzsammlung*, n° 452.
(2) *Allgemeine Gerichtsordnung vom* 1er mai 1781.

Au premier cas, les lettres rogatoires devront mentionner que le jugement est passé en force de chose jugée; dans la seconde hypothèse, cette circonstance sera constatée par l'expédition authentique dudit jugement qui sera présentée par le demandeur (1).

Le jugement étranger ne sera exécuté qu'autant que la compétence du tribunal qui l'a prononcé aura été établie (2), qu'il ne contiendra aucune disposition contraire aux lois autrichiennes (3), et qu'il ne sera pas véritablement inique (4). Enfin la réciprocité devra exister entre l'Autriche et le pays d'où émane la décision à exécuter (5).

Une conséquence logique de ce principe de réciprocité, c'est que les jugements français ne peuvent être exécutés en Autriche que de la manière dont les jugements autrichiens reçoivent exécution en France. « Attendu, lisons-nous dans le *Hofdecret* du 1er mars « 1809, que les tribunaux de ce pays (la France) ne « refusent pas d'exécuter les jugements prononcés « en Autriche, lorsqu'ils ont été régulièrement ren- « dus, mais qu'ils renvoient la partie en faveur de

---

(1) Püttlingen, *op. cit.*, p. 471. La Cour suprême de Vienne a décidé qu'un jugement étranger ne pouvait obtenir l'*exequatur* en Autriche, qu'autant qu'il était exécutoire dans le pays où il avait été rendu. 30 octobre 1877; dans le J. D. I. P. 1881, p. 169.

(2) Cour suprême de Vienne, 17 juillet 1875; J. D. I. P. 1883, p. 70. — Cour suprême, 30 juillet 1878; J. D. I. P. 1883, p. 71.

(3) Cour suprême de Vienne, 3 octobre 1877 (précité).

(4) Cour suprême de Vienne, 6 novembre 1878; J. D. I. P. 1883, p. 71.

(5) V. Lombard, *loc. cit.*

« laquelle le jugement autrichien a été rendu,
« devant le tribunal personnellement compétent,
« pour qu'une nouvelle instance soit ouverte devant
« lui, dorénavant on agira de même à l'égard des
« tribunaux français (1). »

La Monarchie austro-hongroise a conclu avec la Serbie, le 5 juin 1882, un traité relatif à l'exécution réciproque des jugements. Quant aux conventions austro-badoises de 1819 et de 1838, et au traité austro-prussien de 1840, on est en droit de se demander s'ils n'ont pas disparu lorsque l'Empire d'Allemagne a été constitué en 1870. Ce qui semblerait le démontrer, c'est que des pourparlers ont été engagés entre l'Allemagne et l'Autriche au sujet de la confection d'un nouveau traité réglant la matière qui nous occupe.

B. — HONGRIE.

Jusqu'en 1881 on suivait en Hongrie les mêmes règles qu'en Autriche pour l'exécution des jugements étrangers (2). A cette époque furent promulguées deux lois relatives à la réforme de la procédure civile (3). La seconde, la loi LX, renferme des dispositions très précises sur la matière qui nous occupe.

En principe l'exécution des décisions et des actes

---

(1) V. Stare, op cit, p. 54.

(2) V. Püttlingen (Vesque von), *Handbuch des in Œsterreich-Ungarn geltenden internationalen Privatrechtes*, p. 475.

(3) Lois LIX et LX de 1881. — Le Code de procédure civile hongrois est la loi LIV de 1868.

exécutoires étrangers revêtus de la formule exécutoire est réglée par les traités. S'il n'y a pas de traité
entre la Hongrie et l'État d'où émane le jugement,
l'exécution ne pourra avoir lieu qu'au cas de réciprocité et sous les conditions suivantes :

L'exécution devra être poursuivie en vertu d'une
décision judiciaire passée en force de chose jugée ou
d'une transaction consacrée par justice.

Si un sujet hongrois a été condamné par défaut, il faudra que l'acte de citation lui ait été
régulièrement signifié en mains propres dans le
pays où le jugement a été rendu, ou, en cas d'absence de sa part, par l'entremise d'un tribunal hongrois.

Les tribunaux du pays dans lequel a été rendue la
décision doivent avoir été compétents en vertu des
dispositions de la loi LX.

Enfin, il est essentiel que le résultat poursuivi par la
voie de l'exécution ne tombe sous la prohibition d'aucune loi hongroise (art 3).

Les jugements étrangers rendus contre un hongrois dans les questions qui intéressent le statut
personnel des sujets hongrois ne peuvent être exécutés en Hongrie (art. 5).

Nous reproduisons intégralement l'art. 4 : « L'exé-
« cution des décisions judiciaires et transactions pas-
« sées dans l'autre État de la monarchie (l'Autriche),
« sera ordonnée purement et simplement sur la
« demande des tribunaux de cet État, sous condition

20

« de réciprocité, sauf le cas où le résultat poursuivi
« par voie d'exécution tomberait sous la prohibition
« d'une loi hongoise. »

Remarquons, en terminant, que les jugements
étrangers ne pourront être exécutés sans que le défendeur ait fourni ses explications (art. 10) (1).

§ 3. — *Brésil.*

Jusqu'à ces dernières années, sous l'empire des
principes qui lui avaient été légués par le Portugal,
le gouvernement brésilien refusait tout effet aux jugements étrangers sur son territoire. Ce n'est qu'en
1875 qu'une loi du 4 août vint régler la question de
l'exécution des jugements étrangers. L'art. 6 auto-
risa le gouvernement à déterminer dans un règlement l'exécution des jugements civils rendus par des
tribunaux étrangers (2). Le règlement se fit attendre
près de trois années, car il porte la date du 27 juillet 1878 (3). Il comprend 23 articles. Nous allons
nous efforcer de résumer en quelques lignes ses principales dispositions.

----

(1) On trouvera l'analyse et la traduction des principaux articles
de la loi LX, dans l'*Annuaire de législation étrangère* (11e année),
p. 367.

(2) On trouvera la traduction intégrale de la loi du 4 août 1875
dans l'*Annuaire de législation étrangère* (8e année, 1879), p. 739,
note 3.

(3) V. le texte du règlement dans l'*Annuaire de législation étrangère, eod. loc.*, on pourra consulter très-utilement la notice et les
notes dont M. le baron d'Ouréin a accompagné la traduction qu'il
en a faite.

Un jugement étranger en matière civile ou commerciale ne pourra être exécuté au Brésil que s'il remplit les cinq conditions suivantes :

1° La nation à laquelle appartiennent les juges ou le tribunal qui auront prononcé le jugement, devra admettre le principe de la réciprocité.

2° Le jugement devra parvenir revêtu des formalités extrinsèques nécessaires à le rendre exécutoire selon la législation de l'État d'où il émane.

3° Il faudra qu'il soit passé en force de chose jugée.

4° Il devra être dûment légalisé par le consul brésilien.

5° Enfin il sera essentiel de joindre au texte original une traduction faite par un interprète assermenté (art. 1).

L'*exequatur* pourra cependant être refusé aux décisions qui, tout en satisfaisant aux conditions que nous venons d'énumérer, seraient contraires à la souveraineté nationale, à l'ordre public, aux lois qui régissent la propriété territoriale, aux lois de la morale (art. 2).

Si le juge, auquel a été présentée la sentence dont on poursuit l'exécution, refuse d'y apposer l'ordre d'exécution, (*cumpra-se*), il sera loisible au demandeur à fin d'*exequatur* d'attaquer l'ordonnance qui l'aura débouté, par le recours de grief (1) (art. 4).

_____

(1) Nous renverrons les personnes désireuses de savoir ce qu'est exactement le recours de grief, à l'*Annuaire de législation étrangère*, *loc. cit.*, p. 751, note 2.

La procédure d'*exequatur* sera réglée d'après les lois, usages et pratiques en vigueur au Brésil pour l'exécution des jugements nationaux de même nature; quant à l'interprétation du jugement et à ses effets immédiats, ils seront déterminés par la loi du pays où le jugement aura été rendu (art. 6 et 7).

Aux termes de l'art. 11 du règlement : « les juge-« ments purement déclaratifs, comme ceux qui au-« ront décidé des questions sur l'état des personnes, « doivent être revêtus de l'*exequatur*. »

Bien que n'ayant pas été soumis à l'*exequatur*, les jugements étrangers jouiront, devant les tribunaux brésiliens, de l'autorité de la chose jugée, s'ils remplissent d'ailleurs les conditions prescrites par les art. 1 et 2 (art 12).

Le règlement s'occupe aussi des sentences étrangères rendues en matière de faillite. Le jugement déclaratif, revêtu de l'*exequatur* des juges brésiliens produira dans l'Empire, après la publication de cet *exequatur*, les effets de droit inhérents aux jugements déclaratifs de faillite. Toutefois, les créanciers, domiciliés au Brésil, qui auront hypothèque sur des immeubles appartenant au failli et situés dans ce pays, pourront poursuivre l'expropriation desdits immeubles pour le paiement de leurs créances (art. 17). L'art. 18 accorde la même faveur aux simples chirographaires, pourvu qu'ils aient intenté une action au failli avant que le jugement étranger ait été déclaré exécutoire.

Dans le cas où un commerçant aurait deux établissements distincts, dont l'un serait situé au Brésil,
les autorités brésiliennes seront seules compétentes
pour déclarer la faillite de ce dernier établissement
(art. 19). D'après l'art. 20 les concordats et sursis ho-
mologués par les tribunaux étrangers ne seront obligatoires pour les créanciers résidant au Brésil qu'autant que ceux-ci auront été assignés pour y prendre
part et après *exequatur*.

Nous avons vu que le règlement de 1878 exigeait la
réciprocité. Les sentences émanées des tribunaux
d'un certain nombre de pays, notamment de la
France, se trouvaient ainsi dépourvues de toute force
au Brésil. Le décret du 27 juillet 1880 est venu remédier à cet inconvénient en décidant que les jugements rendus dans les pays qui n'admettent pas la
réciprocité, pourraient recevoir exécution dans l'Empire, moyennant le placet du gouvernement. Comme
l'observe très-justement M. le baron d'Ourem (1), la
réciprocité se trouve ainsi abolie de fait. « Tout
« jugement étranger peut donc être exécuté dans
« l'Empire, soit moyennant la réciprocité, soit par la
« permission du gouvernement, mais, d'après le dé-
« cret, les formes de l'exécution seront toujours celles
« prescrites par le règlement de 1878. »

***

(1) *Annuaire de législation étrangère*, 10ᵉ année, 1881, p. 731.

§ 4. — *Egypte.*

Les Codes égyptiens nous fournissent deux textes relatifs à l'exécution des jugements étrangers. C'est d'abord l'art. 468 du Code de procédure civile et commerciale des tribunaux mixtes dont voici la reproduction : « Les jugements rendus à l'étranger, « par un tribunal étranger, seront exécutoires en « Egypte sur simple ordonnance du président du « tribunal, à charge de réciprocité. » Le second texte est l'art. 407 du Code de procédure civile et commerciale pour les tribunaux indigènes qui est ainsi conçu : « Les jugements des tribunaux étrangers « seront rendus exécutoires en Egypte sous les « mêmes conditions et avec les mêmes formalités qui « sont exigées dans les cas analogues par les lois « du pays où ces jugements ont été prononcés (1). » Les termes de cet article, qui n'est du reste applicable que lorsqu'il s'agit de faire exécuter en Egypte un jugement rendu en pays étranger entre deux sujets de ce pays (2), nous paraissent par eux-mêmes assez clairs et leur interprétation ne saurait soulever de bien sé-

(1) Le Code de procédure des tribunaux indigènes est applicable en vertu du décret khédival du 9 chaban 1300 (14 juin 1883); il est exécutoire dans chaque localité de l'Egypte 30 jours après l'installation du tribunal de première instance dans le ressort duquel est située cette localité (Décret du 13 moharrem 1301 ; 13 novembre 1883).

(2) Vidal-Bey, *De l'exécution en Egypte des jugements rendus à l'étranger* (Extrait du *Bulletin de l'Institut égyptien*, année 1883, p. 102, note 1).

rieuses controverses. Il en est autrement de l'art. 468
du Code de procédure des tribunaux mixtes. Grâce
à la clause de réciprocité qui y a été insérée, il a
fallu plusieurs fois déjà s'adresser à la justice pour
lui demander quelle était exactement la portée de ce
texte.

La Cour d'Alexandrie, appelée à se prononcer sur
cette question, rendit le 13 décembre 1877 (1) un arrêt
que nous allons résumer aussi brièvement que possible. Il s'agissait dans l'espèce d'un jugement hellène entre un citoyen grec et des sujets ottomans
(Nicolas Economo et Constantin Basilius c. Jean
Mesciadis).

La Cour constate, d'abord, que l'art. 859 du Code
de procédure civile grec porte que l'*exequatur* devra
être accordé par le tribunal entier lorsqu'un Hellène
sera intéressé dans l'affaire, et que, dans cette hypothèse, l'art. 860 du même Code donne audit tribunal
le droit de refuser l'exécution d'un jugement étranger qui contredirait des choses prouvées ou serait
contraire aux lois d'ordre public. Il n'existe donc
pas entre la Grèce et l'Egypte de réciprocité absolue.
Mais : « Attendu qu'il n'est pas possible d'admettre
« que l'art. 468 du Code de procédure civile égyptien,
« prive les jugements étrangers de toute exécution

---

(1) Cour d'appel d'Alexandrie, 13 décembre 1877 (*Jurisp. des trib.
de la réforme en Egypte;* rec. off., 1re partie, t. III, 1877-78, p. 31. —
V. dans ce sens un jugement du tribunal mixte du Caire en date du
17 mai 1880; J. D. I. P., 1887, p. 98.

« en Egypte toutes les fois que la réciprocité la plus
« parfaite n'existera pas; qu'une pareille disposition
« porterait le trouble dans les affaires et dans les re-
« lations internationales; qu'en exigeant la récipro-
« cité, le législateur égyptien a voulu dire simple-
« ment qu'on n'accorderait pas en Egypte, plus de
« force et de valeur aux jugements étrangers que
« n'en accorderait la puissance qui les a rendus aux
« jugements émanant des tribunaux égyptiens;
« que c'est évidemment ainsi qu'il faut entendre la
« loi, » la Cour estime que le président du tribunal
auquel on demandait l'*exequatur*, devait, avant
de rendre son ordonnance, renvoyer les parties
devant ce tribunal appelé à vérifier si la sentence
étrangère ne contenait aucune disposition contraire à des choses prouvées ou aux lois de l'ordre
public.

Les motifs invoqués par la Cour d'Alexandrie se
justifient d'ailleurs par l'art. 34 du règlement d'organisation judiciaire qui permet aux juges des tribunaux mixtes, en cas de silence, d'influence ou d'obscurité de la loi de recourir aux principes du droit
naturel et aux règles de l'équité.

L'arrêt du 13 décembre 1877, dont se sont sans
doute inspirés les rédacteurs de l'art. 407 du Code
de procédure des tribunaux indigènes, a jusqu'à ce
jour servi de base à la jurisprudence égyptienne (1).

_____

(1) Trib. Caire, 10 novembre 1884. — Référé, Caire, 11 décembre

§ 5. — *Espagne.*

Avant 1855 les décisions des tribunaux étrangers n'avaient aucune valeur en Espagne et les personnes qui en étaient munies devaient introduire une nouvelle demande devant les juges espagnols dont les sentences seules pouvaient être exécutées dans le Royaume (1). « L'exécution des jugements rendus « par les tribunaux étrangers, dit M. Francisco Silvela (2), constitue une innovation qui a été introduite en Espagne par le Code de procédure civile « promulgué en 1855. »

La loi du 5 octobre 1855 consacrait à l'exécution des jugements étrangers la seconde section du titre XVIII de sa première partie (art. 922 à 929).

Ce Code a été refondu en 1881 (3). Le nouveau texte n'a rien changé aux règles relatives à l'exécution des sentences rendues en pays étranger. Observons toutefois que ces règles font l'objet de la section II, du titre VIII, du livre II de la loi de 1881 (art. 951 à 958).

1881. — Trib. Caire, 23 mars 1885. (Ces décisions sont rapportées par M. Vidal-Bey dans sa brochure précitée, p. 100, 103 et 110).— V. dans le même sens un arrêt de la Cour d'appel d'Alexandrie du 2 décembre 1885 ; J. D. J. P. 1887, p. 228.

(1) Asser, *De l'effet et de l'exécution des jugements rendus à l'étranger en matière civile*; dans la *Revue de droit international et de législation comparée*, t. I, p. 91.

(2) Silvela (Francisco), *De l'exécution des jugements étrangers en Espagne*; dans le J. D. I. P. 1881, p. 20.

(3) Le nouveau Code de procédure civile espagnol porte la date du 3 février 1881.

En principe les décisions étrangères auront en Espagne la force qui leur sera accordée par les traités. S'il n'y a pas de traités, les sentences rendues dans un pays auront en Espagne la même force qui serait accordée aux sentences espagnoles dans le pays d'où elles émanent. Si dans le pays où a été rendu le jugement dont on poursuit l'*exequatur*, il n'est accordé aucune valeur aux sentences espagnoles, ce jugement n'aura aucune force en Espagne.

Si l'on ne se trouve dans aucun des cas précédents, les jugements étrangers auront force en Espagne s'ils ont été rendus contradictoirement, sur une action personnelle, s'ils consacrent une obligation licite d'après le droit espagnol; enfin, si le document qui les contient réunit les conditions d'authenticité requises en Espagne aussi bien que dans le pays où la sentence a été prononcée.

La procédure à suivre est assez simple. Le demandeur à fin d'*exequatur* s'adresse au tribunal suprême de justice auquel il présente une expédition du jugement étranger, officiellement traduit en espagnol. Le tribunal fait comparaître le défendeur, entend ses observations et rend son arrêt. Si l'*exequatur* est accordé, le juge du domicile du défendeur est chargé de l'exécution; au cas contraire, le texte du jugement étranger est restitué au demandeur.

S'il survient des difficultés relativement à l'exécution d'un jugement étranger, rendu exécutoire en

Espagne, il n'est pas douteux que les juges espagnols seront compétents pour les trancher, mais les mesures d'exécution ordonnées par les autorités judiciaires espagnoles ne pourront contrarier ni altérer en rien les dispositions du jugement étranger, ces dispositions devant toujours produire leur plein et entier effet (1).

Il n'est pas sans intérêt de noter que le 20 février 1878 un député aux Cortès, M. Mariano Maspons y Labros présenta un projet de loi réformant sur certains points le Code de procédure civile. Ce projet était inspiré par les dispositions édictées dans le Code de procédure civile italien (2). Il n'en a pas été tenu compte dans la refonte du Code de procédure civile de 1881, du moins en ce qui concerne l'exécution des jugements étrangers.

L'Espagne a conclu, avec l'Italie, un traité relatif à l'exécution des jugements le 30 juin 1851. Nous avons déjà vu que des pourparlers avaient été engagés en 1870 avec la France et n'avaient pas abouti : les négociations échouèrent en grande partie par suite de l'opposition du Sénat impérial.

Disons un mot du traité hispano-italien de 1851. Aux termes de cette convention les tribunaux des deux pays doivent se demander réciproquement

---

(1) Tribunal suprême, 28 mai 1880; J. D. I. P. 1881, p. 305.

(2) On trouvera d'intéressants détails sur le projet de M. Maspons y Labros, dans une étude publiée par M. Vittorio de Rossi dans l'*Archivio giuridico*, t. XXI, p. 470.

l'exécution de leurs jugements, par lettres rogatoires. Ces jugements ne seront exécutoires qu'autant qu'ils ne seront pas manifestement injustes,
qu'ils ne seront pas nuls par défaut de juridiction,
de citation ou de mandat, qu'ils ne seront point
contraires aux lois prohibitives de l'État dans lequel
on en demande l'exécution.

Nous ne pensons pas qu'on puisse soutenir que le
traité de 1851 ait été abrogé par le Code de procédure civile espagnol de 1855 et par le Code de procédure italien de 1865. Nous avons déjà eu l'occasion de
faire remarquer qu'un traité entre deux États ne pouvait disparaître par ce seul fait qu'il avait plu à l'un
de ces États de modifier sa législation intérieure (1).
Quant à l'application de la convention au Royaume
d'Italie tel qu'il existe aujourd'hui, nous nous bornerons à renvoyer à ce que nous avons dit lorsque
nous nous sommes occupés des traités franco-sardes
de 1760 et de 1860 (2). D'ailleurs le traité du 30 juin
1851 a été inséré dans le *Recueil officiel des traités
en vigueur* publié en 1862 par le Ministère des
affaires étrangères d'Italie (3).

(1) V. *contrà* : Esperson, *Le droit international privé dans la
législation italienne*, J. D. I. P. 1881, p. 374.
(2) V. *suprà*, p. 228 et suiv.
(3) Convenzione tra la Sardegna e la Spagna, per l'esecuzione nei
due Stati delle sentenze in materia civile ordinaria o commerciale;
V. *Raccolta dei trattati e delle convenzioni commerciali in vigore
tra l'Italia e gli Stati Straniere*, Turin, 1862, p. 337.

§ 6. — *Mexique.*

On sait que les États-Unis du Mexique comptent vingt-sept États, un district fédéral et un territoire (Basse-Californie). Un Code de procédure civile en 2241 articles pour le district fédéral et la Basse-Californie fut voté le 15 septembre 1880. Il paraît, d'ailleurs, que cette loi a été ensuite appliquée dans tous les territoires du Mexique (1).

Le Code mexicain de 1880, copiant maladroitement le Code de procédure civile espagnol de 1855, du moins en ce qui concerne l'exécution des sentences prononcées en pays étranger, rendit obscur ce qui était très-clair dans la législation espagnole. Un titre entier (titre XVII, ch. VI, articles 1606 à 1620) était cependant consacré à cette question.

L'art. 1606 prévoyait l'hypothèse dans laquelle il existerait un traité entre le Mexique et le pays où le jugement à exécuter aurait été rendu. Naturellement, dans ce cas, il suffisait de se référer aux dispositions contenues dans les conventions diplomatiques.

A défaut de traité, le jugement étranger ne pou-

---

(1) C'est du moins ce que nous lisons dans la notice sur les travaux des Cortès mexicaines pendant l'année 1880 publiée dans l'*Annuaire de législation étrangère* (10e année), p. 137. Cette notice a été rédigée par M. Emilio Velasco alors ministre plénipotentiaire du Mexique à Paris et par M. Émile Roux.

vait être exécuté au Mexique que sous condition de réciprocité (art. 1607).

Aux termes de l'art. 1608 les jugements rendus dans un pays où il n'était accordé aucune force aux sentences mexicaines ne pouvaient être mis à exécution au Mexique.

L'art. 1609 ajoutait que dans les cas prévus par les art. 1607 et 1608 (refus d'exécution), les décisions des tribunaux étrangers devraient encore satisfaire à certaines conditions de validité.

L'erreur commise par le législateur de 1880 a disparu dans le nouveau Code de procédure civile du 15 mai 1884 (1) qui traite de l'exécution des jugements étrangers dans ses art. 780 et 794.

L'art. 780 reproduit l'art. 1606 du Code de 1880, l'art. 781, l'art. 1607 et l'art 782, l'art. 1608. Mais l'art. 785 a eu soin de ne viser que l'art. 781 qui admet à exécution les jugements étrangers lorsqu'il y a réciprocité entre le Mexique et le pays où ils ont été prononcés.

Dans cette hypothèse, la sentence dont on poursuit l'*exequatur* doit satisfaire aux conditions suivantes. Il faut :

1° Qu'elle ait été rendue comme conséquence d'une action personnelle (2);

---

(1) En 1884 furent promulgués : les Codes de commerce et des mines; les Codes civil, pénal et de procédure civile réformés. V. *Annuaire de législation étrangère* (14ᵉ année), p. 824.

(2) Le 26 mars 1874, la 3ᵉ Chambre du tribunal civil de Mexico, faisant application du § 1ᵉʳ de l'art. 1710 de l'ancien Code de procé-

2° Qu'elle n'ait pas été rendue par défaut;.

3° Que l'obligation dont l'exécution est réclamée soit licite dans la République;

4° Qu'elle soit exécutoire selon la loi du pays où elle a été prononcée;

5° Qu'elle réunisse les conditions d'authenticité exigées par le présent Code.

Les art. 786 et suivants s'occupent de la manière dont l'exécution de la décision du tribunal étranger devra être poursuivie devant le juge compétent.

§ 7. — *Roumanie.*

C'est l'art. 374 du Code de procédure civile roumain qui traite de l'exécution des jugements étrangers dans ce pays. Il s'exprime ainsi : « Les décisions judiciaires rendues en pays étrangers ne peuvent être exécutées en Roumanie que de la manière dont les sentences roumaines sont exécutées dans le pays en question, et pourvu qu'elles soient déclarées exécutoires par les juges roumains compétents. »

La loi roumaine exige donc la réciprocité, non pas diplomatique mais législative. Le texte de l'art. 374

---

dure civile identique au § 1er de l'art. 1009 du Code de 1880 et au § 1er de l'art. 786 du nouveau Code, a décidé que les jugements étrangers rendus en matière de succession sur des immeubles situés au Mexique ne pourraient y recevoir exécution; V. J. D. I. P. 1874, p. 270.

présente à ce point de vue une analogie frappante
avec celui de l'art. 407 du Code de procédure civile
des tribunaux indigènes égyptiens (1).

Il paraît d'ailleurs, que les décisions étrangères
n'ont besoin de l'*exequatur* d'un tribunal roumain
qu'autant qu'on veut pratiquer, en en faisant usage
en Roumanie, un acte d'exécution. Les jugements des
tribunaux étrangers jouiront donc *de plano* dans ce
pays de l'autorité de la chose jugée; ils pourront
également être invoqués avant tout *exequatur* lorsqu'ils statueront sur l'état et la capacité des personnes (2).

Quels sont exactement les pouvoirs du tribunal roumain devant lequel se poursuit l'exécution d'une sentence prononcée en pays étranger? Doit-il simplement vérifier la régularité du jugement, en tant
que jugement, ou bien a-t-il le droit de reviser le
fond du procès? Il est bien certain que ce n'est pas
l'art. 374 qui peut permettre d'éclaircir cette question; il se borne, en effet, à dire que les décisions

---

(1) Un échange de déclarations ministérielles a eu lieu entre la
Roumanie et l'Autriche. Les deux gouvernements ont reconnu que
d'après leurs lois respectives les jugements rendus par les tribunaux
compétents de l'un de ces deux pays en matière civile et commerciale, et susceptibles d'exécution forcée, sont exécutoires dans
l'autre sous la condition de réciprocité. (Beauchet (L.), *Note sur l'exécution des jugements étrangers en Roumanie*, dans le J: D. I. P. 1885,
p. 537).

(2) Nous empruntons ces détails et ceux qui vont suivre à l'étude
publiée par M. Pétroni dans le J. D. I. P. 1879, p. 351 et suiv. sous
le titre : *De l'exécution des actes et jugements étrangers en Roumanie*.

étrangères seront rendues exécutoires par les juges roumains compétents.

Deux arrêts de la Cour de cassation roumaine, l'un en date du 3 novembre 1867, l'autre du 17 juin 1869 (1), nous semblent avoir écarté le système de la revision intégrale des décisions étrangères.
« Attendu, lisons-nous dans l'arrêt de 1867, que du
« moment que les juges roumains ont la faculté d'ac-
« corder ou de refuser l'*exequatur*, il est constant que
« l'exécution ne peut résulter d'un *visa* ou *parealis*,
« mais bien d'un jugement rendu par le tribunal
« saisi, lequel, pour prononcer en connaissance de
« cause, doit d'abord faire citer les parties, ensuite,
« sans reviser le fond même du jugement, examiner
« s'il remplit toutes les conditions extrinsèques d'un
« jugement en dernier ressort, s'il ne viole aucune
« disposition d'ordre public, tel qu'on l'entend en
« Roumanie; enfin il doit examiner la réciprocité
« législative pour savoir dans quelle limite et de
« quelle manière ledit jugement sera exécuté. »

La demande d'*exequatur* est introduite directement par l'intéressé ou par son mandataire. La pétition introductive d'instance doit être remise au pré-
sident du tribunal compétent. Ce tribunal est celui du domicile du défendeur pour une action mobilière, celui de la situation des biens s'il s'agit d'une action immobilière.

---

(1) V. J. D. I. P., *loc. cit.*, p. 356.

Le président apostille la pétition qui lui a été remise et ordonne la citation des parties pour un jour
déterminé. A cette date, les parties sont dûment appelées et comparaissent soit personnellement, soit par
leurs avocats.

CHAPITRE XVI.

ÉTATS QUI SE BORNENT A EXIGER DES JUGEMENTS ÉTRANGERS CERTAINES CONDITIONS DE VALIDITÉ.

§ 1er. — *Argentine (Confédération).*

Un titre entier du Code de procédure civile et commerciale argentin a été consacré à l'exécution des jugements rendus en pays étrangers. C'est le titre XVI, qui compte cinq articles (558 à 562).

L'art. 558 décide que les sentences prononcées en pays étranger jouiront de la force qui leur sera accordée par les traités conclus entre la République argentine et les divers pays.

A défaut des traités, les jugements étrangers n'ont force exécutoire que lorsqu'ils satisfont aux conditions que nous allons indiquer :

Il faut d'abord que la décision des juges étrangers ait été rendue en matière personnelle; la loi exige ensuite que le jugement étranger ait été prononcé contradictoirement et que l'obligation au sujet de laquelle le litige s'est élevé soit valable d'après les lois argentines.

Enfin le jugement étranger devra être régulier, aussi bien au point de vue de la loi du pays où il a été rendu, que d'après la loi argentine.

La demande d'*exequatur* d'une décision étrangère

sera soumise au juge de 1re instance avec appel devant la Cour compétente.

§ 2. — *Bulgarie.*

Un jugement étranger ne peut recevoir l'*exequatur* des tribunaux bulgares qu'autant qu'il a acquis force légale et qu'il est exécutoire dans le pays où il a été rendu. Les pièces suivantes doivent être jointes à la demande d'*exequatur* : 1° Une expédition du jugement légalisée par le tribunal qui l'a rendu; cette expédition doit être revêtue de la formule exécutoire ou d'une attestation du tribunal étranger que, en fait, le jugement peut être mis à exécution. Cette attestation doit être légalisée par le ministère des affaires étrangères de l'État étranger. La signature du ministre des affaires étrangères doit à son tour être légalisée par l'agent diplomatique ou le consul bulgare, et celle de l'agent ou du consul doit l'être elle-même par le ministère bulgare des affaires étrangères. 2° Une traduction du jugement en langue bulgare. 3° Une copie des mêmes documents.

Les juges bulgares n'ont pas à reviser au fond la décision qui leur est soumise; ils auront, cependant, le droit de rechercher si le jugement dont on poursuit l'*exequatur* devant eux ne renferme pas de dispositions contraires à l'ordre public ou aux lois bulgares.

La demande d'*exequatur* sera portée suivant son importance devant le juge de paix ou devant le tribunal d'arrondissement.

Les jugements étrangers concédant des droits sur des immeubles situés en Bulgarie ne peuvent être mis à exécution dans la principauté (1).

§ 3. — *Italie.*

Avant l'unification de l'Italie, chacun des États de la Péninsule, était régi par ses lois particulières; les États-pontificaux ont même tout naturellement conservé les leurs jusqu'à la prise de Rome par Victor-Emmanuel, en 1870 (2). Aujourd'hui le Royaume tout entier est soumis au Code civil et au Code de procédure civile de 1865 (3).

L'art. 10 du titre préliminaire du Code civil porte que les jugements étrangers recevront exécution en Italie lorsqu'ils y auront été déclarés exécutoires dans

---

(1) Résolution de la Cour suprême de Sofia des 24 et 31 janvier 1881, dans le J. D. I. P., 1886, p. 570 (Communication du ministère de la justice de Bulgarie).

(2) V. pour le royaume des Deux-Siciles : Fiore, *Effetti internazionali delle sentenze*, p. 41 et Fœlix, *Traité de droit international privé*, n° 391.— Pour les Etats-pontificaux : Fiore, p. 43; Fœlix, n° 343 et Asser dans la *Revue de droit international*, t. I, p. 92. — Pour le duché de Modène : Fiore, p. 40. — Pour le duché de Parme : Fiore, p. 41. — Pour le royaume de Sardaigne : Fiore, p. 43 et Fœlix, n° 341. — Pour la Toscane : Fiore, p. 40 et Fœlix, n° 393.

(3) Le Code civil et le Code de procédure civile actuels du Royaume d'Italie portent l'un et l'autre la date du 25 juin 1865; ils ne sont entrés en vigueur que le 1er janvier 1866.

les formes prescrites par le Code de procédure civile,
sauf les dispositions des traités. Dans aucun cas,
ajoute l'art. 12 du même Code, les sentences rendues
en pays étranger ne devront être contraires aux lois
prohibitives du Royaume ou aux lois qui intéressent l'ordre public et les bonnes mœurs.

Nous trouvons dans le Code de procédure tout
un titre qui s'occupe de l'exécution des actes de l'autorité étrangère. Sous cette rubrique « de l'exécution
« des actes de l'autorité étrangère », le titre XII (articles 941 à 950) traite tout à la fois de l'exécution des
actes authentiques et de celle des jugements étrangers. Nous traduisons intégralement les art. 941
et 942.

Art. 941 : « La force exécutoire est donnée aux
« sentences des autorités judiciaires étrangères par
« la Cour d'appel dans le ressort de laquelle elles
« doivent être exécutées, à la suite d'une instance en
« délibation dans laquelle la Cour examine : 1º si la
« sentence a été prononcée par l'autorité judiciaire
« compétente ; 2º si elle a été rendue les parties régu-
« lièrement citées ; 3º si les parties ont été légalement
« représentées ou légalement défaillantes ; 4º si le
« jugement étranger ne contient aucune disposition
« contraire à l'ordre public ou au droit public
« interne du Royaume. » On voit que ce dernier
paragraphe est à peu de chose près la reproduction de l'art. 12 du titre préliminaire du Code
civil.

Art. 942. « : Les parties intéressées doivent être
« citées par voie sommaire et le ministère public doit
« être entendu. La partie qui provoque le jugement
« de délibation doit présenter la sentence étran-
« gère en forme authentique. Si l'exécution d'une
« sentence étrangère est requise par voie diplomati-
« que et que la partie intéressée n'ait pas constitué
« de procureur qui provoque le jugement de déliba-
« tion, la Cour d'appel, sur la requête du ministère
« public, désignera d'office un procureur qui inten-
« tera l'action. »

L'art,950, répétant ce qui est dit dans l'art. 10 du
titre préliminaire du Code civil, soumet les règles
édictées par le titre XII à celles qui pourraient se trouver dans les conventions internationales ou dans les
lois spéciales.

Il ressort très-nettement, ce nous semble, des
textes précédents qu'il ne saurait être question en
Italie de reviser les jugements étrangers dont l'*exequatur* est demandé. Bien plus, l'instance en délibation n'est nécessaire que lorsqu'il s'agit de procéder
à des actes d'exécution. « Si la sentence étrangère,
« écrit M. Esperson, a besoin d'être soumise à l'ins-
« tance en délibation pour servir de base à de vérita-
« bles actes d'exécution, elle n'a, au contraire, pas
« besoin d'être suivie d'une telle instance pour avoir
« force probante, pour être en d'autres termes produite
« devant les tribunaux comme un titre légal, comme
« on le ferait de tout autre acte public reçu en

« pays étranger (1). » Les jugements étrangers
font donc foi de ce qu'ils contiennent (2), et jouissent de l'autorité de la chose jugée (3). C'est pourquoi
les sentences qui statuent sur l'état et la capacité
des personnes, n'ont pas besoin d'être rendues
exécutoires en Italie pour que la capacité ou l'incapacité juridique desdites personnes y soit reconnue (4). De même la décision étrangère qui nomme
les syndics d'une faillite ne nécessite pas la formalité de l'*exequatur*, tant que les syndics ne s'en pré-
vaudront pas pour procéder à des actes d'exécution (5). La Cour de cassation de Naples a jugé qu'une
qu'une saisie conservatoire pourrait valablement être
autorisée en Italie en vertu d'un jugement étranger
non encore déclaré exécutoire (6).

La Cour d'appel italienne devant laquelle est intentée l'instance en délibation doit limiter son exa-

---

(1) Esperson, *Le droit international privé dans la législation
italienne;* J. D. I. P. 1884, p. 250. — V. dans ce sens : Chrétien,
*De l'autorité des jugements étrangers d'après la jurisprudence ita-
lienne;* J. D. I. P. 1886, p. 668.

(2) Cour d'appel de Turin, 27 avril 1880; J. D. I. P. 1883, p. 87. —
Cass. Turin, 22 décembre 1884; *Rassegna di diritto commerciale*,
1885; *Giurispr.* p. 284.

(3) Cour de Messine, 20 août 1884; J. D. I. P. 1885, p. 453. —
Cour d'appel de Lucques, 2 août 1885; *Circolo giuridico*, Dec. civ.
p. 264.

(4) Cour d'appel de Milan, 22 septembre 1874; *Monitore dei tribunali*, 1874; p. 1164 et J. D. I. P. 1879. p. 74.

(5) Cour d'appel de Brescia, 1er août 1871; *Monitore dei tribunali*,
1871, p. 817.

(6) Cass., Naples, 29 janvier 1873; arrêt rapporté par Fiore :
Effetti internazionali delle sentenze, p. 171.

men aux points indiqués dans l'art. 941 du Code de procédure civile (1).

Reprenons successivement chacun de ces points.

Il faut tout d'abord, que le jugement émane d'une autorité étrangère compétente. Cette compétence doit, en principe, être déterminée d'après les lois de l'État où le·jugement a été prononcé (2). Cependant nous avons vu que les tribunaux italiens n'avaient jamais voulu admettre la compétence exceptionnelle de l'art. 14 du Code civil français qu'ils considèrent comme contraire aux règles du droit public. Si la même question est à la fois pendante devant les tribunaux italiens et devant les tribunaux d'une autre nation, il y aura lieu de surseoir à l'exécution des jugements étrangers intervenus sur la question jusqu'à ce que les magistrats italiens aient statué (3).

En second lieu, il faut que les parties aient été régulièrement citées. Par application de la maxime « *Locus regit actum* » la Cour d'appel de Milan a décidé que la régularité de la citation devait être

---

(1) Cour d'appel de Florence, 30 juin 1875; J. D. I. P. 1879, p. 301. — Milan, 22 septembre 1879; *Monitore dei tribunali*, 1880, p. 22 et J. D. I. P. 1881, p. 536. ·

(2) Cass., Naples, 6 décembre 1866 (arrêt cité par Esperson ; J. D. I. P. 1884, p. 365 et par C. Norsa dans la *Revue de droit international*, t. IX, 1877, p. 208). On trouvera dans l'article de M. Norsa toute une série de décisions de la jurisprudence italienne en matière d'exécution de jugements étrangers. — Cour d'appel de Milan, 22 septembre 1879 (précité).

(3) Cass. Florence, 20 mai 1880; J. D. I. P. 1881, p. 547.

vérifiée d'après la loi du pays où le jugement a été prononcé (1). Mais si le terme fixé à la partie assignée pour comparaître est inférieur comme durée à celui qui est déterminé par la loi du lieu où se déroule le procès, la citation sera considérée comme irrégulière et par conséquent sans effet (2).

L'art. 941 exige encore que le défendeur ait été légalement représenté ou légalement défaillant. Mais un jugement par défaut rendu par un tribunal étranger, et périmé d'après la loi étrangère, ne pourrait être exécuté en Italie (3).

Enfin, la sentence étrangère ne doit être contraire ni à l'ordre public, ni au droit public interne du Royaume. Cette disposition est fort large, trop large même et surtout insuffisamment définie; car s'ils le voulaient, les tribunaux italiens pourraient, grâce à elle, refuser l'exécution de tous les jugements qui leur sont présentés à fin d'*exequatur*. Hâtons-nous de dire que fort heureusement dans la pratique, les juges italiens n'abusent pas de la latitude qui leur est laissée par le § 4 de l'art. 941. Il est vrai que l'art. 14 de notre Code civil n'a jamais été en grande faveur au-delà des Alpes. Nous ne pen-

---

(1) Cour d'appel de Milan, 14 août 1868; *Monitore dei tribunali*, 1868, p. 870.

(2) Cour de Gênes, 30 août 1870; *Monitore dei tribunali*, 1870, p. 1116.

(3) Cour d'appel de Milan, 23 novembre 1873; *Monitore dei tribunali*, 1874, p. 100; Fiore dans la *Revue de droit international*, 1877, p. 218. C'est sans doute le même arrêt que le J. D. I. P. a publié en 1874 (p. 93) sous la date erronée du 22 novembre 1873.

sons pas qu'il y ait de reproche à adresser à nos voisins à ce sujet. Il nous semble aussi que la Cour de cassation de Turin a fort bien jugé lorsqu'elle a décidé que le seul défaut du défendeur n'était pas une raison pour le condamner au paiement, et qu'un jugement rendu dans de pareilles conditions était dépourvu de tout fondement légal et ne pouvait, par suite, être rendu exécutoire en Italie (1).

Bien que les tribunaux italiens ne puissent modifier la sentence qui leur est soumise, il leur sera cependant permis d'accorder un délai pour l'exécution, non-seulement dans le jugement qui prononce l'*exequatur* (2) mais même par une décision postérieure (3).

Nous savons que l'instance en délibation est portée devant la Cour d'appel dans le ressort de laquelle l'exécution doit avoir lieu. Toutefois s'il s'agissait d'une sentence présentant les caractères d'un acte de juridiction gracieuse, il faudrait appliquer l'art. 944 du Code de procédure civile et non l'art. 941, c'est-à-dire que la demande devrait être adressée au tribunal civil du lieu de l'exécution (4).

---

(1) Cass. Turin, 25 août 1874; *Monitore dei tribunali*, 1874, p. 919 et J. D. I. P., 1879, p. 202.

(2) Cour d'appel de Pérouse, 22 mars 1877; J. D. I. P., 1881, p. 540.

(3) Cour de Pérouse, 2 août 1877; J. D. I. P., 1881, p. 542.

(4) Jugé que le jugement d'homologation d'un concordat est un acte de juridiction gracieuse auquel il faut appliquer l'art. 944 du Code de procédure civile : Cour d'appel de Brescia, 8 juillet 1875; *Monitore dei tribunali*, 1875, p. 858.

D'après l'art. 942 le jugement qui sert de base à la demande d'*exequatur* doit être produit en forme authentique. Observons cependant que ce n'est point là une formalité essentielle; d'autres garanties, lais-sées à l'appréciation du juge, peuvent suppléer le visa et la légalisation. Il en est ainsi, notamment, de la transmission de la sentence étrangère par voie diplo-matique (1).

Il n'y a pas d'appel possible du jugement de déli-bation, puisqu'il émane d'une Cour d'appel ; le pour-voi en cassation est donc la seule voie de recours ouverte contre ces sortes de sentences.

En fait de traités conclus avec des puissances étrangères nous rappellerons le traité de 1760 et la convention interprétative de 1860 intervenus entre la France et la Sardaigne, et le traité hispano-sarde du 30 juin 1851 (2). Mentionnons aussi la conven-tion entre l'Italie et la République de Saint-Marin du 27 mars 1872, et pour mémoire une série de traités conclus avec quelques États de l'Amérique centrale et de l'Amérique du sud (3), enfin le traité italo-serbe du 1er mars 1880.

---

(1) Cour d'appel de Milan, 10 mars 1866; *Monitore dei tribunali*, 1866, p. 379. — Cass. Florence, 19 mars 1883; S. 83. 4. 23.

(2) Nous nous sommes occupés des traités franco-sardes dans notre 3e partie. Quant au traité du 30 juin 1851 nous en parlons dans l'ar-ticle que nous consacrons à l'Espagne.

(3) V. Esperson, *Le droit international privé dans la législation italienne*; J. D. I. P. 1884, p. 359 et la note. — Fusinato (G.), *L'ese-cuzione delle sentenze straniere*, p. 18.

§ 4. — *Portugal.*

Avant 1876 l'exécution des jugements étrangers en Portugal était réglementée par les art. 44-5° et 567 de la nouvelle réforme judiciaire (Loi du 21 mai 1841) et par l'art. 31 du Code civil.

L'art. 44-5° de la loi de 1841 donne aux tribunaux portugais le droit de : « reviser et confirmer les « jugements rendus par les tribunaux étrangers « pour qu'ils puissent avoir leur exécution (1). » Ce texte n'établit aucune distinction quant à la nationalité des plaideurs; peu importe qu'ils soient tous deux étrangers ou portugais, ou que l'un soit portugais et l'autre étranger. Dans tous les cas la sentence étrangère pourra être rendue exécutoire par les tribunaux portugais après revision.

Le Code civil dans son art. 31 porte que les décisions étrangères en matière civile, alors qu'elles auront été prononcées sur une contestation entre étranger et Portugais pourront obtenir l'*exequatur* en Portugal conformément aux règles établies par le Code de procédure civile.

La rédaction de l'art. 31 du Code civil a été vivement critiquée; il semble en effet vouloir écarter tous les jugements qui n'ont pas été rendus entre un Portugais et un étranger. « Il serait absurde, écrit « M. Dias Ferreira (2), de refuser l'exécution,

---

(1) Fœlix, *Traité de droit international privé*, t. II, p. 112.
(2) Ferreira (José-Dias), *Codigo civil portuguez annotado*, t. I., 59.

« dans le Royaume, d'une sentence prononcée par un
« tribunal étranger entre deux étrangers ou entre
« deux Portugais possédant des biens dans le pays. »
Le Code civil, continue le même auteur, n'a pas
abrogé les dispositions édictées par la loi du
21 mai 1841 (1).

Aujourd'hui toutes les difficultés se trouvent aplanies par suite de la promulgation du Code de procédure civile voté le 8 novembre 1876. Le chapitre VI du titre 3 du livre 3 de ce Code (art. 1087 à
1091) s'occupe tout spécialement de la revision des
sentences prononcées par les tribunaux étrangers.

Aux termes de l'art. 1087 les sentences prononcées par les tribunaux étrangers ne seront exécutoires dans le royaume qu'après avoir été revisées
et confirmées par l'une des Cours de deuxième
instance (*Relaçoes*) (2), les parties interrogées et le
ministère public entendu, sauf les stipulations qui
pourraient être contenues dans des traités.

L'*exequatur* doit être demandé à la Cour du district dans lequel le défendeur a son domicile ou
dans lequel sont situés les biens si le défendeur n'a
pas de domicile dans le Royaume.

La demande d'exécution pourra être combattue
par un des moyens suivants :

---

(1) V. dans ce sens : Cour suprême de justice, 7 août 1874, J. D.
I. P. 1875, p. 84.

(2) Le Portugal possède cinq Cours d'appel : deux pour le continent,
Lisbonne et Porto ; les trois autres, Saint-Paul de Loanda, Goa et
Ponta-Delgada (Açores), pour les colonies et pour les îles.

1° Il y a doute sur l'authenticité du document ou l'intelligence de la sentence ;

2° La sentence n'est pas passée en force de chose jugée ;

3° Elle émane d'un tribunal incompétent ;

4° Les parties n'ont pas été dûment citées ou leur défaut n'a pas été légalement vérifié ;

5° Le jugement étranger contient des dispositions contraires aux principes du droit public et de l'ordre public portugais ;

6° La sentence a été prononcée contre un sujet portugais contrairement aux principes du droit civil portugais, d'après lesquels l'affaire devait être jugée.

Les juges portugais n'ont pas à vérifier le fond de la sentence qui leur est soumise ; ils ne doivent par conséquent admettre aucun des moyens de preuve qui leur serait présenté.

Le Code de procédure a eu soin d'indiquer d'une façon expresse, dans son art. 1090, que les règles relatives à l'exécution des jugements étrangers devaient s'appliquer, sans qu'il y ait lieu de rechercher la nationalité des parties litigantes.

§ 5. — *Saint-Marin.*

Dans la République de Saint-Marin, lorsqu'il n'existe pas de traité sur la matière, les jugements étrangers sont exécutés d'après les règles contenues dans le projet de loi que nous allons analyser (1).

L'*exequatur* est accordé par une ordonnance de
la régence ou du commissaire de la loi; est nulle
l'exécution des sentences étrangères qui n'ont pas été
revêtues de l'*exequatur*. La régence ou le commissaire
de la loi ne peuvent donner à un jugement rendu en
pays étranger, la force exécutoire qu'après un jugement de délibation portant sur les points suivants : 1°
La sentence étrangère est-elle passée en force de chose
jugée, ou ordonne-t-elle des mesures provisoires ou
définitives ? 2° A-t-elle été prononcée par l'autorité
compétente, les parties régulièrement citées? 3° Ne
renferme-t-elle aucune disposition contraire à l'ordre
public ou au droit public interne de la République?

Il est interdit de donner force exécutoire aux sentences contenant des mesures provisoires, si elles
sont contraires à l'ordre public interne, ou s'il est
constant qu'il y a eu défaut de citation, de mandat
ou de juridiction.

La partie qui provoque le jugement de délibation
doit recourir au ministère d'un procureur, inscrit au
tableau; celui-ci présentera la sentence étrangère en
forme authentique et enregistrée à Saint-Marin. Les
parties intéressées seront citées par voie sommaire.

---

(1) Ce projet a reçu la sanction du Grand-Conseil (*General Con-
siglio principe*); nous adressons tous nos remerciements à M. le
baron de Malsabrier, chargé d'affaires de la République de Saint-
Marin à Paris, et à M. le commandeur Domenico Fattori, ministre
des affaires étrangères de cet État, à la gracieuse obligeance desquels
nous devons les renseignements que nous allons donner.

L'autorité saisie, après avoir examiné l'action ou les arguments présentés par les parties rendra son jugement, le procureur fiscal entendu. Dans le cas où les parties intéressées régulièrement citées, feront défaut, le jugement sera rendu à la même audience, le procureur fiscal entendu.

Lorsque l'exécution d'un jugement étranger est demandée à Saint-Marin et que la partie n'a pas constitué de procureur, l'autorité requise lui en nomme un d'office.

Le demandeur en *exequatur* qui succombe, peut interjeter appel de l'ordonnance ou du décret qui lui refuse l'exécution de la décision étrangère dont il est porteur. Le même droit compète au défendeur dans le cas où l'*exequatur* aurait été accordé. Le ministère public pourra également appeler de l'ordonnance, si celle-ci est contraire à ses conclusions.

La République de Saint-Marin a conclu avec l'Italie le 27 mars 1872 un traité de bon voisinage (1), qui règle la question de l'exécution réciproque des jugements. L'art. 1er est ainsi conçu : « Les sentences « italiennes, en matière civile et commerciale, pas-« sées en force de chose jugée seront exécutoires à « Saint-Marin, et *vice versâ*, d'après les lois de « procédure établies par la législation respective de « chacun des deux États. »

---

(1) *Convenzione di buon vicinato e di amicizia conchiusa il 27 marzo 1872, tra la Republica di S. Marino e S. M. Vittorio Emanuele II, re d'Italia* (publiée à Florence en 1872).

CHAPITRE XVII.

ÉTATS DONT LA LÉGISLATION DISTINGUE SI UN REGNICOLE A ÉTÉ OU NON PARTIE AU PROCÈS.

§ 1er. — *Grèce.*

En Grèce l'exécution des jugements étrangers est réglée par les art. 858 à 861 du Code de procédure civile. Les dispositions édictées par ces textes se rapprochent beaucoup du système français connu sous le nom de système de l'Ordonnance de 1629; il y a lieu de distinguer si le jugement a été rendu entre parties étrangères, ou entre parties dont l'une au moins était grecque.

Un premier point ressort de l'art. 858. Aucun jugement rendu par des tribunaux étrangers ne pourra recevoir exécution en Grèce tant qu'il n'y aura pas été déclaré exécutoire par un tribunal hellénique. Cependant, des stipulations contraires pourront être insérées dans des traités.

Si le jugement a statué entre deux étrangers, l'*exequatur* sera accordé par le président du tribunal de première instance du lieu où doit se faire l'exécution. Ce magistrat n'aura pas à reviser au fond la sentence qui lui sera soumise. Au contraire, si un grec a été partie au procès, il faudra s'adresser au tribunal tout entier qui examinera le fond de l'affaire, et qui aura le droit de refuser l'*exequatur,* soit à l'ensemble, soit seulement à certaines parties du jugement (art. 859).

Toutefois, le tribunal ne pourra, dans la seconde hypothèse prévue par l'art. 859, refuser l'exécution des jugements étrangers, qu'autant que ces sentences se trouveront en contradiction avec des faits prouvés, ou seront contraires à des lois prohibitives de l'État (art. 860). M. Saripolos (1) estime que lors même qu'il s'agit d'un jugement entre étrangers le président a le droit de refuser l'*exequatur* aux sentences qui porteraient atteinte à l'ordre public. Cette solution nous semble juste et conforme aux principes généraux; nous ne pouvons que l'approuver.

Dans le cas où le tribunal hellénique refuse de déclarer exécutoire une décision émanée de juges étrangers, « la cause doit être débattue de nouveau « devant les tribunaux de l'État pour recevoir une « solution (art. 861, § 1). »

Nous avons dit que la législation grecque présentait une certaine analogie avec la vieille théorie française issue de l'art. 121 du Code Michaud. Cependant nous devons faire observer qu'en Grèce il y a lieu à revision toutes les fois qu'un regnicole est intéressé dans l'affaire, tandis que chez nous l'Ordonnance de 1629 n'accordait le droit de revision aux tribunaux français qu'autant que le jugement avait été prononcé contre un de nos nationaux.

---

(1) Saripolos, *De l'effet et de l'exécution des actes et jugements étrangers en Grèce*; J. D. I. P. 1880, p. 173.

CHAPITRE XVIII.

ÉTATS DANS LESQUELS L'EXÉCUTION DES JUGEMENTS ÉTRAN-
GERS N'EST SOUMISE A AUCUNE RÈGLE FIXE OU DÉPEND
SEULEMENT DE LA VOLONTÉ DU POUVOIR EXÉCUTIF.

§ 1er. — *Angleterre.*

L'Angleterre ne possède aucune disposition législative relative à l'exécution des jugements étrangers. Pour trouver quelque chose sur cette matière
il faut consulter la jurisprudence que nos voisins
d'Outre-Manche considèrent, d'ailleurs, comme ayant
autant de valeur que le texte de loi le plus précis:
« La jurisprudence, disent-ils, a force de loi, aussi
« bien que la législation positive (1). »

Bien que cette jurisprudence ne soit pas encore
fixée d'une façon définitive, il s'en dégage cependant un certain nombre de principes généraux que
nous allons essayer de résumer.

Nous devons, tout d'abord, partir de cette idée
qu'en Angleterre l'instance en *exequatur*, telle que
nous la comprenons en France n'existe pas. Voici du
reste ce que disait à ce sujet M. Westlake au Congrès
international pour le progrès des sciences sociales
tenu à Bruxelles en 1862 (2) : « Nous n'avons pas ce

_____

(1) Maxime citée par Alexander, *De l'exécution des jugements
étrangers en Angleterre*; J. D. I. P. 1878, p. 23.

(2) Nous reproduisons cette citation d'après Asser (*Revue de droit
international*, t. I, p. 93), qui lui-même l'avait empruntée aux
Annales du Congrès de Bruxelles, p. 228.

« procédé si connu sur le continent européen qui con-
« siste à déclarer exécutoires les jugements rendus
« en pays étrangers. Ainsi je suppose que vous obte-
« niez en Belgique un jugement contre un Anglais
« et que celui-ci se réfugie en Angleterre. Il ne vous
« sera pas possible d'obtenir dans ce pays l'exécu-
« tion de votre jugement. Il faudra recommencer
« le procès de nouveau, et ici nous voyons appa-
« raître un procédé des plus étranges ; dans sa dé-
« fense, l'intimé peut soutenir que le tribunal belge
« n'était pas légalement saisi de la cause selon
« les règles qui régissent la compétence des tri-
« bunaux ; et s'il perd sur ce premier point, l'intimé
« ne pourra point se soustraire à l'exécution du ju-
« gement rendu contre lui en Belgique. En d'autres
« termes, on ne peut discuter que la compétence,
« mais la décision sur le fond reste acquise si la
« question de compétence est jugée contre le con-
« damné en pays étranger. Néanmoins, celui-ci peut
« faire subir à celui qui le poursuit tous les délais
« d'une nouvelle action, et c'est encore un des côtés
« fâcheux de cet état de choses. »

Sans doute il eût été bien préférable de constater
simplement que les jugements étrangers n'ont par
eux-mêmes aucune valeur en Angleterre mais qu'ils
y sont, sous certaines conditions, reçus comme titres
probants, susceptibles de devenir la base irréfragable
d'une nouvelle instance. Malheureusement les jurisconsultes et les juges anglais se plaisent dans les

dissertations nuageuses; il semble qu'un raisonnement juridique quelque peu suivi soit au-dessus de leurs forces, et se perdant dans des détails insignifiants, dans des digressions souvent étrangères au sujet qu'ils se proposent de traiter, ils rendent parfois fort difficile la tâche de ceux qui entreprennent, nous ne dirons pas d'analyser, mais même de comprendre leurs travaux.

Pour que la décision prononcée en pays étranger puisse être utilement invoquée devant les tribunaux d'Angleterre, il faut qu'elle émane d'une juridiction compétente, qu'elle ne porte pas en elle-même la preuve d'une erreur manifeste, qu'elle n'ait pas été obtenue par fraude, enfin qu'elle ne soit pas contraire à la justice naturelle (1). Ajoutons que le jugement doit être définitif.

La question de compétence est entre toutes les autres celle qui paraît préoccuper le plus vivement les juges anglais. Le *forum actoris* tel qu'il résulte de l'art. 14 de notre Code civil est écarté d'une façon absolue (2). Cependant, si le défendeur a comparu en France et s'y est défendu, on considérera cette comparution comme une soumission à la loi française et le jugement étranger sera valable (3).

---

(1) Selim (Adolphus), *Aperçu de la loi anglaise au point de vue pratique et commercial*, p. 316.

(2) Westlake, dans la *Revue de droit international*, t. VI, p. 612 et t. XIV, p. 302.

(3) Cour du Banc de la Reine, 10 décembre 1870; rapporté par Westlake dans la *Revue de droit international*, t. VI, p. 612.

Le *forum rei* est toujours réputé compétent,
quelles que soient d'ailleurs les raisons qui y attache le défendeur. Qu'un individu ait son domicile ou sa résidence temporaire dans un pays, qu'il
y possède des biens ou qu'il y ait encouru une res-
ponsabilité pécuniaire quelconque, il sera valablement jugé par les tribunaux de ce pays (1). Il pourra
aussi résulter de certains faits que le défendeur a
entendu se soumettre à la juridiction des magistrats
étrangers. C'est ce qui arrivera lorsque dans un
contrat il aura été fait élection de domicile pour les
contestations qui pourraient s'élever au sujet dudit
contrat. Dans ces conditions le défendeur ne sera
pas admis à contester en Angleterre le jugement
rendu à l'étranger, encore qu'il n'ait pas été informé
des poursuites (2).

Nous devons toutefois rappeler que les jugements
par défaut sont, en thèse générale, considérés comme
non avenus en Angleterre et que le tribunal anglais
doit, en pareil cas, examiner l'affaire à nouveau (3).

Nous avons dit que la sentence étrangère ne devait pas être le résultat d'une erreur manifeste.
Cependant, si un tribunal étranger s'est trompé sur

---

(1) Selim, *op. cit.*, p. 317.

(2) Arrêt du 13 novembre 1875, rapporté par Westlake dans la
Revue de droit international, t. VIII, p. 480. — V. aussi : J. D. I. P.
1875, p. 446.

(3) V. pour l'affaire Delta-Erminia Foscolo, Westlake dans la *Revue de droit international*, t. X, p. 546. V. aussi J. D. I. P. 1877,
p. 248.

le droit anglais, son jugement pourra être exécuté
car, « le tribunal étranger devait être informé de la
« loi étrangère anglaise, et le défendeur au procès
« ayant négligé de faire connaître ladite loi à ce tri-
« bunal ne peut s'opposer à l'exécution du juge-
« ment obtenu contre lui, sous prétexte qu'il y a
« eu erreur dans l'interprétation de cette loi (1). »

Il faut enfin que le jugement étranger ne soit
pas contraire à l'ordre public ou aux intérêts de
l'État (2).

Les décisions rendues dans l'un des trois royaumes
n'étaient pas autrefois exécutoires dans les deux
autres, et y étaient traitées comme de véritables jugements étrangers. Un acte de 1868 (3), a décidé
que les sentences des Cours supérieures auraient
force dans toute l'étendue du Royaume-Uni. Plus
récemment, une loi du 24 juillet 1882, a attaché le
même effet aux jugements des Cours inférieures (4).

---

(1) Cour du Banc de la Reine; 10 décembre 1870 (précité). Nous
empruntons la traduction de ce fragment d'arrêt à M. Selim, *op. cit.*,
p. 318. — V. Westlake, dans la *Revue de droit international*, t. VI,
p. 613.

(2) V. pour plus de détails : Alexander, *De l'exécution des jugements étrangers en Angleterre*; J. D. I. P. 1879, p. 519 et suiv.

(3) 31 et 32, Victoria, ch. 54.

(4) *Annuaire de législation étrangère*, 12e année, p. 30. Nous ne
nous expliquons pas pourquoi M. Félix Moreau dans l'ouvrage qu'il
a publié en 1884 s'est borné à mentionner le vote, en deuxième lecture par la Chambre des communes, de la loi du 24 juillet qui était
en vigueur depuis près de deux années. (V. Moreau, *Effets internationaux des jugements*, p. 191).

§ 2. — *Etats-Unis.*

Avant de rechercher quelle force peuvent avoir aux Etats-Unis les jugements rendus en pays étranger, nous devons nous demander, d'après quelles règles sont exécutées dans un État les sentences prononcées par les tribunaux d'un autre Etat de l'Union.

L'art. 4, sect. 1re de la Constitution du 17 septembre 1787 s'exprime ainsi : « Dans chaque Etat, « il sera ajouté foi entière aux actes publics, procès- « verbaux et procédures judiciaires d'un autre Etat. « Le Congrès pourra, par des lois générales, déter- « miner quelle sera la force probante de ces actes et « procédures et les effets qui y seront attachés (1). »

Il ne faudrait pas croire cependant que les décisions des juges de l'un des États soient *de plano* exécutoires dans tous les autres États. Il est nécessaire que les tribunaux de l'État où se poursuit l'exécution donnent un *exequatur* qui pourra être refusé.

C'est ainsi qu'il a été jugé par la Cour d'appel de New-York, qu'un divorce prononcé dans un État contre un citoyen de cet État qui a son domicile dans l'État de New-York, y a résidé pendant le cours des procédures, et qui n'a reçu ni avis de comparution ni avertissement, est sans effet dans l'Etat de New-York (2).

(1) Dareste, *Les constitutions modernes*, t. II, p. 400.
(2) Cour d'appel de New-York, 21 janvier 1878; J. D. I. P. 1880, p. 313.

De même la Cour suprême de Minnesota a décidé qu'un divorce prononcé par une Cour de l'Utah, alors que ni l'une ni l'autre des parties n'avait acquis une résidence de bonne foi dans le territoire d'Utah, et que toutes les deux demeuraient pendant l'instance en divorce dans l'État de Minnesota, n'est pas valable dans ce dernier État (1). Nous verrons tout-à-l'heure qu'en Louisiane les sentences qui émanent d'un tribunal appartenant à l'un des États de l'Union, ne sont guère mieux traitées que les jugements véritablement étrangers.

Ces derniers ne jouissent, en effet, par eux-mêmes aux États-Unis que d'une sorte de force probante. « Il ne faut pas croire que nos tribunaux ordonnent « l'exécution des jugements étrangers comme ils le « feraient pour un jugement de ce pays. Aucun ju- « gement ne peut être exécuté dans cet État s'il n'a « été rendu par l'un de ses tribunaux. En consé- « quence, l'usage est d'intenter une action, non sur « l'objet de la réclamation, mais sur le jugement « lui-même, d'en demander le recouvrement, d'as- « surer qu'il a été rendu par un tribunal compétent, « que le défendeur a été personnellement cité, que « le jugement a été régulièrement rendu et qu'il est « en pleine force (2). »

---

(1) Cour suprême de Minnesota, 25 avril 1878; J. D. I. P. 1880, p. 313.

(2) Coudert, *De l'exécution des jugements étrangers aux États-Unis*; J. D. I. P. 1870, p. 21 et suiv.

En résumé, un jugement étranger pourra être exécuté aux États-Unis s'il émane de juges compétents, aux termes de la loi américaine (1), s'il n'a pas été obtenu par fraude, s'il a été rendu régulièrement, les parties citées, enfin s'il est définitif (2).

La législation de l'État de Louisiane mérite une mention toute spéciale. Les jugements étrangers n'ont force exécutoire dans cet État, qu'autant qu'ils ont été sanctionnés par un des tribunaux compétents dudit État sur production du dossier; le juge chargé d'accorder l'*exequatur* recherche si le jugement qui lui est soumis n'est pas contraire aux lois de la Louisiane, s'il a été prononcé par un tribunal compétent, le défendeur dûment cité, enfin s'il est définitif. Ajoutons qu'un jugement rendu dans un autre État sans assignation, dans un cas où la loi locale permettrait cette matière de procéder, ne peut être rendu exécutoire en Louisiane (3).

Dans aucun cas l'hypothèque ne peut résulter en Louisiane des jugements rendus en pays étrangers, ni dans les autres États de l'Union (4).

---

(1) Il a été jugé qu'un jugement français condamnant un beau-père à fournir des aliments à son gendre ne pouvait être rendu exécutoire aux États-Unis, une semblable obligation n'étant pas reconnue par les lois américaines : Cour de circuit de New-York, 24 février 1873; J. D. I. P. 1874, p. 45.

(2) Couderl, *loc. cit.* — Roguet, *Législation de l'étranger aux États-Unis ; Revue pratique de droit français*, t. III, 15 avril 1857, p. 232.

(3) J. D. I. P. 1875, p. 315.

(4) *Bulletin de la Société de législation comparée*, 1872. *Notice sur le Code civil de la Louisiane*, par M. Magne, p. 216.

§ 3. — *Monaco (Principauté de).*

L'art. 1961 du Code civil monégasque n'a fait que reproduire les termes de l'art. 2123 du Code civil français (1). Voici maintenant comment s'exprime l'art. 232 du Code de procédure civile : « Les « jugements rendus, et les actes passés en pays étran- « ger ne seront exécutoires dans la Principauté et · « sur les biens qui y sont situés ou en proviennent, « qu'en vertu de l'ordonnance spéciale du prince, « sur le compte qui lui sera rendu par l'avocat-gé- « néral. »

Ce qui ressort, à première vue, de la lecture de ce texte c'est que le pouvoir du Prince est absolu. Il peut accorder l'*exequatur* si bon lui semble, mais il peut aussi s'opposer à l'exécution totale ou partielle des jugements étrangers sur son territoire. Il paraît que dans la pratique « il use de ce droit avec la « plus impartiale justice et la plus grande circons- « pection (2). »

La partie qui poursuit l'*exequatur* d'une sentence étrangère doit s'adresser à un avocat-défenseur du

---

(1) Le premier livre du Code civil monégasque a été promulgué en 1880, le livre II en 1881 et le livre III seulement en 1884. Ce Code a été analysé par l'auteur du présent travail dans l'*Annuaire de législation étrangère*, 11ᵉ année, p. 406 et suiv. et 14ᵉ année, p. 451 et suiv. Quant au Code de procédure civile nous ne croyons pas qu'il ait jamais été imprimé ; il en existe une copie manuscrite à la Bibliothèque du Comité de législation étrangère.

(2) Loth (de), *De l'effet des jugements et actes étrangers dans la principauté de Monaco*, dans le J. D. I. P. 1877, p. 123. C'est à cette étude que nous empruntons les détails qui vont suivre.

barreau de Monaco. Celui-ci présentera au Prince
une requête contenant un exposé sommaire des
faits. Une grosse du titre à rendre exécutoire légalisée par un ministre plénipotentiaire, un chargé
d'affaire, ou un consul de Monaco devra être jointe
à la requête.

Pour la France, dans les villes où il y a un consul de Monaco, ce sera ce fonctionnaire qui légalisera
la signature du président du tribunal. Quant aux
jugements et arrêts rendus dans les villes où il
n'existe pas de représentant du Gouvernement monégasque, ou à Paris, il faudra faire légaliser la signature du président français par le ministre de la
justice et par le ministre des affaires étrangères. La
signature de ce dernier sera, à son tour, soumise au
visa du ministre plénipotentiaire du Prince de Monaco à Paris.

La requête sera transmise par l'avocat-défenseur
à l'avocat-général qui prendra connaissance du dossier, vérifiera la régularité des pièces, examinera si
la décision étrangère ne contient rien de contraire
aux lois et aux usages du pays, non plus qu'aux
bonnes mœurs, et rédigera un rapport qu'il soumet-
tra au Prince.

Celui-ci, après avoir pris connaissance des pièces,
rend une ordonnance, par laquelle il accorde ou refuse l'*exequatur*. Si l'ordonnance est favorable on
procédera à l'exécution comme pour un jugement
monégasque.

Dans le cas où il s'agirait d'obtenir l'*exequatur* d'un jugement par défaut, il serait nécessaire de produire un acte témoignant que le jugement a été exécuté dans les délais prévus par la loi du pays d'où il émane.

En résumé, à Monaco : « il n'y a pas de règles fixes, « mais on peut dire qu'il est facile d'obtenir l'exé- « cution dans la principauté de Monaco, de tous les « titres étrangers, lorsqu'il n'y a aucun doute sur « leur authenticité, et lorsqu'ils ne renferment rien « de contraire aux lois du pays, à la morale ou à « l'équité (1). »

§ 4. — *Pérou.*

L'exécution des jugements étrangers n'est régle- mentée au Pérou par aucun texte précis. « Pour « trouver une disposition applicable, en pareille « matière, écrit M. Pradier-Fodéré, il faut presser « l'art. 5 du titre préliminaire du Code civil péru- « vien, et lui faire dire implicitement et par voie de « raisonnement qu'il est impossible d'exécuter au « Pérou aucun jugement étranger portant sur des « biens immobiliers situés dans la République, « puisque les lois péruviennes sont les seules qui « puissent affecter ces biens (2). »

---

(1) Loth (de), *op. cit.*, p. 125.
(2) Pradier-Fodéré, *De la condition légale des étrangers au Pérou* ; dans le J. D. I. P. 1879, p. 266. —C'est cet article qui nous a fourni les détails qui vont suivre.

L'art. 942 du Code de procédure civile « maintient
« les procédures établies par les traités ou par
« l'usage, entre le Pérou et les autres nations, sur
« le mode de remettre et de faire exécuter dans l'un
« de ces pays les mesures prises par les juges de
« l'autre. »

L'usage, c'est-à-dire la jurisprudence, a établi des
distinctions entre les diverses catégories de sentences. Le jugement étranger est-il définitif et dûment légalisé? Il produira effet au Pérou, comme
instrument public, comme moyen de preuve; mais
il ne pourra être exécuté s'il n'y a pas de traité.
Quant aux simples mesures d'instruction, elles seront exécutées sans difficulté au Pérou, sur commissions rogatoires. Un jugement qui entraînerait
quelque contrainte, ou qui imposerait quelque
charge ne pourrait recevoir exécution qu'en vertu
d'un traité.

« Dans tous les cas, conclut M. Pradier-Fodéré,
« pour qu'une décision émanée d'un tribunal étran-
« ger fût exécutée au Pérou, il faudrait qu'elle ne fût
« pas contraire aux principes du droit public et du
« droit privé du pays ; et encore, ne serait elle pas
« exécutée en vertu de sa propre force, mais en
« vertu d'un *exequatur* accordé par les lois natio-
« nales. »

Le Pérou a, paraît-il, conclu avec la Bolivie, le
5 novembre 1863, un traité pour l'exécution réciproque des jugements. Aux termes de l'art. 4 de

cette convention, les sentences définitives en matière civile, passées en force de chose jugée, rendues par les tribunaux péruviens seront exécutées en Bolivie et *vice versà*, pourvu que ces sentences ne contiennent rien de contraire à la constitution et aux lois du pays où l'exécution doit avoir lieu, et qu'elles soient dûment légalisées.

L'ancien doyen de l'Université de Lima déplore que la législation péruvienne ne contienne pas « de « règle uniforme et de principes certains » en matière d'exécution de jugements étrangers. Nous ne pouvons que nous associer à ses regrets.

§ 5. — *Russie.*

Jusqu'au 20 novembre 1864, date à laquelle a été promulgué le Code de procédure civile russe, les jugements étrangers ne jouissaient dans ce pays que d'une force très-relative. Si le gouvernement russe entretenait de bons rapports avec l'État d'où émanait la sentence, l'exécution était ordonnée; au cas contraire elle était refusée (1).

Le Code de 1864 réglemente la matière dans ses art. 1273 et suivants. Malheureusement ces textes manquent de clarté, et non-seulement la doctrine n'est pas fixée d'une façon précise sur le sens qu'il convient de leur attribuer, mais le Sénat dirigeant

---

(1) Martens (F. de), *Traité de droit international* (traduction Alfred Léo), t. II, p. 498.

lui-même, en a donné, à neuf ans de distance, deux interprétations tout-à-fait différentes (1). D'après M. de Martens, l'art. 1273 doit être traduit de la façon suivante : « Les jugements rendus par les tribunaux « étrangers sont susceptibles d'exécution, conformé- « ment aux règles établies à ce sujet par les traités et « conventions. Dans les cas où ces traités et conven- « tions n'ont pas défini les règles d'après lesquelles « l'exécution aura lieu, on doit observer l'ordre éta- « bli dans les articles suivants. »

Voici quelles sont les dispositions de ces articles. Aucune décision d'un tribunal étranger ne pourra être exécutée en Russie, sans l'autorisation des tri- bunaux de l'Empire (art. 1278). Le tribunal compé- tent, pour ordonner l'exécution d'une décision rendue à l'étranger, est celui dans l'arrondissement duquel l'exécution doit avoir lieu (art. 1275). Le tribunal compétent, après avoir examiné si la cause a été réellement jugée à l'étranger par un tribunal com- pétent, donne son *exequatur* sans revision préalable du fond de l'affaire (art. 1276 à 1279). Le tribunal russe est obligé d'examiner si la décision ne con-

---

(1) Nous transcrivons le texte allemand de l'art. 1273 du Code de procédure civile tel que l'a donné M. Engelmann professeur à l'Université de Dorpat, dans une brochure qu'il a publiée à Leipzig en 1884 sous ce titre : *Die Zwangs vollstœck ung auswärtiger richterlicher Urtheile in Russland :* « Urtheile von Gerichten auswärtiger Staaten « werden auf Grund der Regeln der hierüber vereinbarten Traktate « und Verteäge vollstreckt. In den Fällen wo in diesen die Regeln « selbst für die Ausführung nicht festgestellt sind, wird das in den « folgenden Artikeln (1274-81) festgestellte Verfahren beobachtet. »

23

tient rien contre l'ordre public et les lois actuelles
de l'Empire (art. 1279). Une décision qui serait opposée à l'ordre public, ou qui disposerait relativement à la propriété des immeubles situés en Russie,
ne saurait être mise à exécution (art. 1281). L'exécution des jugements étrangers ne peut avoir lieu
que conformément aux lois russes (art. 1250) (1).

M. de Martens dans son étude *sur l'exécution des
jugements étrangers en Russie*, étude qui a paru
dans le T. V du *Journal de droit international
privé*, interprète les art. 1273 et suivants du Code
de procédure civile russe en ce sens que les jugements étrangers doivent, en principe, être exécutés
en Russie d'après les stipulations contenues dans les
traités. S'il n'y a pas de traités, les décisions émanées des juridictions étrangères seront rendues
exécutoires conformément aux règles que nous
venons d'énumérer. L'interprétation fournie par
M. de Martens s'appuyait, d'ailleurs, sur un arrêt du
Sénat dirigeant en date du 17 octobre 1873. Cet arrêt
admet comme incontestable la doctrine soutenue par
le professeur de Saint-Pétersbourg.

Aujourd'hui la situation n'est plus la même, le
Sénat dirigeant étant revenu sur sa décision de 1873,
pour se prononcer en 1882 dans un sens diamétralement opposé.

---

(1) Nous nous sommes bornés à reproduire textuellement le
résumé des principes de la législation russe publié par M. de Martens dans le J. D. I. P. 1878, p. 140.

859 — 359 —

Aux termes de l'arrêt de 1882, les jugements étrangers n'ont aucune valeur en Russie, à moins qu'un traité n'ait été conclu par l'Empire avec le gouvernement du pays où ils ont été rendus. La partie finale de l'art. 1273 signifie donc simplement, que dans le cas où la convention ne s'expliquerait pas sur les règles de l'exécution, on devrait se référer aux dispositions des art. 1274 à 1281. Cette thèse, qui s'accorde assez bien avec sa traduction de l'article 1273 a été soutenue par M. Engelmann (1).

La décision du Sénat-dirigeant, dont nous venons de parler, n'a pas modifié la façon de penser de M. de Martens : « Malgré les objections qu'a soulevées « l'interprétation de l'art. 1273 du Code de pro- « cédure civile adoptée par le Sénat (1873), nous « maintenons l'opinion que nous avons soutenue en « 1878, savoir que, d'après le sens littéral de cet arti- « cle, on peut exécuter en Russie le jugement rendu « par un tribunal étranger, sans qu'il y ait besoin « d'un traité international à ce sujet (2). »

Nous venons d'exposer l'état de la question sans prendre parti ni dans un sens ni dans l'autre. Ne connaissant pas même les principes les plus élémentaires de la langue russe, il ne nous était pas permis d'agir autrement. Nous avons signalé les opinions

---

(1) Engelmann, *Die Zwangsvollstreckung...*, etc. — *De l'exécution des jugements étrangers en Russie*, dans le J. D. I. P. 1884, p. 113 et suiv.

(2) Martens, *Traité de droit international*, t. II, p. 500, note 1.

très-différentes de deux jurisconsultes russes et nous
avons indiqué les solutions opposées données par le
Sénat en 1873 et en 1882. Nous devons laisser aux
personnes qui voudront bien nous lire le soin de
conclure (1).

§ 6. — *Serbie.*

Le legislateur serbe, qui a pris la peine d'insérer
dans son Code d'Instruction criminelle un article
spécial (art. 357), pour consacrer un principe universellement admis, à savoir que les jugements des
tribunaux étrangers en matière criminelle ne sont
susceptibles d'aucune exécution en Serbie (2), a complétement négligé de s'occuper, dans son Code civil
et dans son Code de procédure civile, des effets que
pourraient produire dans ce pays, les décisions civiles ou commerciales étrangères.

Nous devons, toutefois, mentionner l'existence
de deux traités internationaux conclus par la Serbie, traités qui contiennent des dispositions relatives

---

(1) V. dans le sens de l'arrêt du Sénat de 1882, une décision de
la Cour de Varsovie du 11 juin 1884. (Le Code de procédure civile
russe a été substitué en Pologne au Code français en 1876) : Communication de M. Flamm, avocat à la Cour d'appel de Varsovie,
dans le J. D. I. P. 1884, p. 491.

(2) Nous n'avons pas eu sous les yeux le texte du Code d'instruction criminelle serbe. Le renseignement que nous donnons est dû
à l'obligeance de M. Jouyovitch, secrétaire au ministère de l'intérieur de Serbie.

à l'exécution réciproque des jugements étrangers.

Le premier est une convention consulaire passée
avec l'Italie, le 1er mars 1880; le second, qui porte
la date du 5 juin 1883, est intervenu entre le gouvernement serbe et la monarchie austro hongroise(1).

§ 7. — *Suisse.*

On sait qu'il existe pour les vingt-cinq cantons et
demi-cantons suisses vingt-cinq législations différentes; mais la souveraineté de chacun des États
confédérés se trouve limitée, sur certains points, par
le pouvoir fédéral.

Bien que les règles de la procédure soient, en
général du domaine de la législation cantonale, la
Constitution fédérale du 29 mai 1874 a pris soin de
régler la question de l'exécution réciproque des jugements. Voici comment s'exprime l'art. 61 : « Les
« jugements civils définitifs rendus dans un canton
« sont exécutoires dans toute la Suisse. » Toutefois,
le demandeur à l'exécution est obligé de suivre la
procédure ordonnée par la législation de l'Etat confé-
déré où son instance est portée (2). Le tribunal fédéral a aussi jugé que l'art. 61 de la Constitution n'é-
tait pas applicable aux droits publics, dépendant

---

(1) On trouvera le texte de ces deux traités dans l'article que
M. Pavlovitch a publié dans le J. D. I. P. 1884, p. 153.

(2) Trib. féd., 17 juillet 1879; J. D. I. P. 1880, p. 410.

par leur nature même, de la souveraineté cantonale (1).

Ce que nous venons de dire n'a trait qu'aux jugements suisses, les cantons restant libres de traiter,
comme bon leur semble, les sentences rendues en
pays étranger. Cependant, aux termes de l'art. 59
de la Constitution fédérale : « demeurent réservées
« en ce qui concerne les étrangers, les dispositions
« des traités internationaux. »

C'est ainsi que les décisions des tribunaux français doivent être déclarées exécutoires dans toute la
Suisse, conformément aux règles établies par le
traité du 15 juin 1869.

Nous allons donner un aperçu aussi sommaire
que possible de l'état actuel des diverses législations
cantonales suisses, en ce qui concerne l'exécution des
jugements étrangers.

D'après une intéressante étude de M. Ernest Roguin, étude à laquelle nous empruntons, d'ailleurs,
les renseignements qui vont suivre, on peut diviser
les cantons suisses en trois groupes, selon que l'exécution des sentences étrangères rentre dans la compétence des tribunaux ordinaires ou qu'elle est du
ressort de l'autorité administrative, ou bien qu'elle
est partagée entre les pouvoirs administratif et judiciaire (2).

_____

(1) Trib. féd., 13 octobre 1877 ; J. D. I. P. 1879, p. 93.
(2) Roguin (Ernest), _De l'exécution des jugements étrangers en
Suisse_, dans le J. D. I. P. 1° p. 113 et suiv.

Le premier groupe comprend douze cantons ou demi-cantons.

Dans le canton de Bâle-Ville, la matière de l'exécution des jugements et des sentences arbitrales prononcés en pays étranger est régie par l'art. 258 de la loi sur la procédure civile du 8 février 1875 (1). L'affaire ne doit pas être de nouveau débattue au fond, et le refus d'exécution ne peut être basé que sur l'un des faits suivants :

1° Défaut de pouvoirs du tribunal arbitral, ou incompétence du tribunal étranger;

2° Manque de forme exécutoire ou d'authenticité de la décision;

3° Exceptions tirées du genre ou de l'étendue de la demande d'exécution.

A Bâle-Campagne, la loi de procédure civile du 16 juin 1867 n'admet pas la revision au fond; l'autorité chargée d'accorder l'*exequatur* est simplement tenue de vérifier la compétence et les conditions extérieures de validité de la sentence.

D'après la loi fribourgeoise le jugement dont on poursuit l'exécution devra être préalablement examiné par le tribunal cantonal. S'il est reconnu que cette sentence peut être exécutée, elle sera assimilée à un jugement rendu par un tribunal du canton. Dans la pratique, la Cour fribourgeoise se contente,

---

(1) Cette loi qui compte 280 articles a fait l'objet d'une très-brève analyse, dans l'*Annuaire de législation étrangère* (5ᵉ année), p. 717.

parait-il, de vérifier les questions de forme, et accorde l'*exequatur* en réservant au défendeur son droit d'opposition. Celui-ci a donc la ressource, lorsque le porteur d'un jugement étranger déclaré exécutoire veut s'en servir contre lui, de faire valoir devant les juges inférieurs toutes les exceptions qui ne sont pas de pure forme.

L'art. 376 de la loi génevoise sur la procédure civile du 10 septembre 1819, porte que : « Les jugements « et les actes notariés rendus ou passés hors du can- « ton, ne pourront y être mis à exécution, qu'autant « qu'ils auront été déclarés exécutoires par le tribunal « de l'audience, parties ouïes ou dûment citées, et « le ministère public entendu, sans préjudice des dis- « positions contraires qui existeraient dans les trai- « tés ou concordats. » Le tribunal reste cependant libre de refuser l'exécution, bien que les conditions ci-dessus soient remplies, notamment quand la sen- tence étrangère ne peut plus être considérée comme définitive (1). On peut dire que toutes les fois qu'il s'agit de procéder à l'exécution d'un jugement véri- tablement étranger, c'est-à-dire n'émanant pas d'un autre canton suisse, les juges génovois auront la faculté de reviser le fond, et de procéder à une nou- velle instruction du procès. Il n'est peut-être pas sans intérêt de rappeler que les jugements de di- vorce, prononcés hors du canton de Genève, ne peu-

---

(1) Trib. civ. Genève, 23 novembre 1884; J. D. I. P. 1886, p. 248.

vent être inscrits sur les registres de l'état civil que lorsqu'ils ont été présentés au procureur-général et visés par lui. Ce magistrat est tenu de vérifier s'ils sont passés en force de chose jugée (1).

D'après l'art. 315 du Code de procédure civile de Lucerne (1850), le juge chargé de donner l'*exequatur*, devra surtout rechercher si l'État étranger observe la réciprocité; il n'a pas, du reste, à examiner le fond de l'affaire, et son rôle se borne au contrôle de la forme et de la compétence.

Le Code de procédure de Neuchâtel, dont les titres complémentaires, et le titre XI est du nombre (2), ne sont entrés en vigueur qu'en 1882, renferme des dispositions très-précises sur l'exécution des jugements étrangers (art. 864 à 872). La demande d'*exequatur* de la sentence étrangère passée en force de chose jugée sera adressée par voie de requête à la Cour d'appel. « La Cour d'appel doit « autoriser l'exécution des jugements rendus par « les tribunaux des autres cantons de la Suisse, « ou par ceux des pays avec lesquels la Suisse a « conclu un traité concernant l'exécution des juge- « ments. Elle ne pourra la refuser que dans les cas

---

(1) Art. 106 de la loi du 8 avril 1876, modifiant les titres II, V, VI du Code civil sur l'état civil et le divorce; on trouvera la reproduction intégrale du texte de cette loi dans l'*Annuaire de législation étrangère* (6ᵉ année), p. 572 et suiv.

(2) Ce titre adopté en 1881 (V. *Annuaire de législation étrangère* 11ᵉ année, p. 616), est entré en vigueur seulement en 1882 (V. *Annuaire de législation étrangère*, 12ᵉ année, p. 706).

« suivants : *a.* Si la décision émane d'une juridic-
« tion incompétente; *b.* si elle a été rendue, sans
« que les parties aient été dûment citées et légale-
« ment représentées ou défaillantes; *c.* si les règles
« du droit public et les intérêts de l'ordre public du
« canton s'opposent à ce que la décision de la juri-
« diction étrangère y reçoive son exécution. » (article 867).

Les jugements prononcés hors du canton de Saint-
Gall, sont exécutoires dans celui-ci, si aucune décision d'un tribunal saint-gallois compétent n'a été
rendue dans la même affaire, si le tribunal étranger
au canton pouvait juger du différend, en vertu de la
législation saint-galloise ou de conventions internationales. enfin si la réciprocité est établie par une
déclaration de l'État étranger, ou autrement d'une
façon positive.

Dans le canton de Schaffhouse, on exige, en l'absence de traités internationaux, que le jugement
étranger dont l'*exequatur* est poursuivi, soit passé
en force de chose jugée et émane d'autorités compétentes d'après la loi schaffhousoise. De plus, il doit y
avoir réciprocité garantie.

Il ne semble pas qu'à Soleure il y ait lieu de faire
une distinction entre les décisions étrangères et les
jugements rendus dans d'autres cantons; dans l'un
et l'autre cas il faudra recourir à la procédure ordinaire; s'il y a contestation sur la valeur de la
sentence, le juge prononcera.

Les jugements étrangers ne peuvent être exécutés au Tessin, s'ils n'ont été revêtus d'une autorisation, rendue les intéressés dûment appelés; il n'y a pas lieu à revision au fond du procès; la requête est introduite directement auprès du tribunal de première instance, et est instruite sur procédure orale.

L'art. 202 de la loi de procédure civile du canton de Thurgovie, du 1er mai 1869, est ainsi conçu: « Dans le cas de l'exécution d'un jugement étranger, « l'on doit adresser une requête au tribunal supé- « rieur, qui décide s'il faut y satisfaire. »

Il parait qu'à Zürich les tribunaux accordent une certaine valeur aux décisions étrangères, lorsqu'il est constaté que la procédure a été régulièrement suivie, quant au fond et quant à la forme.

Dans les neuf cantons suivants c'est à l'autorité administrative qu'il appartient de déclarer exécutoires les jugements étrangers.

Dans le canton d'Appenzell (Rhodes intérieures), la commission d'État accorde l'*exequatur* quand la décision étrangère est régulière dans la forme. Pour les Rhodes extérieures il n'existe aucune disposition légale touchant la question dont nous nous occupons. En pratique, la demande d'exécution est adressée au Conseil d'État (pouvoir exécutif), qui statue sans être soumis à l'observation d'aucune règle particulière.

Dans le canton de Glaris, l'*exequatur* doit être demandé à la commission d'État. Les parties sont

citées à comparaître et l'affaire se débat oralement;
il n'y a pas de revision au fond; d'ordinaire, l'exécution n'est refusée que si la sentence étrangère émane
d'un tribunal incompétent, ou si elle viole un principe
reconnu du droit cantonal ou fédéral.

La législation du canton de Schwytz ne parle pas
de l'exécution des décisions des tribunaux étrangers.
Il paraît que dans chaque cas particulier l'autorité
décide, d'après les principes généraux du droit.

A Unterwald (Obwald), le Conseil d'État admet
l'exécution des jugements prononcés hors du canton sous la condition de réciprocité. Dans l'autre
demi-canton (Unterwald-Nidwald), le Conseil d'État
n'examine pas le fond du débat, mais il accorde ou
refuse simplement l'*exequatur*, selon qu'il le juge
convenable.

Nous n'avons rien à dire du canton d'Uri, où l'exécution des jugements étrangers est poursuivie d'a-
près les mêmes règles que celle des sentences rendues dans le canton même.

Dans le Valais des dispositions précises sur la matière faisant défaut, le Conseil d'État examine seulement si le jugement étranger émane d'un tribunal
compétent, s'il est régulier en la forme, s'il est définitif, enfin s'il ne renferme rien de contraire à l'ordre
public reconnu en Suisse ou dans le Valais. A Zug la
plus grande liberté d'appréciation est laissée au Conseil d'État, qui ordonne l'exécution des jugements
étrangers.

Il nous reste à parler des cantons dans lesquels la compétence est partagée entre les pouvoirs adminis- tratif et judiciaire. Ces cantons sont au nombre de trois, Argovie, Grisons, Vaud.

D'après les art. 421 et 422 de la loi de procédure civile d'Argovie du 19 décembre 1851, il faut dis- tinguer entre les jugements étrangers contradic- toires et les jugements étrangers par défaut. Au premier cas, le préfet du district doit être saisi de la demande d'*exequatur*. Sa mission consiste donc, à rechercher si l'État étranger permet *de plano* l'exé- cution des jugements argoviens. Si oui, l'exécution est accordée; si non, elle est refusée. S'il s'agit d'un jugement par défaut, la demande d'*exequatur* est portée devant le tribunal supérieur, qui prononce, la partie condamnée entendue.

Aux termes de l'art. 307 du Code de procédure civile des Grisons, c'est au petit Conseil (gouverne- ment), qu'il appartient de trancher les questions re- latives à l'exécution ou à la non-exécution des juge- ments étrangers. Ces sentences ne pourront être déclarées exécutoires, qu'autant qu'elles seront pas- sées en force de chose jugée, qu'elles ne seront en opposition avec aucun jugement régulier d'un tribunal grison, qu'elles seront définitives et auront été rendues dans un État qui applique le principe de la réciprocité.

Le Code de procédure civile vaudois du 25 novem- bre 1869 porte dans son art. 519 que : « Les juge-

« ments rendus hors du canton, ne sont exécutoires
« que sur une déclaration du Conseil d'État, en
« réservant le droit d'opposition de la partie con-
« damnée. » C'est donc au Conseil d'État (pouvoir
exécutif), qu'il appartient d'accorder ou de refuser
l'*exequatur*. Quant au droit d'opposition du défendeur, droit fort limité, puisqu'il ne peut s'appuyer
que sur l'exhibition d'un titre postérieur au jugement, constatant l'exécution totale ou partielle, ou
encore, l'incompétence du tribunal étranger en raison d'un traité international, il pourra donner lieu à
un débat devant les tribunaux de droit commun du
canton.

APPENDICE.

DE L'OCCUPATION TEMPORAIRE D'UN PAYS ET DE L'ANNEXION QUANT A L'EXÉCUTION DES JUGEMENTS.

Lorsqu'un pays est envahi ou occupé temporairement, l'envahisseur ou l'occupant peut agir de deux manières. Ou bien, il laissera subsister l'état de choses existant, et les tribunaux nationaux continueront à fonctionner comme par le passé, ou bien le vainqueur s'établira comme en pays conquis ; maître du territoire il organisera une administration, instituera des magistrats qui exerceront leurs pouvoirs en son nom. Nous traiterons tout différemment les jugements rendus dans l'un et l'autre cas.

Nous sommes persuadés qu'en théorie « l'occu- « pant doit respecter l'organisation de la justice, et « protéger au besoin les tribunaux nationaux dans « l'exercice de leur mission (1). » S'il agit ainsi dans la pratique, nous n'hésiterons pas à décider que les sentences prononcées pendant l'occupation devront être exécutoires *de plano*, dans toute l'étendue du pays envahi, une fois la paix faite. L'invasion ne modifie pas, en effet, la situation des particuliers dans leurs rapports de droit privé, et n'efface nullement les pouvoirs de souveraineté d'un État sur les

---

(1) Bernier, *De l'occupation militaire en temps de guerre*, p. 89.

parties de son sol tombées temporairement aux mains de l'ennemi.

L'occupant outrepasserait donc ses droits, s'il exigeait que la justice fût rendue en son nom par des juges appartenant à la nation vaincue. Aussi estimons-nous que la Cour de Nancy s'est conduite de la façon la plus correcte, lorsqu'au cours de la malheureuse guerre de 1870, elle a refusé d'obéir aux Allemands, qui émettaient la singulière prétention de forcer des magistrats français à prononcer des sentences « au nom des hautes puissances allemandes occupant la Lorraine et l'Alsace (1). »

Si maintenant nous envisageons la seconde hypothèse, et si, supposant, ce qu'à Dieu ne plaise, notre pays envahi à nouveau par une armée étrangère, nous admettons que l'occupant a substitué d'une façon absolue ses propres juges aux magistrats français, que devrons-nous décider des sentences qui auront été ainsi rendues. Qu'on nous accuse si l'on veut de chauvinisme et d'exagération, nous n'en proclamerons pas moins, et cela en faisant une stricte application des principes les plus élémentaires

_____

(1) Délibération de la Cour de Nancy du 8 septembre 1870; S. 72. 2. 33. — Ce patriotique exemple a été suivi par le tribunal de Laon, qui dans une délibération du 15 octobre 1870 (S. 72. 2, 33), a déclaré que les tribunaux français devaient s'abstenir de juger, si l'occupation du département était organisée par l'ennemi, au moyen de l'installation au chef-lieu d'un commissaire étranger chargé de l'administration. — V. dans ce sens : Bernier, *loc. cit.* — Despagnet, *op. cit.*, § 258, p. 261. — Moreau, *op. cit.*, p. 76.

du droit public, que de tels jugements ne sauraient avoir en France aucune force, et devraient y être considérés comme nuls et non-avenus.

Il ne s'agit plus ici d'une simple décision étrangère, mais d'un jugement prononcé par des magistrats incompétents *ratione loci*. Investis du pouvoir de juger par un gouvernement qui n'avait aucun droit de souveraineté sur le territoire envahi, on peut dire qu'ils ont usurpé les fonctions des tribunaux nationaux en vertu d'un acte de violence, par le seul fait de la victoire; dès lors, leurs jugements n'ont pas plus de valeur que ceux qui pourraient être rendus par un particulier n'ayant reçu aucun mandat à cet effet.

La jurisprudence est beaucoup moins sévère, car elle admet que les jugements rendus dans un pays momentanément occupé par une puissance étrangère, et émanant des tribunaux institués par elle en remplacement des tribunaux nationaux, conservent leur effet après la rentrée de ce pays sous son ancienne souveraineté. « L'administration de la justice étant le premier besoin des peuples, comme le premier devoir des souverains et des conquérants, on ne saurait révoquer en doute la validité des décisions judiciaires intervenues pendant une occupation étrangère, ni la faire dépendre de l'examen de la question politique, sur la légitimité ou l'illégitimité de ladite occupation (1). »

_____

(1) Bastia, 3 janvier 1821; Cass., 6 avril 1820; S. 20. 1. 383. —

21

Reculant devant les conséquences de notre doctrine, qu'ils regardent comme un peu dures, et tout
en repoussant la théorie par trop utilitaire de la jurisprudence, certains auteurs ont pensé tout concilier en assimilant les sentences rendues en temps
d'occupation à des jugements étrangers, et en exigeant qu'elles soient soumises aux formalités de
l'*exequatur* (1). Le système proposé nous paraît reposer sur une base bien peu solide, et nous lui pré-
férerons toujours la rigoureuse application des principes.

Il peut arriver qu'un territoire soit séparé d'un
État, et du même coup réuni à un autre État. Quels
seront les effets de cette réunion et de cette séparation à l'égard des jugements prononcés soit sur ce
territoire, soit dans le pays annexant ou le pays démembré, avant l'annexion ? Pour résoudre les nombreuses questions qui peuvent naître à ce sujet, nous
partirons de cette double idée : « que le changement
« de souveraineté n'a lieu qu'au moment de la si-
« gnature du traité, ou au jour fixé par le traité, et
« que l'annexion n'a pas d'effet rétroactif (2). »

Un jugement a été rendu dans une province
réunie à la France, en Savoie par exemple, avant
l'annexion, dans l'espèce avant 1860. Quel sera le

Cass., 16 mars 1841 ; S. 41. 1. 403. — Bastia, 27 décembre 1875 ; J. D.
I. P. 1876, p. 105 et 106. — Thévenet, *op. cit.*, § 111, p. 91.
(1) Fiore, *loc. cit.* — Moreau, *op. cit.*, p. 76.
(2) Despagnet, *op. cit.*, § 250, p. 263.

sort de ce jugement sur le territoire annexé ? Il est essentiel d'établir une distinction, et de se demander si au moment de la signature du traité la sentence était ou n'était pas définitive. Au premier cas, c'est-à-dire si le jugement était passé en force de chose jugée, nul doute qu'il doive produire tous ses effets, sans *exequatur*, dans toute l'étendue du pays annexé. Il y avait pour les parties, au jour de l'annexion, un droit acquis, que le changement de souveraineté n'a pû leur faire perdre, puisque le traité ne rétro-agit pas (1).

La situation ne serait plus la même si la décision des magistrats de la province annexée était frappée d'un recours au jour de l'annexion. Supposons qu'appel ait été interjeté ou qu'un pourvoi ait été formé devant une juridiction supérieure du pays qui a cédé le territoire. Il est clair que la sentence à intervenir sera toujours considérée par l'État ces-sionnaire comme une sentence étrangère, même sur le sol annexé, et par conséquent soumise à l'*exe-quatur*. Si au contraire, restons en Savoie, le juge-ment a été porté devant une Cour savoisienne, cette Cour devenant française, rendra son arrêt au nom du gouvernement français, et cet arrêt sera naturelle-ment exécutoire *de plano*. Aucune difficulté ne peut se présenter si le recours n'a pas encore été intro-

---

(1) Chambéry, 8 juin 1867; D. P. 68. 2. 138 — Chambéry, 27 août 1869; D. P. 71. 2. 100.

duit lors de l'annexion; car il est bien certain que dans cette hypothèse, les tribunaux du pays annexant seront seuls compétents.

Il nous faut maintenant examiner la question à un autre point de vue; nous devons rechercher si le jugement rendu en pays annexé avant la réunion est de plein droit exécutoire en France et quelle sera sa valeur dans l'État démembré.

On a soutenu que les art. 2123 et 546 n'étaient pas applicables lorsqu'il s'agissait d'exécuter en France une sentence prononcée sur un territoire annexé. On a dit, à l'appui de cette thèse, que les articles précités avaient pour objet non de protéger les intérêts des particuliers, mais d'empêcher que les souverainetés étrangères n'empiétassent sur les droits de la souveraineté française. Dès l'instant qu'on se borne à demander l'exécution d'une décision d'un tribunal qui est aujourd'hui un tribunal français, le principe est sauf et il n'y a pas de raisons pour exiger un *exequatur*.

Ce système nous semble devoir être repoussé; il méconnaît, en effet, la règle fondamentale de la non rétroactivité des lois, et porte une grave atteinte aux droits acquis des parties. Il repose de plus sur une donnée absolument inexacte, car, ainsi que le fait observer M. Cabouat: « L'annexion ne peut faire « disparaître en aucune façon la nationalité ou « plutôt l'extranéité de ces jugements; ils ont été « rendus à une époque où ces pays étaient étrangers

« à la France, par des tribunaux soumis à un gou-
« vernement étranger, ce sont là des faits accomplis
« qu'une réunion politique ne peut effacer ; les pré-
« cautions prises par la loi avant d'accorder l'exé-
« cution de décisions émanant de juridictions sur
« lesquelles elle n'exerce aucun pouvoir de contrôle,
« doivent conserver toute leur application, puisque
« les circonstances qui les expliquent, subsistent
« dans toute leur force (1). »

Il faudra donc, avant de mettre à exécution en
France, la sentence rendue dans le pays annexé, la
faire revêtir au préalable de l'*exequatur* d'un tribunal français (2). Ce que nous venons de dire s'applique aux jugements passés en force de chose jugée ;
s'ils étaient frappés d'un recours, ou susceptibles de
l'être, on devrait suivre à leur égard les règles
que nous avons exposées lorsque nous nous sommes
occupés des effets produits sur le territoire réuni,
par les jugements qui y ont été prononcés avant la
réunion.

Dans le pays démembré, le jugement, s'il était
définitif conserve toute son autorité « car la sépara-
« tion politique ne saurait détruire les droits acquis
« des sujets (3). » Mais si le jugement n'était pas

---

(1) Cabouat, *Des annexions de territoire et de leurs principales
conséquences*, p. 216.

(2) Bonfils, *op. cit.*, § 274, p. 281. — Fœlix, *op. cit.*, t. II, § 363.
— Moreau, *op. cit.*, § 60, p. 68. — Thévenet, *op. cit.*, p. 93.

(3) Fœlix, *loc. cit.* — Un arrêt de Cass. du 16 novembre 1868 ; S,
69, 1, 63 a décidé que les jugements et arrêts rendus avant l'annexion

encore passé en force de chose jugée, il sera nécessaire de distinguer selon que le recours aura été
porté devant une Cour de l'État démembré ou devant
une Cour du pays annexé. Au premier cas, la sentence conservera sa nationalité première, et sera *de
plano* exécutoire dans tout l'État démembré. Au second cas l'*exequatur* sera nécessaire, le jugement
suivant la nationalité nouvelle de la Cour appelée à
statuer sur le recours.

Il nous reste à étudier, en dernier lieu, deux hypothèses qui se présenteront assez fréquemment. Les
décisions des tribunaux du pays annexant et du
pays démembré auront-elles de plein droit force
exécutoire dans la province annexée ?

Prenons un jugement français antérieur au traité
de 1860. Pourra-t-on s'en prévaloir en Savoie sans
exequatur ? La doctrine et la jurisprudence sont
d'accord pour répondre négativement. « Le sujet
« condamné par un tribunal qui était étranger au
« moment où il a prononcé, lisons-nous dans Fœlix,
« conserve le droit qu'il avait avant la réunion,
« de faire considérer ce jugement comme non-
« avenu (1). » D'où il suit que les jugements rendus
en France contre des étrangers demandeurs ne de-
viennent pas exécutoires de plein droit dans les pays

de la Savoie par les anciens tribunaux sardes, conservaient sur le territoire sarde l'autorité de la chose jugée vis-à-vis des Français au
préjudice desquels ils avaient été rendus.

(1) Bonfils, *loc. cit.* — Cabouat, *op. cit.*, p. 240. — Fœlix, *loc. cit.*
— Moreau, *op. cit.*, § 62, p. 70. — Thévenet, *loc. cit.*

où ceux-ci ont leur domicile, par la réunion de ces pays au territoire français (1). La Cour de cassation s'est formellement prononcée en ce sens, dans son arrêt du 7 juillet 1862 (2). Il s'agissait d'exécuter en Savoie un jugement du tribunal de commerce de Lyon rendu avant l'annexion. Voici comment s'exprimait la Cour suprême : « Le décret impérial du « 11-12 juin 1860 portant promulgation du traité « relatif à la réunion de la Savoie à la France, n'a « pas d'effet rétroactif, le changement de souverai- « neté qui s'est accompli par ce traité n'a porté au- « cune atteinte aux droits privés antérieurement « acquis, et il a seulement eu pour effet de soumettre « l'exercice de ces droits à la juridiction française « qui devra les apprécier et les juger conformément « aux lois sous l'empire desquelles ils ont pris nais- « sance. »

Si l'on suppose à présent que le jugement émane des tribunaux du pays démembré, comment l'exécu- tera-t-on dans la province annexée ? Il n'y a pas de raison, croyons-nous, pour renoncer aux principes que nous avons suivis jusqu'ici; aussi en ferons-nous simplement l'application. « Dans cette hypothèse, « les intérêts privés réclament que ces décisions « conservent entièrement l'autorité et la force exécu- « toire qui leur ont été conférées; la partie qui a

(1) Cass., 18 thermidor an XII; S. 8. 1. 73.
(2) Cass., 7 juillet 1862; S. 62. 1. 831. — *Contrà*, Paris, 9 juin 1874; J. D. I. P. 1875, p. 180, V° *Jugement français*.

« triomphé, avait, avant l'annexion, un droit ferme
« et incontestable à en réclamer l'exécution sur les
« territoires cédés; nous ne pouvons donc permettre
« à la justice française d'infirmer ou de modifier
« sur quelques points la décision qui lui est pré-
« sentée (1). » Toutefois, les jugements qui ne seront
passés en force de chose jugée qu'après l'annexion,
devront, rien n'est d'ailleurs plus naturel, être soumis à l'*exequatur*.

Il arrive souvent que l'on insère dans les traités
des stipulations spéciales relatives à l'exécution des
jugements antérieurs à l'annexion. On déclarera,
par exemple, que tous les actes judiciaires émanés
des autorités compétentes seront respectés. Ces dispositions sont, à notre avis, contraires au principe
d'après lequel l'annexion n'a pas d'effet rétroactif.
On a prétendu, il est vrai, que l'art. 2 du Code civil
n'avait aucun caractère constitutionnel. « Il ne ren-
« ferme pas une règle prescrite au législateur lui-
« même, mais seulement une disposition législative
« ordinaire qui enjoint aux magistrats d'interpréter
« et d'appliquer les lois de manière à ne point leur
« donner un effet rétroactif (2). » La théorie de
M. Demolombe, si on voulait en tirer les conséquences rigoureusement logiques serait fort dangereuse. Le législateur n'étant plus lié par aucune

---

(1) Cabouat, *op. cit.*, p. 256.

(2) Demolombe, *Cours de Code Napoléon*, t. I, § 07, p. 81. —
Sic, Bonfils, *op. cit.*, p. 252.

règle précise pourrait impunément, du jour au lendemain, porter atteinte aux droits les plus sacrés quant aux personnes et quant aux biens; ce serait le régime de l'arbitraire et du bon plaisir. Nous savons fort bien qu'aucune des nombreuses constitutions dont la France a été successivement dotée depuis près d'un siècle n'a formellement reproduit l'art. 14 de la déclaration des droits et des devoirs qui précédait la constitution du 5 fructidor an III; mais nous savons aussi que l'art. 2 du Code civil n'a jamais été abrogé, et tant que ce texte sera en vigueur nous conserverons la ferme conviction qu'il ne peut être dérogé légalement au principe de la non-rétroactivité des lois qu'il proclame en termes absolus.

La meilleure manière, selon nous, de légitimer les dispositions dont nous venons de parler, c'est d'invoquer en leur faveur des raisons d'utilité. Grâce à elles, en effet, on évite, dans la pratique, des complications, des lenteurs et des frais parfois considérables, et il est peu probable que les parties se plaignent jamais d'un traité diminuant les frais de justice, et leur procurant tout à la fois une économie de temps et d'argent.

CONCLUSIONS.

Nous avons passé en revue les législations de vingt-neuf pays différents, sans compter la France. Ce qui ressort, pour nous, de cet examen, c'est que les divers États des deux mondes sont encore loin d'une uniformité sans doute désirable, qui, nous en sommes persuadés, ne se réalisera pas dans un délai prochain.

Il nous semble bien difficile, en effet, d'amener les gouvernements qui refusent aujourd'hui toute valeur sur leur territoire aux jugements étrangers, à l'adoption du système libéral préconisé par les jurisconsultes italiens, et cependant ce système, sauf peut-être quelques légères modifications à y apporter, est le seul qui ait jamais chance de servir de base à une entente internationale.

Depuis près d'un quart de siècle, la question de l'exécution des jugements étrangers a d'ailleurs vivement préoccupé l'esprit des jurisconsultes. Dès 1864 elle fut abordée au Congrès tenu à Amsterdam par l'association internationale pour le progrès des sciences sociales. A la séance du 28 septembre, l'un des délégués belges, M. Lelièvre, présenta un intéressant rapport sur ce sujet (1)..

_____

(1) V. le rapport présenté par M. Lelièvre sur l'exécution des jugements rendus et des actes passés en pays étranger, 20 p. in-8°.

Dix ans plus tard la même question était traitée par MM. Mancini et Asser à l'occasion de la réunion de l'Institut de droit international à La Haye (1).

En 1878, l'Institut tint sa cinquième session à Paris. Une commission spéciale, composée de MM. Demangeat, Clunet, Renault, Westlake et Asser, fut chargée d'étudier les réformes qui pourraient être introduites dans la procédure internationale en ce qui concerne l'exécution des jugements étrangers. Les conclusions de cette commission présentées par M. Clunet, furent adoptées par l'Institut. Nous croyons intéressant d'en donner une brève analyse.

La commission estime que la réforme désirable ne peut être réalisée par le seul moyen de lois générales applicables à tous les jugements étrangers. « Il « faut en attendre le complément d'un système de « conventions diplomatiques à conclure avec les États « dont les tribunaux et l'organisation judiciaire « paraîtront présenter des garanties suffisantes. » Un point essentiel, c'est de bien déterminer les règles de compétence des divers tribunaux ; il faut en outre exiger, quant aux formalités de procédure, un minimum de garanties. La revision au fond est écartée par la commission, mais le demandeur sera tenu de prouver que le jugement étranger est exécutoire dans l'État où il a été rendu. Quant aux voies d'exé-

---

(1) V. dans la *Revue de droit international et de législation comparée*, t. VII, p. 520 et suiv., les rapports de MM. Mancini et Asser. (Travaux préliminaires à la session de La Haye).

cution elles doivent être déterminées par la loi du pays où l'exécution a lieu (1).

De son côté l'association pour la réforme et la codification du droit des gens ne restait pas inactive. A sa quatrième session tenue à Brême, du 23 au 29 septembre 1876, elle inscrivit à son programme la question de l'exécution des jugements étrangers (2) qui ne fut discutée que l'année suivante à la session d'Anvers (30 août-3 septembre 1877) (3). L'association se réunit à Milan, le 12 septembre 1883. Nous reproduisons intégralement le texte des résolutions qu'elle adopta relativement à l'exécution des jugements étrangers.

« Il importe qu'un accord international s'établisse « sur l'exécution des jugements étrangers en ma- « tière civile et commerciale.

« Il est donc très à désirer qu'une conférence offi- « cielle internationale se réunisse à cet effet, comme « cela a été proposé par le gouvernement néerlan- « dais en 1874.

« La conférence propose les bases suivantes :

« 1° Le jugement doit être rendu par un juge « compétent. Des règles de compétence uniformes « doivent être déterminées par la convention qui

---

(1) J. D. I. P. 1870, p. 103.
(2) J. D. I. P. 1876, p. 419.
(3) J. D. I. P. 1877, p. 580. — V. aussi le compte-rendu de cette session par M. Becker dans le *Bulletin de la Société de législation comparée* (1877-1878), p. 360 et suiv.

« établira l'autorité internationale ci-dessus men-
« tionnée;

« 2° Les parties doivent avoir été dûment assi-
« gnées ;

« 3° S'il s'agit d'un jugement par défaut, la partie
« contre laquelle il a été rendu, doit avoir eu connais-
« sance du litige et de la possibilité de s'y défendre;

« 4° Le jugement ne doit rien contenir qui soit
« contraire ni à la moralité, ni à l'ordre, ni au droit
« public de l'État où il doit être exécuté;

« 5° Le jugement doit être exécutoire dans le pays
« où il a été rendu;

« 6° Le juge requis pour l'exécution ne doit pas
« examiner au fond le débat, mais seulement s'en-
« quérir de l'existence des conditions légales sus-
« mentionnées ;

« 7° Un jugement étranger qui remplit ces condi-
« tions doit produire les mêmes effets qu'un juge-
« ment national, soit qu'on en requière l'exécution,
« soit qu'on s'en serve comme de *chose jugée;*

« 8° Les formes et les moyens de l'exécution doi-
« vent être réglés par la loi du pays où l'exécution
« est demandée.

« Pour les États qui n'entreront pas dans cet
« accord, la conférence exprime le vœu que l'applica-
« tion de ces bases s'obtienne de fait par voie d'uni-
« formité dans leurs législations respectives (1). »

(1) Nous avons reproduit les résolutions ci-dessus, telles qu'elles ont

Nous adresserons plusieurs critiques assez sérieuses aux propositions de l'association pour la réforme et la codification du droit des gens. Il nous semble, d'abord, qu'il aurait fallu distinguer soigneusement l'autorité des jugements étrangers de leur exécution forcée. Il n'aurait pas non plus été inutile de dire que l'*exequatur* serait nécessaire toutes les fois qu'il s'agirait de procéder à des actes d'exécution. Cette nécessité de l'*exequatur* ressort évidemment de l'ensemble du projet, mais celui-ci aurait gagné en clarté si le principe en question avait été nettement posé.

Nous reprocherons aussi à l'Association la rédaction vague du § 4. Sans doute « le jugement ne doit rien « contenir qui soit contraire ni à la moralité, ni à « l'ordre, ni au droit public de l'État où il doit être « exécuté. » Mais encore serait-il bon de s'expliquer sur ce point et de nous dire ce qu'il faut entendre par moralité et par ordre public.

Enfin nous avouons ne comprendre que très-imparfaitement la phrase suivante : « Pour les États « qui n'entreront pas dans cet accord la conférence « exprime le vœu que l'application de ces bases s'ob-« tienne de fait par voie d'uniformité dans leurs « législations respectives. »

_____

été transmises le 13 mars 1884 par Sir Travers-Twiss, président de la conférence de Milan, à M. Mancini, ministre des affaires étrangères d'Italie; V. le *Livre vert* publié en 1885 par le gouvernement italien au sujet de la réunion à Rome d'une conférence internationale chargée d'étudier la question de l'exécution des jugements étrangers, p. 81; V. aussi, J. D. I. P. 1883, p. 664.

Quoi qu'il en soit, nous sommes persuadés que les résolutions de la conférence de Milan sont appelées, sauf les réserves que nous venons de faire, à servir de fondement, non pas à une union judiciaire universelle, véritable utopie au temps où nous vivons, mais à des traités, dont la multiplication apporterait déjà une importante amélioration à l'état actuel des relations internationales.

Nous nous bornerons à mentionner les travaux du Congrès des jurisconsultes américains tenu à Lima en 1878 (1), et nous arriverons aux tentatives officielles faites par les gouvernements hollandais et italien dans le but d'arriver à la réunion d'une conférence internationale chargée d'étudier la question de l'exécution des jugements étrangers.

En 1874, M. le baron Gericke de Hercoynen, ministre des affaires étrangères des Pays-Bas, élabora un très-intéressant mémoire sur la matière qui nous occupe (2). Les diverses puissances furent pressenties par la Hollande au sujet de la convocation d'une commission internationale qui unifierait la législation sur ce point. Ces ouvertures furent assez froidement accueillies, la France refusa même d'adhérer à la conférence, et le projet en resta là.

---

(1) V. l'étude de M. Daireaux, dans le *Bulletin de la Société de législation comparée* (1878-1879), p. 425 et suiv. On trouvera des détails très-complets sur ce congrès dans le *Livre vert* italien précité, p. 197 et suiv.

(2) V. l'analyse de ce mémoire dans le J. D. I. P. 1874, p. 150 et suiv.

L'idée d'une conférence internationale fut reprise en 1881 par M. Mancini, ministre des affaires étrangères d'Italie. Il ne s'agissait de rien moins que de régler d'une façon uniforme la condition civile des étrangers. « Les avantages produits par ces accords « (les traités internationaux), là où ils existent, bien « qu'ils ne constituent pas un système rationnel et « complet, laissent néanmoins entrevoir combien « serait profitable la conclusion de conventions qui « embrasseraient un règlement général et systéma-« tique des rapports juridiques, protégeant les inté-« rêts privés dans la société internationale; bien « entendu, dans le cas où ils seraient établis sur des « principes de justice et dans le but de donner à tous « les citoyens des États contractants la plus grande « jouissance de ces bienfaits, et non d'après des « considérations plus ou moins relatives et acciden-« telles (1). »

La plupart des États d'Europe et d'Amérique répondirent favorablement aux avances de M. Mancini. Toutefois l'Allemagne refusa de se faire représenter à la Conférence proposée par le gouvernement italien. Cette opposition du cabinet de Berlin persista, lorsqu'en 1884 il fut décidé que la Commission Internationale ne serait appelée à se prononcer que sur la question de l'exécution réciproque des jugements (2).

(1) *Livre vert* précité, p. 4.
(2) On trouvera d'intéressants détails sur ces préliminaires du

Malgré le refus de l'Allemagne, il fut arrêté que la Conférence se réunirait à Rome à la fin d'octobre ou au commencement de novembre de l'année 1884. Notre ambassadeur à Rome, M. Decrais notifia même au ministre des affaires étrangères italien, le 16 juin 1884, la nomination de M. Gonse, directeur des affaires civiles au ministère de la justice, comme délégué du gouvernement de la République française à la Conférence.

Une circonstance imprévue, l'apparition du choléra en Italie, fit ajourner la réunion de la Commission. Dès le 13 septembre 1884, le chargé d'affaires de Russie demandait à M. Mancini « de vouloir bien « le mettre à même de porter à la connaissance de « M. de Giers le changement que les circonstances « actuelles (l'épidémie cholérique) pourraient pro- « duire dans l'époque de cette réunion (1). »

Le ministre des affaires étrangères répondit que l'époque de la convocation de la Conférence ne pourrait être fixée que lorsque l'état de la santé publique serait redevenu normal. Le 31 octobre M. Mancini prévenait le Gouvernement argentin que la Conférence était renvoyée aux mois de février ou de mars 1885. Nous ne croyons pas qu'aujourd'hui, en 1887, les choses soient beaucoup plus avancées qu'il y a trois ans.

Congrès dans le *Filangieri* de Naples du 18 décembre 1885, p. 778 et suiv.

(1) *Livre vert*, p. 134.

Il est bien certain que l'accord de tous les peuples
sur une question aussi importante que celle de l'exécution réciproque des jugements constituerait un
heureux progrès, et faciliterait singulièrement les
rapports internationaux. Malheureusement, nous le
répétons, il n'y a là qu'un rêve, fort beau sans doute
en théorie, mais pratiquement irréalisable, du moins
pour le moment. Aussi croyons-nous devoir nous
borner en concluant à ce simple vœu, que les divers États concluent le plus grand nombre possible
de conventions, réglementant la matière qui nous
intéresse. Peut-être même ne serait-il pas inutile de
provoquer la réunion d'un congrès, chargé d'élaborer un projet de traité-type que les puissances
adopteraient ensuite à leur gré. Ce serait le moyen
d'éviter, dans une certaine mesure, la variété de législations dont on se plaint, non sans raison, et un
acheminement vers l'unification tant désirée.

TABLE DES MATIÈRES

	Pages.
Bibliographie...	5
Avant-propos..	10

PREMIÈRE PARTIE.

Principes généraux.

Chapitre I....	— Effets des jugements sur le territoire où ils ont été rendus...................	23
	§ 1er. — Autorité de la chose jugée.....	26
	§ 2. — Exécution forcée.............	33
Chapitre II...	— Effets des jugements en dehors du territoire où ils ont été rendus..........	35

DEUXIÈME PARTIE.

Autorité et exécution des jugements étrangers en France.

Chapitre III..	— Introduction historique...............	55
Chapitre IV..	— Du rôle du tribunal saisi de la demande d'exequatur......................	66
	§ 1er. — Système de l'Ordonnance de 1629.	68
	§ 2. — Système de la revision.........	73
	§ 3. — Système de non-revision.......	82

Pages.

§ 4. — Les tribunaux français sont incompétents pour statuer sur les demandes
d'*exequatur* 96

§ 5. — Le tribunal français saisi d'une
demande à fin d'*exequatur* peut-il admettre de nouveaux moyens de défense
ou même une demande reconvention-
nelle ? 98

Chapitre V. . . — Des conditions que les jugements étrangers
doivent remplir pour être rendus exécu-
toires en France 102

§ 1er. — Compétence du tribunal étranger. 102

§ 2. — Le jugement étranger doit être
régulier dans la forme et exécutoire d'a-
près la loi étrangère 106

§ 3. — Les parties doivent avoir été dûment citées et légalement représentées
ou défaillantes 108

§ 4. — Le jugement étranger ne doit pas
être contraire à l'ordre public. 111

§ 5. — Le Français peut-il renoncer au
bénéfice de l'art. 14 du Code civil ? . . . 117

Chapitre VI. . — Quels jugements nécessitent la formalité de
l'*exequatur* ? 127

§ 1er. — De la saisie-arrêt. 130

§ 2. — Jugements étrangers statuant sur
des questions d'état 135

§ 3. — Actes de juridiction volontaire. . . 145

§ 4. — Des sentences arbitrales. 148

§ 5. — Jugements des consuls de France ;
justices mixtes. 157

Pages.

§ 6. — Effets des jugements étrangers rendus en matière de faillite............ ... 169

Chapitre VII.. — Quel est le tribunal compétent pour statuer
en France sur une demande d'*exequa-
tur* ?............................. 189

§ 1er. — Compétence *ratione materiæ*... 189

§ 2. — Compétence quant au degré du
tribunal appelé à prononcer......... 194

§ 3. — Quel tribunal d'arrondissement
est compétent?................... 198

Chapitre VIII. — Procédure d'*exequatur*............... 199

_____

TROISIÈME PARTIE.

Lois politiques et traités internationaux conclus par la
France.

Chapitre IX... — Généralités...................... 209

Chapitre X.... — Traité franco-badois du 16 avril 1846... 217

Chapitre XI.. — Traité franco-sarde du 24 mars 1760 et
déclaration interprétative du 11 septem-
bre 1860......... 221

Chapitre XII... — Traité franco-suisse du 15 juin 1869.... 243

Chapitre XIII.. — Traité franco-russe des 20 mars/1er avril
1874.......................... 255

_____

QUATRIÈME PARTIE.

Législations étrangères.

Chapitre XIV.. — Etats dans lesquels le jugement étranger
n'a aucune force ou doit être revisé quant
au fond....................... 261

	Pages.
§ 1er. — Belgique	264
§ 2. — Chili	282
§ 3. — Danemark	283
§ 4. — Haïti	285
§ 5. — Luxembourg (Grand-Duché de)	286
§ 6. — Pays-Bas	287
§ 7. — Suède et Norvège	292
A. Suède	292
B. Norvège	295
Chapitre XV... — États qui exigent la réciprocité	296
§ 1er. — Allemagne	296
§ 2. — Autriche-Hongrie	304
A. Autriche	304
B. Hongrie	308
§ 3. — Brésil	310
§ 4. — Égypte	314
§ 5. — Espagne	317
§ 6. — Mexique	321
§ 7. — Roumanie	323
Chapitre XVI.. — États qui se bornent à exiger des jugements étrangers certaines conditions de validité	327
§ 1er. — Argentine (Confédération)	327
§ 2. — Bulgarie	328
§ 3. — Italie	329
§ 4. — Portugal	337
§ 5. — Saint-Marin	339
Chapitre XVII. — États dont la législation distingue si un regnicole a été ou non partie au procès	342
Grèce	342

Pages.

Chapitre XVIII. — États dans lesquels l'exécution des jugements étrangers n'est soumise à aucune
règle fixe, ou dépend seulement de la
volonté du pouvoir exécutif.......... 344

§ 1er. — Angleterre................. 344

§ 2. — États-Unis................. 349

§ 3. — Monaco.................... 352

§ 4. — Pérou..................... 354

§ 5. — Russie.......... 356

§ 6. — Serbie....... 360

§ 7. — Suisse.................... 361

Appendice. — De l'occupation temporaire d'un pays et de
l'annexion quant à l'exécution des jugements........................... 371

Conclusions................................. 384

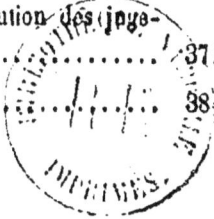

Paris. — Imp. F. Pichon, 30, rue de l'Arbalète, et 24, rue Soufflot.

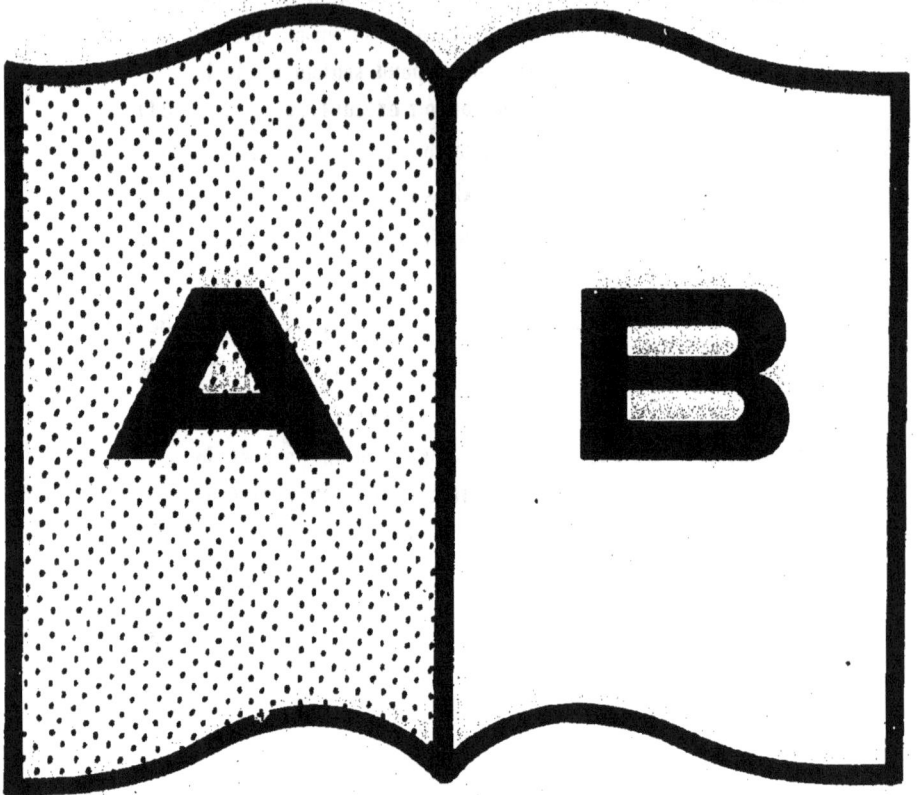

Contraste insuffisant

NF Z 43-120-14

www.ingramcontent.com/pod-product-compliance
Lightning Source LLC
Chambersburg PA
CBHW061106220326

41599CB00024B/3938